उपन्यासकार अमरकान्त

उपन्यासकार अमरकान्त

डॉ. ललमुआनओमा साइलो

शिवालिक प्रकाशन

दिल्ली भारत

प्रथम संस्करण : 2022

मूल्य : 695/-

ISBN : 978-93-91214-99-9

प्रकाशक :

शिवालिक प्रकाशन

4648/21, ग्राउंड फ्लोर
अंसारी रोड, दरियागंज, नई दिल्ली-110002
फोन : 011-42351161
ई-मेल : shivalikprakashan@yahoo.com

शाखा कार्यालय :
प्लाट सं. 394, संजय नगर कॉलोनी
पहरिया, रामदत्तपुर, वाराणसी, उत्तर प्रदेश

अंतर्राष्ट्रीय कार्यालय :
64, ग्रांट बोलिवर्ड डुंडास
ओनटेरिया, कनाडा, एल9एच 4 एम आई

भारत में प्रकाशित

विरेन्द्र तिवारी द्वारा शिवालिक प्रकाशन 4678/21, ग्राउंड फ्लोर, अंसारी रोड़, दरिया गंज, दिल्ली-110002 के लिए प्रकाशित। शब्द संयोजन : आदिल प्रिंटोग्राफिक्स, दिल्ली, आर.के. ऑसेट पिंटर्स, दिल्ली द्वारा मुद्रित।

प्राक्कथन

आधुनिक हिंदी कथा-साहित्य के निर्माताओं में अमरकान्त का नाम महत्त्वपूर्ण है। उनका सम्पूर्ण कथा साहित्य भारत के उत्तर-औपनिवेशिक यथार्थ की जमीन को आत्म-सात कर उन्हें अपने रचनात्मक विमर्श, नवीन कथानक और विशिष्ट भाषा-शिल्प के माध्यम से अभिव्यक्त कर मौलिकता की गरिमा प्रदान करता है। स्वतंत्रता के पश्चात जिन हिंदी साहित्यकारों ने प्रेमचंद की यथार्थवादी परंपरा को नए आयाम प्रदान किए हैं, उनमें विशेष रूप से अमरकान्त का नाम उल्लेखनीय है। अमरकान्त अपने रचना संसार में समकालीन युग को यथार्थपूर्ण शैली में अभिव्यक्त करते हैं। उनके उपन्यास सामाजिक जीवन के प्रतिबिंब है। अमरकान्त अपने उपन्यासों में मुख्य रूप से मध्यवर्ग और निम्न-मध्यवर्ग के लोगों की सुख-दुख, आशा-निराशा, संघर्ष, जय और पराजय की विविध मनः स्थितियों, कुठाओं, असमर्थताओं तथा अंतर्विरोधों का अत्यंत गहराई और ईमानदारी के साथ चित्रण करते हैं। खुद अमरकान्त का जन्म मध्यवर्गीय परिवार में हुआ था। उनका पालन-पोषण भी उसी के अनुरूप हुआ। इसीलिए वे अपने कथा-साहित्य में मध्यवर्गीय समाज की प्रवृत्तियों, भावनाओं एवं मनः स्थितियों की यथार्थपूर्ण अभिव्यक्ति करने में पूर्ण रूप से सफल रहे हैं।

अमरकान्त एक सजग, जागरूक एवं सचेत रचनाकर थे जो बदलते वक्त की नब्ज़ पर अपनी गहरी पकड़, रखते हैं। इसीलिए वे स्वतंत्र्योत्तर भारत के बदलते हुए सामाजिक यथार्थ का अपने कथा साहित्य में गहरायी से चित्रण करते हैं। वे अपने उपन्यासों में भारतीय नगरी समाज और उसमें जीवन के लिए जूझते मध्यवर्गीय पात्रों के सुख-दुख, हास्य-रूदन, जीवन-मृत्यु, आशा-निराशा, छल-कपट, प्यार-नफरत,

विश्वास-धोखा, नैतिक मूल्य-सामाजिक पतन, परंपरा-आधुनिकता, रूढ़ियाँ-विद्रोह, संकट-संघर्ष, जय-पराजय, मानसिक अंतर्द्वंद-उलझन, श्रद्धा-विश्वास आदि का यथार्थवादी शैली में चित्रण करते हैं।

विषय सूची

प्रथम अध्याय

अमरकान्त का व्यक्तित्व और कृतित्व

(क) व्यक्तित्व

अमरकान्त हिन्दी के प्रसिद्ध साहित्यकार हैं। आधुनिक हिन्दी कथा-साहित्य के निर्माण में उनका नाम सर्वोपरि है। उन्होंने हिंदी साहित्य की अन्य विधाओं में भी रचनाएँ की हैं। अमरकान्त को प्रेमचंद की परंपरा का कहानीकार माना जाता है। रवीद्र कालिया लिखते हैं– "अमरकान्त भी उन्हीं लोगों में हैं, जो प्रेमचंद और गार्की को ही हर तथ्य का उदाहरण मानते हैं।"[1]

साहित्य में साहित्यकार का व्यक्तित्व निहित होता है। किसी भी साहित्य को उनके व्यक्तित्व से अलग करके निरूपित नहीं किया जा सकता। साहित्यकार के व्यक्तित्व का निर्माण उसके पारिवारिक, सामाजिक और सांस्कृतिक वातावरण आदि से होता है। किन्तु एक ही देश, वातावरण तथा युग में रहते हुए भी प्रत्येक साहित्यकार के व्यक्तित्व के साथ-साथ उसके कृतित्व में भी अलग-अलग विशेषताएँ होती हैं। जैसे-जैसे व्यक्ति अपने जीवन में आगे बढ़ता जाता है, उसका अनुभव भी बढ़ता जाता है और उसके व्यक्तित्व का विकास होता जाता है। साहित्यकार की कृतित्व उसके व्यक्तित्व और जीवन से संबन्धित होती है। वह अपने साहित्य में विभिन्न रूप में अपने व्यक्तित्व को चित्रित करता है और प्रकारांतर से अपने जीवन के अनुभवों को प्रस्तुत करता है। अतः अमरकान्त की साहित्यिक रचनाओं को जानने-परखने के लिए सर्वप्रथम उनके व्यक्तित्व तथा जीवन को जानना आवश्यक हो जाता है।

जन्मः

अमरकान्त का जन्म 1 जुलाई 1925 को उत्तर प्रदेश में बलिया जिले के छोटे से गाँव भगमलपुर में एक सामान्य निम्न-मध्यवर्गीय परिवार में हुआ था। बचपन में अमरकान्त को दो नाम मिले– श्रीराम और अमरनाथ। पहला नाम श्रीराम, जो परिवार द्वारा दिया गया था और बाद में अमरनाथ, जिसे किसी साधू द्वारा दिया गया था। इन दोनों में से पहला नाम ही अधिक प्रचलित था, किन्तु उन्होंने अमरकान्त नाम से ही साहित्य सृजन का कार्य किया। अमरकान्त अपने गाँव का परिचय देते हुए कहते हैं– "उत्तर प्रदेश के सबसे पूर्वी जिला बलिया की रसड़ा तहसील के सुपरिचित गाँव नगरा से एकदम सटा ही है मेरा गाँव, जिसे एक सड़क अलग करती है, लेकिन व्यावहारिक अर्थों में वह नगरा ही है। मेरे गाँव में बाज़ार, दुकान, स्कूल, थाना कुछ भी नहीं था।"[2] उनके पिता का मकान उसी गाँव में था। भगमलपुर में अहीरों का टोला था, उत्तर और दक्षिण में थी चमर टोली, जिनके बीच कायस्थों के तीन परिवार थे। इसी गाँव के एक कायस्थ परिवार में अमरकान्त का जन्म हुआ। उनका पालन-पोषण उनके दादा-दादी ने किया।

माता-पिता :

अमरकान्त की माँ का नाम अनंती देवी और पिता जी का नाम सीताराम वर्मा था। अमरकान्त के पिता सीताराम वर्मा मुख्तार थे। उसकी दो शादियाँ हुई थी और वे पेशे से वकील थे। परंतु हिन्दू धर्म में उनकी गहरी आस्था थी। "मेरे पिता जी का सनातन धर्म में गहरा विश्वास था, किन्तु कर्मकांड और धार्मिक रूढ़ियों में नहीं। भगवान राम और शिव उनके आराध्य थे।"[3] उनके घर में कोई साहित्यिक वातावरण नहीं था। फ़ारसी और उर्दू पढ़ने के बावजूद उनको हिंदी का कामचलाऊ ही ज्ञान था। सीताराम वर्मा शारीरिक रूप से लम्बे-चौड़े थे और संगीत प्रेमी थे। उन्हें गाना सुनाने का शौक था और वे गाते भी अच्छा थे। उनकी बुलंद तथा फिसलती हुई आवाज़ दूर तक सुनाई देती थी। जब वह मंदिर में भजन गाने लगते थे तो पूरे मंदिर में उसकी आवाज़ गूंजने-गमकने लगती थी। उनका व्यक्तित्व अत्यंत प्रभावशाली था। उनकी बात करने का ढंग अत्यंत भावात्मक तथा नाटकीय था। इसलिए उनको नाटक में मुख्य अभिनेता की भूमिका दी जाती थी। वे एक साल में एक बार किसी भी नाटक में अनिवार्य रूप से अभिनय करते थे। किन्तु अमरकान्त के बड़े होने पर वे नाटक, संगीत आदि छोडकर पूजा पाठ तथा भक्ति भजन में समय बिताने लगे

थे। उन्हें झूठ से सख्त नफरत थी, यहाँ तक की अप्रिय सत्य बोलने से भी नहीं हिचकते थे। सीताराम एक सक्रिय और परिवार के प्रति अपने दायित्व अच्छी तरह निभाने वाले पिता थे। उन्होंने अपने सभी संतानों को उच्च शिक्षा भी दिलायी। उनकी कई सिखाई हुई बातों में से दो बात– शराब न पीना और जुआ न खेलना, अमरकान्त को जीवन भर याद रही।

अमरकान्त की माँ अनंती देवी परिश्रमी और धार्मिक प्रवृति की महिला थीं। वह भिन्न प्रकार के व्यंजन बनाने में कुशल थीं और उनके हाथ से बनाया हुआ व्यंजन स्वादपूर्ण होता था। उनका परिवार बड़ा था। किन्तु उनकी माँ गृहस्थी को बहुत कुशलता से चलाती थीं। अनंती देवी पढ़ी-लिखी नहीं थीं। वे पुराना रूढ़ी-परंपराओं को मानने वाली महिला थीं। उन्हें अपने बच्चों के प्रति अत्यधिक स्नेह था। वह राधास्वामी संप्रदाय की भक्ति करती थी। अमरकान्त के बचपन में ही उनकी मृत्यु हो गयी थी।

भाई-बहनः

अमरकान्त की तीन सगी बहनें थीं– गिरिजा, रमा और उषा, जिनमें से गिरिजा और उषा का निधन हो गया है। अब केवल एक बहन रमा जीवित हैं, जो लखनऊ में रहती हैं। अमरकान्त की एक सौतेली बहन भी (पिता जी के पहले विवाह से जन्मी पुत्री) थी– फूलमती देवी जिसका निधन हो गया है। बहनों के अलावा अमरकान्त कुल सात भाई थे– राधेश्याम, शिवराम, घनश्याम, बृजश्याम, हरिशयम, कुंजश्याम और अमरकान्त सबसे बड़े थे। इस प्रकार अमरकान्त के कुल भाई-बहनों की संख्या 11 है और वे सभी अच्छे पदों पर कार्यरत थे। राधेश्याम वर्मा अधिकारी थे, शिवराम वर्मा कार्यकारी अभियंता थे, घनश्याम वर्मा धार्मिक प्रवृत्ति के हैं, बृजश्याम वर्मा डिप्टी कमीशनर थे, हरिशयम वर्मा लखनऊ में वकील थे कुंजश्याम वर्मा डिप्टी चीफ़ मेडिकल अफसर थे। इनमें से कोई भी भाई बलिया में नहीं रहता था।

बाल्यकालः

अमरकान्त का बाल्यकाल भगमलपुर, उनके जन्मस्थान में बीता। अमरकान्त बचपन से ही भावुक, सरल और संकोची स्वभाव के थे। जब वे किसी अंजान लोगों से मिलते थे तो उनका सिर अपने आप झुक जाता था। "वे अत्यंत संकोची व्यक्ति

हैं। अपना हक माँगने में भी संकोच कर जाते हैं।"[4] अमरकान्त बचपन से ही बहुत आज्ञाकारी थे। उन्हें बुजुर्गों के छोटे-छोटे काम करना अच्छा लगता था, क्योंकि उन्हें शाबाशी तथा आशीर्वाद मिलता था। वे अपनी दादी के पास कहानियाँ तथा लोगगीत सुनने के लिए काफी समय बिताते थे। जब उनकी दादी उन्हें कुछ कार्य करने के लिए देती थीं तो वे तुरंत ही कर देते थे, ताकि दूसरा कोई यह कार्य न कर पाए। इससे उनकी दादी खुशी से उन्हीं आशीर्वाद देती थीं। अमरकान्त घर के बाहर शर्मीले तथा चुप रहते थे, किन्तु वे घर के अंदर शरारतें करते थे। "छोटे भाइयों की नाक मलने में उसे बड़ा आनंद आता, जिसके बाद नाक लाल जुकामियाँ लगती नौकर छबीला जब गाँजा का दम लगाकर आँखें लाल किए आँगन में पानी भरे गगरे लेकर चलता तो वह उनके पीछे लंगी लगाकर गिराने की कोशिश करता। हॉकी, फूटबाल, गुल्ली डंडा, चिक्का, कबड्डी, गोली वगैहरा खेलों का भी बेहद शौकीन था।"[5]

अमरकान्त किसी दूसरे का दुख नहीं देख पाते थे। छोटी सी उम्र से ही वे किसी दुखी और लाचार को देखकर स्वतः बहुत दुसखी हो जाते थे। जब उनके घर के पास दुखिया-दरिद्र, अपाहिज, बेसहारा लोग आते थे, गिड़गिड़ाते थे तो इस दृश्य को देखकर वे बहुत उदास हो जाते थे। इसका कारण यही था कि अमरकान्त बचपन से सहानुभूति तथा स्नेह से पूर्ण हृदय वाले थे।

शिक्षाः

अमरकान्त को पूजा-पाठ के माध्यम से शिक्षा आरंभ करने से पहले शिक्षा संस्कार करवाया गया। पूजा-पाठ के बाद पंडित जी द्वारा अमरकान्त को हिंदी वर्णमाला लिखवाया गया। इसके बाद अमरकान्त की शिक्षा का प्रारम्भ नगरा के प्राथमिक विद्यालय से हुआ। भगमलपुर से नगरा काफी दूर था, वहाँ जाने के लिए एक लंबा रास्ता तय करना पड़ता था। उनके घर में एक नौकर था, जिसे वे 'ढेलू बाबा' के नाम से पुकारते थे। वे अमरकान्त को अपने कंधों पर बिठाकर विद्यालय ले जाते थे। कभी ऐसा भी होता था जब उन्हें अकेले भगमलपुर से नगरा पैदल जाना पड़ता था, क्योंकि उनके गाँव के जूयादातर लड़के विद्यालय नहीं जाते थे।

जब सीताराम वर्मा बलिया शहर में जाकर रहने लगे तो अमरकान्त शहर में अपने पिता जी के पास आ गए। बलिया शहर के तहसीली मिडिल स्कूल में उनकी पहली कक्षा में प्रवेश हुआ दो कक्षा तक पढ़ने के बाद, उनका प्रवेश गवर्नमेंट हाईस्कूल में कक्षा तीन में हो गया। उन्होंने उसी गवर्नमेंट हाईस्कूल से 1941 में

हाईस्कूल की परीक्षा पास की। उन्होंने इंटर्मीडियट की पढ़ाई हेतु इविंग क्रिश्चयन कॉलेज, इलाहबाद में प्रवेश लिया 1942 के स्वधिनता आंदोलन में शामिल होने के कारण उनकी पढ़ाई बीच में छूट गयी। बह में 1946 में उन्होंने सतीशचंद्र कॉलेज बलिया से इंटर्मीडियट की परीक्षा पास की और 1947 में प्रयाग विश्वविद्यालय से बी.ए. की परीक्षा पास की और हिंदी भाषा और हिंदी साहित्य के लिए काम करने का निश्चय किया।

परिवारः

अमरकान्त की शादी, गोरखपुर की रहने वाली श्रीमती गिरिजादेवी से 1946 में हुई। उनका सहयोग बहुत अच्छा रहा, अमरकान्त को हमेशा ही उनसे प्रोत्साहन मिलता रहा। उनके दो पुत्र और दो पुत्रीयाँ हैं। उनके बड़े पूत्र का नाम 'अरुणकुमार वर्धन' है और छोटे पुत्र का नाम 'अरविंद' है। इनकी एक पुत्री का निधन बहुत ही कम उम्र में ही हो गया था और दूसरी पुत्री 'संध्या सिन्हा' का विवाह पटना में हुआ। उनके पति शिवशरण सिन्हा हैं और दोनों पटना में रहते हैं।

बड़े पुत्र अरुणकुमार वर्धन 'नवभारत टाइम्स' दिल्ली के विशेष संवाददाता के रूप में कार्य करते हैं। उनकी शादी कुमुद शर्मा के साथ हुई है जो दिल्ली विश्वविद्यालय में हिंदी विभाग में पढ़ाती हैं। दूसरे पुत्र अरविंद प्रकाशन का कार्य करते हैं। वे 'अमर कृतित्व' का प्रकाशन करते हैं। अरविंद विभिन्न पत्रिकाओं को भी प्रकाशित करते हैं। वे अपनी पत्नी के साथ इलाहबाद में रहते हैं।

व्यावसायिक कार्यः

अमरकान्त ने इलाहबाद विश्वविद्यालय से बी.ए, पास करने के बाद 1948 ई, से हिंदी की सेवा करने का निश्चय किया तत्पश्चात वे आगरा आ गए। "पत्रकारिता और साहित्यिक जीवन की मेरी शुरुआत वास्तव में आगरा से ही हुई। यहाँ मैंने 1948 में दैनिक पत्र 'सैनिक' के समपादकीय विभाग में काम करना शुरू किया था। अभी तक तीन प्रकार की महत्वाकांक्षाएं मेरे अंदर थीं– पहली तो यह कि मैं बड़ा राजनीतिक नेता बन जाऊँ, दूसरी बड़ा संगीतकार और तीसरी ये कि मैं बड़ा साहित्यकार बन जाऊँ। धीरे-धीरे संगीत और राजनीति पीछे छूटने लगे और साहित्यकार बनने की तमन्ना उभरकर सामने आ गई।"[6] अस्थायी रूप से कुछ समय कार्य करने के बाद वे वहीं स्थायी रूप से कार्य करने लगे। आगरा में वे तीन साल

रहे, जहां उनका डॉ. रामविलास शर्मा, घनश्याम अस्थाना, राजेंद्र रघुवंशी, राजेन्द्र यादव, पदमसिंह शर्मा आदि से परिचय हुआ। उनकी पहली कहानी 'इंटरव्यू' की रचना भी यहीं हुई, जो बाद में हैदराबाद से निकलने वाली पत्रिका 'कल्पना' में छपी।

आगरा में तीन साल रहने के बाद वे इलाहाबाद चले आए। उन्हें इलाहाबाद के दैनिक पत्र 'अमृत पत्रिका' के समपादकीय विभाग में नौकरी मिली। तब अमरकान्त इलाहाबाद के साहित्यिक वातावरण से पूरी तरह जुड़ गए। वहाँ रहकर मार्कन्डेय, शेखर जोशी, शमशेर, अमृतराय, कमलेश्वर आदि सहियाकारों से उनका परिचय हुआ। इलाहाबाद में उन्होंने दैनिक पत्रिका 'भारत', मासिक पत्रिका 'कहानी' तथा इलाहाबाद से प्रकाशित 'मनोरमा' पत्रिका के सम्पादकीय विभाग में भी कार्य किया।

अमरकान्त कुछ समय तक आजमगढ़ में भी रहे, जहां उन्होंने 'दोपहर का भोजन' नामक कहानी लिखी। यह कहानी 1955 के 'कहानी' विशेषांक में प्रकाशित हुई। इसके बाद अमरकान्त आजमगढ़ से बलिया चले गए, वहाँ उनके माता-पिता रहते थे। उन्होंने पत्रकार की नौकरी छोड़ दी और इसी दौरान उन्होंने 'डिप्टी कलेक्टरी' तथा 'ज़िंदगी और जोंक' नमक कहानियाँ लिखीं। इसी समय 'सूखा पत्ता' नमक एक उपन्यास भी लिखा। कुछ समय पश्चात वे बलिया से इलाहाबाद चले आए। उन्हें दैनिक पत्र 'भारत' में नौकरी मिली और वेतन ज्यादा न होने के कारण उन्हें आर्थिक संकटों का सामना भी करना पड़ा। इस दौरान उन्होंने 'काले उजले दिन' नामक उपन्यास लिखा। इसके बाद मासिक पत्रिका 'कहानी' में कार्य करने लगे जो कुछ ही महीनों बाद छूट गयी। तत्पश्चात उन्होंने 'पराईडाल का पंछी' नामक उपन्यास लिखा। इलाहाबाद के बाद वे लखनऊ में भी कुछ दिन रहे। उस दौरान सर्वेश्वर दयाल सक्सेना भी उसी मुहल्ले में रहते थे जहां अमरकान्त रहते थे। नौकरी के संबंध भी उन्होंने अमरकान्त की मदद की थी।

अमरकान्त इलाहाबाद के माया प्रेस से निकालने वाली पत्रिका 'मनोरमा' के संपादक मंडल में अधिकतम समय कार्य किया। उन्होंने वहाँ 30 वर्षों तक 1965-1995 तक कार्य किया। अमरकान्त अपने जीवन में लगातार संघर्ष करते रहे पर कभी हार नहीं मनी। आर्थिक समस्या, संघर्षों, बीमारियों आदि के बावजूद वे कभी पीछे नहीं हटे। उन्होंने कठिन परिस्थितियों में भी लेखन कार्य नहीं छोड़ा।

देहावसानः

अमरकान्त का सोमवार 17 फरवरी, 2014 को सुबह दस बजे निधन हुआ। वे अपने आवास पाँचपुष्प अपार्टमेंट, अशोक नगर में स्नान करते वक्त फिसल गए जिसके तुरंत बाद उसकी साँसे थम गई। वे 88 वर्ष के थे। उनका अंतिम संस्कार मंगलवार 18 फरवरी, 2014 को अपराह्न ग्यारह बजे रसूलाबाद घाट, इलाहाबाद पर किया गया। अमरकान्त के पुत्र अरविंद बिन्दु ने अपने पिता जी के बारें में लिखा है– "अमरकान्त जी एकदम ठीक थे, उनकी मौत अचानक हुई। इससे पहले उनकी तबीयत खराब नहीं थी। हालांकि शारीरिक रूप से उनको थोड़ी परेशानी थी।"[7] अमरकान्त के निधन पर शोक जताते हुई हिंदी साहित्यकार असगर वजाहत ने लिखा "अमरकान्त अपनी पीढ़ी के एक ऐसे कहानीकार थे जिनसे उस समय के युवा कहानीकारों ने बहुत सीखा। वो कहानीकारों में से इस रूप में विशेष माने जाएंगे कि पूरी पीढ़ी को उन्होंने सिखाया-बताया।"

(ख) कृतित्व :

अमरकान्त ने अपनी लेखीय प्रतिभा से हिंदी कथा साहित्य को समृद्ध किया है। उन्होंने उपन्यास और कहानी के अतिरिक्त बाल-साहित्य में भी अपनी लेखकीय चलाई है। उनके द्वारा सृजित रचनाएँ निम्नवत हैं-

उपन्यास :

1. सूखा पत्ता (1952)
2. ग्रामसेविका (1962)
3. आकाश पक्षी (1967)
4. काले-उजले दिन (1969)
5. बीच की दीवार (1981)
6. सुखजीवी (1981)
7. सुन्नर पांडे की पतोह (1993)
8. कटीली रह के फूल (2001)
9. इन्हीं हथियारों से (2003)

कहानी संग्रह :

1. ज़िंदगी और जोंक (1958)
2. देश के लोग (1969)
3. मौत का नगर (1978)
4. मित्र मिलन तथा अन्य कहानियाँ (1979)
5. कुहासा (1983)
6. प्रतिनिधि कहानियाँ (1984)
7. तूफान (1989)
8. कलाप्रेमी (1991)
9. एक धनी व्यक्ति का बयान (1997)
10. सुख और दुःख का साथ (2002)
11. जांच और बच्चे (2002)
12. अमरकान्त की सम्पूर्ण कहानियाँ – भाग 1 (2002)
13. अमरकान्त की सम्पूर्ण कहानियाँ – भाग 2 (2002)

संस्मरण :

1. कुछ यादें, कुछ बातें (2005)

बाल साहित्य :

अमरकान्त ने उपन्यास, कहानी और संस्मरण के अतिरिक्त बच्चों के लिए भी बाल साहित्य की रचना की है, जो इस प्रकार हैं-

1. नेऊर भाई (1991)
2. खूँटा में दाल है (1991)
3. सूग्गी चाची का गाँव (1992)
4. वानर सेना (1996)
5. एक स्त्री का सफर (1996)
6. मँगरी (1996)
7. बाबू का फैसला (1996)
8. दो हिमत्ती बच्चे (1996)

9. झगरू लाल का फैसला (1997)

पुरस्कार व सम्मान :

अमरकान्त को उनके साहित्यिक योगदान हेतु भारत सरकार तथा राज्य सरकारों द्वारा उन्हें समय-समय पर विभिन्न पुरस्कारों से भी सम्मानित किया गया है। ऐसे महान रचनाकर को निम्नलिखित पुरस्कारों से सम्मानित किया गया है-

1. सोवियत लैंड नेहरू पुरस्कार-1984
2. सुमित्रानंदन स्मृति सम्मान-2002
3. 'इन्हीं हथियारों से' उपन्यास के लिए साहित्य अकादमी पुरस्कार-2007
4. व्यास सम्मान-2009
5. ज्ञानपीथ पुरस्कार (साहित्य जगत का सबसे प्रतिष्ठित सम्मान)-2009

इसके अलावा अमरकान्त को अन्य पुरस्कार मिलें, यथा– मैथिलीशरण गुप्त पुरस्कार, यशपाल पुरस्कार, उत्तर प्रदेश हिंदी संस्थान पुरस्कार, जनसंस्कृति सम्मान, मध्य प्रदेश का अमरकान्त कीर्ति सम्मान, इलाहाबाद विश्वविद्यालय के हिंदी विभाग का सम्मान।

उपन्यास :

अमरकान्त ने अपने अनुभव और वास्तविक जीवन में जो देखा और परखा उसी को अपने साहित्य का विषय बनाया। उनके उपन्यास सामाजिक व्यवस्था के उन सभी उलझावों को प्रस्तुत करते हैं, जिनमें फँसकर व्यक्ति भटकता रहता है। निम्न-मध्यवर्ग अमरकान्त के उपन्यासों का केंद्र है। इस वर्ग की नारी की संघर्ष गाथा को 'सुन्नर पांडे की पतोह', 'ग्रामसेविका' आदि में गंभीरता के साथ के साथ चित्रित किया गया है। उन्होंने 'सूखा पत्ता', 'कटीली राह के फूल', 'काले उजले दिन' आदि उपन्यासों में निम्न-मध्यवर्ग के युवाओं की विभिन्न मानसिक स्थितियों को प्रस्तुत किया है। इनके उपन्यासों का संक्षिप्त परिचय इस प्रकार है-

(1) सूखा पत्ता :

सूखा पत्ता अमरकान्त का पहला उपन्यास है। यह उपन्यास उनके शब्दों में उनके एक मित्र की कहानी है। "यह मेरे मित्र की कहानी है। बीते दिनों के संस्मरणों

से भी युक्त उनकी मोटी डायरी पढ़ने के बाद यह उपन्यास लिखने की इच्छा उत्पन्न हुई, जो शीघ्र ही इतनी तीव्र हो गई कि मेरे दिमाग में स्वतः ही एक खाका उभरता गया और कुछ ही महीनों में मैंने इसे लिख लिया।"[9] उन्होंने इस उपन्यास को तीन खंडों में विभाजित किया– मनमोहन, तीन दोस्त और उर्मिला। पहला खंड मनमोहन में कृष्ण के बाल्यकाल और इसके शुरू के स्कूली दिनों की कथा कही गयी है। दूसरे खंड में नायक की किशोरावस्था का चित्रण किया गया है, जिसमें वह अपने स्कूल के दोस्तों के साथ उभरती हुई राजनीतिक चेतना के प्रभाव के अंतर्गत विभिन्न प्रकार के साहसिक कार्य करता हुआ दिखता है और तीसरे खंड में वह जवान होकर उर्मिला नाम की एक विजातीय लड़की से प्रेम करता है जो असफल होता है।

कृष्ण बलिया का निवासी है। कृष्ण के चार दोस्त हैं– मनोहर, दीनानाथ, दीनेश्वर और कृपाशंकर। इन चारों की अपनी खास विशेषताएँ हैं। मनोहर क्रांतिकारियों तथा औरतों के किस्से सुनाया करता है, वह अपनी बात को इस प्रकार प्रस्तुत करता है कि उसकी सभी बातें सही हो। वह गुंडे और कुश्ती करने वाले पहलवानों के बारें में जानकारी रखता है। दीनानाथ लड़ाई-झगड़े में आगे और पढ़ाई में पीछे रहता है। उसे आर्थिक समस्या थी वह विपन्न था किन्तु वह अपने रिशतेदारों कि आर्थिक संपन्नता का बढ़ा-चढ़ाकर गुणगान करता था। वह हमेशा फिल्मों में हीरो बनने का सपना देखता रहता था। दीनेश्वर जादूगरी सीखने और प्यार के संबंध में विशेष दिलचस्पी लेता था। और चौथा मित्र कृपाशंकर पढ़ाई में खूब मेहनत करता था किन्तु परीक्षा में हमेशा कम अंक पाता था। उसके विचार हमेशा अच्छे होते थे और वह कृष्ण को हमेशा अच्छी सलाह देता था। मनमोहन कृष्ण के बड़े भाई का मित्र है, परंतु वह कृष्ण से भी दोस्ती कर लेता है। मनमोहन अपनी कुछ विशेष हरकतों के कारण प्रसिद्ध है। अकड़कर चलना, पेड़ पर लटक कर अजीब हरकतें करना उसकी आदतें थी, जिससे उसका प्रभाव कृष्ण पर पड़ता है। मनमोहन में साहस तथा बल की कोई कमी नहीं थी, साथ-ही-साथ वह पढ़ने में भी तेज था। कृष्ण, मनमोहन के प्रभाव में आकार उसका अनुकरण करता है और वह गर्व महसूस करता है। वह दंड-बैठक करता है, पंजा लड़ाता है और दूध मलाई खाने लगता है। मनमोहन उसे तीर चलाना तथा छुरा से निशाना लगाना भी सिखाता है। वह मनमोहन की ही तरह उठना-बैठना शुरू करने लगता है। इसी दौरान कृष्ण का बड़ा भाई उसे मनमोहन के साथ न घूमने तथा उससे दूर रहने की सलाह देता है तो कृष्ण का उसके साथ बोल-चाल कुछ समय के लिए बंद हो जाता है। कृष्ण इस बात से अंजान था कि मनमोहन उसे लैंगिग

प्रेम करता है। इस बात का उसे तभी पता चला जब मनमोहन उससे पत्र द्वारा अपने प्रेम का इजहार करता है। कृष्ण ने मनमोहन को जिस आदर्श रूप में देखा था वह रूप धराशायी हो गया। उसका मन मनमोहन के लिए घृणा से भर गया और उससे बोल-चाल भी बंद हो गयी। मनमोहन विभिन्न प्रकार से कृष्ण के दोस्तों को तंग करने लगता है किन्तु उसका सामना कृपाशंकर ने साहसपूर्वक किया और अंतः मनमोहन को आत्म-चिंतन के लिए विवश होना पड़ा। परिणामतः उसने कृष्ण को एक पत्र लिखकर अपनी गलतियों के लिए क्षमा याचना की।

उपन्यास के दूसरे खण्ड 'तीन दोस्त' में नायक कृष्ण तथा उसका दोस्त दीनानाथ, दिनेश्वर और मनोहर की राजनीतिक भावभूमि पर क्रांतिकारी बनने की गतिविधियों का चित्रण हुआ है। उन्होंने एक पार्टी भी बनाई जिसका नाम था– 'खूनी आज़ाद क्रांतिकारी' और उद्देश्य-देश को अँग्रेजों की गुलामी से मुक्ति दिलाना था। वे देश के गद्दारों को मारना, अंग्रेजों को नुकसान पहुंचाना, पुलिस जो अंग्रेजों के गुलाम हैं उनको मारना, बैंक लूटना आदि की विस्तृत रूप से चर्चा करते हैं और इसी को वे क्रांतिकारी कार्य मानते थे। पार्टी का ढाँचा खड़ा करने के लिए उन्होंने सेठ के यहाँ से खाली बोरे चुराये और बाद में चीनी भी चुराई। उस सामानों को गुप्त स्थान पर रखने के लिए वे मुन्निलाल श्रीवास्तव का मकान किराए पर लेते हैं। वे प्रतिदिन कसरत कर, दौड़ लगाकर और आपस में पंजा लड़ाकर अपने शरीर मजबूत बनाते हैं। उन्हें क्रांतिकारी बलराम तिवारी जैसे स्वार्थी प्रवृत्ति के लोग भी मिलते हैं। उनके ये सारे प्रयत्न एक दिन स्पष्ट हो जाते हैं। उन पर चोरी का इल्ज़ाम लगता है और सभी दोस्तों को जेल भेज दिया जाता है। कृपाशंकर के अलावा सभी मित्र अपना रास्ता बदल लेते हैं और बाद में कृष्ण अकेला पड़ जाता है। वह मन-ही-मन सोचना है "मुझे अपने पर शर्म आने लगी। देश की आज़ादी के लिए बोरे व चीनी चुराना कितनी शर्मनाक और तुच्छ बात थी।"[10] वह अपने किए पर शर्मिंदा होता है। उसे अखिलानन्द वर्मा मिलते हैं और वह कृष्ण को क्रांतिकारी रास्ते से वापस लाकर समाजवाद की तरफ मोड़ते हैं वे उसे समाजवाद की अवधारणा समझते हैं, जिससे कृष्ण भी काफी हद तक प्रभावित हो जाता है। वह पूंजीवाद के खिलाफ लड़ने के लिए स्वयं को तैयार भी करने लगता है।

उपन्यास के तीसरे खंड 'उर्मिला' में नायक कृष्ण और उर्मिला नामक लड़की के प्रेम का चित्रण है। इसमें यह दिखाया जाता है कि कृष्ण युवावस्था में पहुँचकर प्रेम करने लगता है और बाद में पीछे हट जाता है। इंटर्मीडियट प्रथम वर्ष की परीक्षा

के पश्चात कृष्ण घर पर रहता है और अपनी प्रेमिका के बारे में विभिन्न कल्पनाएं करता हैं। वर्षा के दिनों में कृष्ण के पिता के विजातीय मित्र गंगाधरी बाबू का मकान नष्ट हो जाता है। और उनका परिवार कृष्ण के घर में रहने आ जाता है। गंगाधरी बाबू के परिवार में पाँच सदस्य हैं– गंगाधरी बाबू, उनकी पत्नी और उनकी तीन बेटियाँ– उर्मिला, गीता और निर्मला। उर्मिला सत्रह वर्ष की एक सुंदर और सुशील लड़की है। कृष्ण उर्मिला से प्रेम करने लगता है। धीरे-धीरे दोनों में मेल-मिलाप होने लगता है और दोनों एक दूसरे को चाहने लगते हैं। एक दिन उर्मिला की माँ कृष्ण और उर्मिला को प्रेम-केलि करते देख लेती है और उर्मिला को बहुत डांटी है और उसकी पिटाई भी करती है। "चीखते शर्म नहीं आती? हरजाई कहीं की! तुझ पर बहुत जवानी छाई है। चल घर, मैं तेरी जवानी में आग लगाती हूँ। तू समझती है कि इस घर में रहकर तुझे गुलछर्रे उड़ाने दूँगी? मैं तेरी छाती पर मूँग दलूँगी.., एक बूंद पानी भी इस घर में नहीं पीऊंगी।"[11] वह कृष्ण के घर से सभी बच्चों को लेकर चली जाती है। कृष्ण उर्मिला से ही विवाह करना चाहता है किन्तु उसके रास्ते में अनेक बाधाएँ खड़ी होती हैं। उर्मिला के फूफा संकटाप्रसाद कृष्ण को जान से मारने की धमकी तक देते हैं। एक दिन उर्मिला के पिता कृष्ण से मिलकर विनती करते हैं कि वह उर्मिला से शादी करने की जिद छोड़ दे और उर्मिला को भूल जाए। वह अपनी दो बेटियों की भविष्य की दुहाई देकर कृष्ण के पैर पकड़कर रोते हैं और उर्मिला को भी समझाने के लिए कहते हैं– "कृष्ण बेटा, सोच लो। तुम अपने सुख की खातिर मेरे सारे खानदान को बरबाद कर दोगे। इस बूढ़े पर दया करो, बेटा। आज मैं जितना दुखी हूँ उतना कोई नहीं। क्या तुम समझते हो कि उर्मिला की दूसरे से शादी करके मैं सुखी रह सकूँगा?" जिंदगी-भर यह बात मेरे दिल में काँटे की तरह चुभती रहेगी कि मैंने अपनी बेटी की जिंदगी बरबाद कर दी। पर इसके सिवाए कोई चारा नहीं। इस समाज में तुम्हारे जैसे बहादुर लड़के कितने हैं, कृष्ण? मेरी दो छोटी लड़कियां नरक में पड़ जाएँगी। इसलिए तुमसे त्याग करने को कहता हूँ। मुझको पूरा विश्वास है कि अगर तुम उर्मिला को समझा दोगे तो वह मान जाएगी। मैं तुम्हारे पैरों पड़ता हूँ, कृष्ण बेटा।"[12] इस प्रकार उर्मिला के पिताजी कृष्ण से दया मांगते हैं और उर्मिला को भी समझाने के लिए कहते हैं। इसके बाद एक दिन कृष्ण उर्मिला के परिवार वालों से मिलता है, उर्मिला कृष्ण से चिपट जाती है किन्तु कृष्ण उर्मिला को समझता है कि उसे भूल जाए और माता-पिता के आदेशानुसार शादी कर ले। इसी में सब कि भलाई है। इसके बाद उर्मिला की शादी तय कर दी जाती है और

उसकी शादी हो जाती है। कृष्ण पागल सा हो जाता है। वह आत्महत्या तक की सोचता है किन्तु अपने मित्र कृपाशंकर के समझाने के बाद वह पुनः नए सिरे से जीने का रास्ता ढूंढता है।

(2) ग्रामसेविका :

'ग्रामसेविका' उपन्यास नारी जीवन पर केन्द्रित है जिसमें उसके संघर्ष को वाणी दी गयी है। दमयन्ती इस उपन्यास की नायिका है जो ग्रामसेविका बनकर विशुनपुर गाँव जाती है। दमयन्ती को युवावस्था तक सभी प्रकार के दुखों का सामना करना पड़ा है। बचपन में ही उसकी माँ का निधन टीबी के कारण हो गया था। आर्थिक समस्या के कारण उसके पिता उसकी माँ का उचित इलाज नहीं करा सके। उसका छोटा भाई विनय है और घर में उसकी दादी भी है। दमयन्ती पर घर की ज़िम्मेदारी आ जाती है, वह घर का सारा काम करती है और स्कूल में मन लगाकर पढ़ाई भी करती है। उनके पड़ोस में अतुल नामक एक युवक रहता था जो दमयन्ती से बेहद प्रेम करता था। एक दिन अतुल दमयन्ती के हाथ में कागज़ का टुकड़ा जबरदस्ती पकड़ाता है। दमयन्ती रात में सभी के सोने के बाद वह कागज़ खोलती है और देखती है वह एक प्रेम-पत्र था, जिसमें अतुल ने लिखा कि "वह दमयन्ती को प्यार करता है, जिससे उसको खाना-पीना अच्छा नहीं लगता और रात में उसको नींद नहीं आती। वह जनता है कि उसमें कोई गुण नहीं, लेकिन यदि दमयन्ती उसका प्यार स्वीकार करेगी तो वह उसके लायक बनेगा, वह दमयन्ती की तरह ही अपने को पवित्र बनाएगा, ऊँचा उठेगा और बड़ा आदमी बनेगा तथा दमयन्ती से शादी करेगा। दमयन्ती उसकी हृदय की देवी है।"[13] दमयन्ती पत्र पढ़कर शर्म और भय से रोती है लेकिन धीरे-धीरे उसकी बातें उसे अच्छी लगने लगती हैं और उसे भी बाद में अतुल से प्यार हो जाता है। किन्तु अतुल उसकी जिंदगी के साथ खिलवाड़ करता है, उसकी भावनाओं का शोषण कर किसी और से विवाह कर लेता है। दमयन्ती की हालत पागलों-जैसी हो जाती है। शादी के कुछ दिनों बाद अतुल दमयन्ती के नाम एक चिट्ठी लिखता है– "मैं दब्बू का दब्बू ही रहा। मैंने तुम्हारे साथ जो अन्याय किया, उसकी माफी मैं नहीं मागूंगा। मैं तुमसे यही प्रार्थना करूंगा कि तुम किसी अच्छे लड़के से शादी कर लेना और मुझे भूल जाना.... ।"[14] इस प्रकार अतुल दमयन्ती के साथ खिलवाड़ करने के बाद किसी और के साथ शादी कर लेता है और दमयन्ती को चिट्ठी लिखता है किन्तु माफी भी नहीं मांगता है। दमयन्ती के

पिता की मृत्यु होने पर उसके सिर पर दादी और छोटे भाई की जिम्मेदारी आ जाती है। हाई स्कूल पास करने के बाद वह नौकरी की तलाश करती है और उसको 'ग्रामसेविका' के पद पर विशुनपुर गाँव में नियुक्त कर दिया जाता है। वह गाँव के बच्चों और महिलाओं को शिक्षित करना चाहती थी। किन्तु गाँव के लोगों को शिक्षा का महत्व नहीं पता है और वे शिक्षा से सख्त नफरत करते हैं। उनका विश्वास था कि पढ़ाई करने से गरीबी आती है और बच्चे बीमार पड़ जाते हैं। दमयन्ती को गाँव की स्त्रियाँ शक की नजर से देखती हैं। उसे गाँव में रहने के लिए कोई भी मकान देने को तैयार नहीं था, मुश्किल से उसे महादेव सेठ का कच्चा मकान किराए पर मिलता है। रधिया मिसराइन तथा अन्य स्त्रियाँ दमयन्ती के बारे में कई प्रकार की चर्चाएँ करती हैं और उसे बदचलन कहती हैं। किन्तु दमयंती साहस से काम लेती है, वह गाँव के हर घर में जाकर बच्चों को स्कूल भेजने और पढ़ाई करने के लिए प्रेरित करती है। लेकिन वह जहां भी जाती है लोग उसे संदेह की नज़र से देखते हैं। "बाबा रे, किस तरह लचककर चलती है! लाज-हया धोकर पी गई है! मर्दों से किस तरह मटक-मटककर बोलती है! उस दिन बिलाक के अफसर आए थे तो बेशर्म कि तरह न मालूम क्या गिटपिट-गिटपिट कर रही थी। पूरी आवारा है, आवारा। सत्तर चूहें खाकर बिल्ली हुई भगतिन। धर्म नाशने आई है मुँहजली।"[15] पर दमयन्ती अपना कार्य करना नहीं छोडती है। स्कूल में धीरे-धीरे बच्चे आने लगते हैं। वह पाँच के सामाजिक जीवन में रूपांतरण का कार्य करती है। इसी बीच हरचरण जो मोह के जल में फंसे थे, उसे भी बाहर निकाल लाती है। वह हरचरण कि समस्याओं का हर संभव समाधान खोजती है और उसे पुराने हरचरण के रूप में ला देती है जो मेहनती और ईमानदार थे।

इस प्रकार से दमयन्ती के साहस और मोहन से विशुनपुर गाँव का कायाकल्प हो जाता है। गाँव के लोग शिक्षा को महत्व देने लगते है और गाँव के विकासों में पूर्ण सहयोग देते हैं। इस उपन्यास में गाँव और गाँव के लोगों की मूलभूत समस्याओं की ओर पाठक का ध्यान खींचा गया है और साथ-ही-साथ गाँव के विकास के नाम पर लूट-खसोट करने वाले ग्राम प्रधान, सरकारी अधिकारी आदि के भ्रष्ट्राचार को भी उजागर किया है।

(3) आकाश पक्षी :

'आकाश पक्षी' उपन्यास में उन सामंतों और उनके परिवारों की दयीय दशा

का चित्रण किया गया है जिन्होंने आज़ादी के बाद भी अपने सामंती प्रवृत्ति को नहीं छोड़ा और अपने उत्तरदायित्व से लगाकर मुँह मोड़ते रहे। वे बीते जमाने की स्मृतियों के सहारे जीते हैं और नए जमाने के परिवेश को हर संभव तरीके से नकारने की कोशिश करते हैं। बड़े सरकार लखनऊ में रहते हैं और उनके परिवार में हेमा, दीपा तथा नीतू तीन पुत्रियाँ, विजय बहादुर पुत्र तथा पत्नी रानी साहब के अलावा बनमाली नौकर रहता है। उनकी रियासत खत्म होने के बाद भी उनकी शानो शौकत उसी तरह बनी रहती है जो रियासत के समय थी। वे डींगे मारना, फिजूल खर्ची करना, काम न करना, बुरी आदतों जैसे– जुआ खेलना, नशा करना आदि के शिकार हैं। जिससे उनकी आर्थिक स्थिति लगातार बिगड़ती जाती है, यहाँ तक की घर का सामान, जमीन, गहने आदि बेचने की नौबत आ जाती है किन्तु घमंड अब तक भी वही है।

बड़े सरकार की बेटी हेमा अत्यंत संवेदनशील है। उसे अपने ही घर का माहौल पसंद नहीं है और वह उसे बदलना भी चाहती है। किन्तु जब भी वह प्रयत्न करती है उसे सब कहते हैं कि तुम राजा की बेटी हो, राजकुमारी हो और राजकुमारी की तरह रहो, तुम्हें कोई काम करने की आवश्यकता नहीं है। इससे हेमा को बड़ा दुख होता है। हेमा को रवि से प्रेम हो जाता है जो पड़ोस में रहता है। रवि भी उसे प्रेम करता है। रवि हेमा को पढ़ाता है, वे दोनों पढ़ाई कम प्रेमालाप अधिक करते हैं। रानी साहिबा अचानक आ जाती हैं। वे रवि को बहुत फटकारती हैं और उसे घर से बाहर निकाल देती हैं। वे हेमा की डंडे से बहुत पिटाई करती हैं। किन्तु इस घटना के बारे में बड़े सरकार को कुछ नहीं बताती हैं। वे बड़े सरकार से हेमा के लिए वर खोजने का आग्रह करती हैं और हेमा को घर में कैद कर देती हैं। रवि अपने घर में अपने विवाह की बात करता है और हेमा से विवाह करने का प्रस्ताव रखता है। रवि के पिता रवि की बात मानकर बड़े सरकार के पास हेमा के विवाह का प्रस्ताव लेकर जाते हैं। लेकिन इससे बड़े सरकार भड़क जाते हैं और रवि के इंजीनियर पिता को बहुत अपमानित करते हैं। दोनों परिवारों के बीच शत्रुता उत्पन्न हो जाती है। रवि पत्र के द्वारा हेमा को घर से विद्रोह करने की सलाह देता है, लेकिन परंपरागत संस्कारों में पली बड़ी हेमा स्वयं परिस्थिति से समझौता कर लेती है और रवि को पत्र भेज कर उसे भूल जाने के लिए कहती है। "मेरे सबसे प्यारे, आपका पत्र मिला। मैं पढ़कर खूब रोयी। मैं बेकार ही आपके जीवन में आयी। मैं आपके पैरों पर पड़कर माफी चाहती हूँ। भगवान जानता है कि मैं आपको सबसे अधिक प्यार करती हूँ।

यह प्यार सदा ही मेरे दिल में रहेगा। लेकिन इससे अधिक मैं कुछ नहीं कर सकती। मुझमें हिम्मत नहीं है। आप समझिएगा कि किसी धोखेबाज लड़की ने आपको धोखा दिया है। मैं जहां रहूँगी, आपकी खुशी की कामना करूंगी। आप मुझे भूल जाइएगा। मैं पुराने जीवन को छोड़ नहीं पा रही हू क्योंकि मैं खुद पुरानी और सड़ी-गली हूँ। आप मुझे माफ न कीजिएगा और घृणा कीजिएगा। मेरे नाम पर आप थूकिएगा। सदा के लिए विदा...।"[16] बाद में हेमा का विवाह उसकी उम्र से दुगुना व्यक्ति कुँवर युवराज सिंह से कर दिया जाता है। दोनों के बीच लगभग बीस वर्ष का अंतर होता है। इस प्रकार हेमा की इच्छाओं और अरमानों का गला घोंट दिया जाता है। वह कुछ नहीं कर पाती है और मजबूर होकर सब कुछ स्वीकार कर लेती है और जिंदा लाश बनकर रह जाती है। कमरे के अंदर ताजी बसंती हवा आती है, वह रोटी है और कहती है– "मैं एक दिन ऐसी हवा में आज़ाद चिड़िया की तरह पंख फैलाकर आकाश में उड़ना चाहती थी। लेकिन हुआ क्या? मैं एक पिंजड़े में से दूसरे पिंजड़े में आ गयी।"[17] हेमा आकाश पक्षी की तरह उड़ना चाहती है लेकिन वह एक पिंजड़े के कैद से निकालकर दूसरे में कैद होकर अपना सारा जीवन बिताती है।

(4) काले-उजले दिन :

'काले-उजले दिन' उपन्यास अमरकान्त ने आत्म-कथात्मक शैली में लिखा है। इसमें नायक 'मैं' है और वह स्वयं अपनी कहानी सुनाता है। जब नायक छः वर्ष का था तभी उसकी माँ का निधन हो जाता है। उसके पिता जो शहर के मशहूर वकील थे, वे अपनी पत्नी और पुत्र से बहुत प्यार करते थे। किन्तु उन्होंने कुछ दिनों बाद दूसरी शादी कर ली। नायक की विमाता आ गई जो शुरू में तो बहुत अच्छी थीं। लेकिन उनके अशोक नमक पुत्र के जन्म के बाद नायक को उपेक्षित जीवन जीना पड़ा। विमाता उन्हें तंग करती थी और उनकी झूठी शिकायत करके पिता जी से डांट लगवाती थीं। घर में कोई सामान चोरी होने पर नायक पर शक किया जाता था। नायक कहता है– "स्कूल से आने पर जब मैं खाने के लिए जिद करता या पैसे के लिए हठ करता तो माँ मुझे डांटती थीं, गालियां देती थीं और मुझ पर हाथ छोड़ती थीं। शाम को पिताजी आते थे तो उनसे शिकायत करती थीं। पिता जी पहले उनकी शिकायतों पर ध्यान नहीं देते तो माता जी मुँह फुला लेतीं। इसके बाद धीरे-धीरे पिता जी ने मेरे प्रति कड़ाई का रुख अख्तियार करना शुरू कर दिया। वह मुझको डांट देते। कभी कान गरम कर देते। उनका डाँटना या कान गरम करना ही

बहुत था, क्योंकि पहले इन्होंने कभी भी मेरे साथ ऐसा व्यवहार नहीं किया था। मैं देर तक सिसकता रहता था लेकिन मुझे मनाने वाला कोई नहीं था।"[18] इससे नायक की पढ़ाई में भी बहुत असर पड़ा और वह नवीं कक्षा में दो बार फेल होता है। इस बीच नायक का संबंध वासुदेव सिंह नामक एक क्रांतिकारी से होता है। जिनसे नायक बहुत कुछ सीखता है। वह रुपये भी चोरी करता है और हथियार चलाना भी सीखता है। एक दिन वह पुलिस के डर से भाग जाता है और दूर के रिश्ते के बाबा के पास चला जाता है। बाबा के समझाने के बाद नायक घर वापस आता है।

घर वापस आकार वह देखता है कि विमाता और पिता के व्यवहार में कोई परिवर्तन नहीं आया है बल्कि स्थिति पहले से भी ज्यादा खराब होती जा रही है। कुछ दिन बाद नायक की शादी के लिए प्रस्ताव आता है जिससे विमाता और पिता जी के व्यवहार में बदलाव आता है। नायक का अपनी साली नीलम से परिचय होता है जो काफी सुंदर और चंचल है। किन्तु शादी कान्ति से हो जाती है जो खास सुंदर नहीं है। नायक के सपने नष्ट हो जाते हैं, यही नहीं विमाता व पिता का व्यवहार फिर से पहले जैसे होने लगता हैं। वे कान्ति को हमेशा तंग करने लगते हैं और घरेलू काम करवाते रहते हैं। एक दिन कान्ति अपने पति से कहती है– "अभी कुछ भी नहीं बिगड़ा है। आपकी उम्र ही क्या है? आप फिर से पढ़ सकते हैं। कम-से-कम आपको टेन्थ तो पास कर लेना चाहिए। टेन्थ पास करने से आपको नौकरी भी मिल जाएगी। एक साल या दो साल में आप टेन्थ पास कर सकते हैं। फिर नौकरी भी मिल जाएगी।"[19] कान्ति के प्रोत्साहित करने पर नायक पढ़ाई करना शुरू करता है और उत्तीर्ण होकर नौकरी की तलाश करता है। इसे तार विभाग में क्लर्क की नौकरी मिल जाती है। वह कान्ति को लेकर दूसरे शहर में चला जाता है। कान्ति उसे बेहद प्यार करती है। नायक अपना कार्य करके यूनियन में भी समय देता है। यूनियन में ही नायक को आधुनिक विचारों वाली रजनी नामक युवती से मुलाक़ात होती है जिसकी तरफ वह काफी आकर्षित होता है। "अब मैं रजनी से देर-देर तक बातें करने लगा। कभी-कभी वह मेरी शिफ्ट में होती तो हमारी साथ-ही-साथ छुट्टी होती। हम कुछ देर तक साथ-साथ जाते थे। रजनी ने पहले ही अपने दुख की कहानी बता दी थी। एक दिन वह अपने घर मुझको ले गयी और उसने अपनी माँ से मेरा परिचय कराया।[20] दोनों के बीच प्रेम हो जाता है।" रजनी कान्ति से भी मिलती है। कान्ति के गर्भवती होने तथा बच्ची को जन्म देने के दौरान भी वह काफी मदद करती है। वह कान्ति को धोखा नहीं देना चाहती है। फिर भी वह नायक से प्रेम करती है।

कान्ति अपने पति की खूब सेवा करती है और खाना ठीक से नहीं खा पाती है। इस कारण उसके पेट में दर्द होने लगता है। उसको डाक्टर के पास भी ले जाया गया और उसे अस्पताल में भी भर्ती करवाया गया। इन सभी कार्यों में रजनी मदद करती है। रजनी की माँ की तबीयत खराब होने पर वह नायक से रजनी के लिए वर खोजने के लिए भी कहती हैं। कुछ समय रजनी और नायक की मुलाकात नहीं होती है। किन्तु कान्ति रजनी को अपनी बहन के रूप में देखती है, उसे बुलाने के लिए नायक को कहती है। कान्ति अच्छे से खाना नहीं खाती है और उसके पेट में पुनः दर्द होता रहता है। नायक उसे डाक्टर के पास चलने को कहता है, तो उसे मना कर देती है। बाद में डाक्टरों से पता चलता है कि कान्ति के पेट में ट्यूमर है, उसका ऑपरेशन करना होगा। इस प्रकार कुछ समय बीमारी और मानसिक पीड़ा के चलते कान्ति की मृत्यु हो जाती है। उसकी मृत्यु के बाद नायक रजनी से विवाह करता है किन्तु उसके मन में अपनी पहली पत्नी को लेकर पीड़ा बनी रहती है।

(5) बीच की दीवारः

'बीच की दीवार' उपन्यास नायिका प्रधान है। यह उपन्यास दीप्ति नामक एक लड़की की कहानी है जो बड़े ही लाड़ प्यार में पली-बड़ी है। दीप्ति के घर में उसके पिता मुंशी मुन्निलाल, उसकी माता बासन्ती और उसका भाई शंकर है। मुंशी मुन्निलाल एक खूबसूरत पत्नी पाने का सपना देखते थे, "स्वयं सुंदर न होते हुए भी वह सौन्दर्य के प्रेमी थे। शादी के पूर्व उनकी बहुत बड़ी तमन्ना थी कि उनकी पत्नी पढ़ी-लिखी और खूबसूरत मिले, पर वह आकांक्षा पूरी न हुई।"[21] उनकी शादी सांवली बासन्ती से होती है। इससे वह असंतुष्ट रहते हैं और अपनी पत्नी के प्रति उपेक्षापूर्ण व्यवहार भी करते हैं। बासन्ती ने एक पुत्र को जन्म दिया जिसका नाम शंकर है, जो सांवले रंग का था परंतु बाद में जब उसने एक बेटी को जन्म दिया तो वह गोरी और बहुत सुंदर थी, जिसका नाम दीप्ति रखा गया। दीप्ति के पिता उसे बहुत प्यार करते थे वे उसकी हर इच्छा की पूर्ति के लिए तैयार रहते थे जिसके कारण "इस साधारण लाड़-प्यार का वही नतीजा निकला, जो निकलता है– यानि दीप्ति बहुत ही तुनुकमिज़ाज, नखरीली, भावुक, घमंडी, काहिल तथा डरपोक हो गई थी।"[22]

दीप्ति का भाई शंकर रेलवे के दफ्तर में क्लर्क था। उसके चार दोस्त थे- अशोक, मोहन, कमल और मनफूल। इन सभी का घर में आना-जाना होता रहता

था और वे देर-देर तक आपस में बातें करते रहते थे। दीप्ति अशोक के चालेंढाल और फैशन पर मरती थी और उससे प्रेम करने लगती है। किन्तु अशोक दीप्ति से ज्यादा दीप्ति की सहेली कुन्ती को पसंद करता है। दूसरी तरफ मनफूल अपने शारीरिक सुख के लिए दीप्ति को अपने जाल में फंसाने की कोशिश करता है। वह बेवजह उसकी प्रशंसा करता रहता है और उसे संगीत तथा पहलवानी के गुण बताकर देश का नाम रोशन करने की सलाह देता है। दीप्ति को जब मनफूल के गलत इरादों का पता चला तो उनके बीच का संबंध टूट जाता है और दीप्ति के अंदर घोर निराशा भर जाती है। मनफूल, जो शादी शुदा है। अपने प्यार का इजहार दीप्ति से करता है। उसे छोड़ने और लेने भी जाता है। एक दिन रास्ते में मनफूल की पत्नी लीला, जो पहले से उन पर शक करती थी। मनफूल और दीप्ति को साथ-साथ पैदल चलते देख लिया जिससे वह नाराज होकर दीप्ति को पीटने लगी। जब इसके बारे में शंकर को पता चला तो वह परेशान हो गया और सलाह लेने मोहन के पास गया। मोहन का घर दीप्ति के घर के पास में ही है। मोहन दीप्ति के घर जाता है और उसे समझाता है। उन दिनों दुःखी होकर दीप्ति कुछ नहीं खाती-पीती थी किन्तु मोहन के समझाने से वह खाना-पीना शुरू करती है जिससे उसकी हालत धीरे-धीरे अच्छी होने लगती है। पहले दीप्ति मोहन की बहुत उपेक्षा करती थी क्योंकि वह बहुत साधारण ढंग से रहता था। जब मोहन दीप्ति से बात करता था तो दीप्ति उसका मजाक उड़ाती थी। अब वह दोनों नजदीक आने लगे। दोनों अपने प्यार का इजहार कर साथ-साथ जीवन जीने का प्रण भी ले लेते हैं। इसके बाद कुछ बाधाएँ तथा समस्याएँ आती हैं जिसका सामना उनको करना पड़ता है। वे दोनों अलग-अलग जाति के हैं इसलिए उनके परिवार वाले उनके विवाह का विरोध करते हैं। मोहन इस दौरान नौकरी के लिए प्रयास करता है और उसे कॉलेज में अध्यापक की नौकरी मिल जाती है। बाद में दोनों आर्य समाज मंदिर कॉलेज के प्राचार्य और कुछ मित्रों की उपस्थिति में शादी कर लेते हैं। इस प्रकार मनफूल के जाल में फंसने के बाद भी दीप्ति संघर्ष करती रही तथा आगे बढ़ती रही और अपने वांछित मंजिल को प्राप्त करने में सफल रही।

(6) सुखजीवी :

'सुखजीवी' उपन्यास में अमरकान्त ने निम्न मध्यवर्गीय पुरुषों की दुष्टता तथा स्वार्थपरता को उजागर किया है। इस उपन्यास का प्रमुख पात्र दीपक है जो अपनी पत्नी के साथ रहता है। इसकी पत्नी सीधी-सादी है और इसका नाम अहिल्या है।

दीपक रोज ऑफिस से देर से लौटता है जिससे वह चिंतित रहती है। जब दीपक रात को लौटता है तो वह चुपचाप घरेलू काम करने लगता है। वह अपनी पत्नी को काल्पनिक दुर्घटना के बारे में बताता है कि उसकी साइकिल में ब्रेक नहीं है और वह मरते-मरते बचा है। इससे अहिल्या डर जाती है और अपने पाई-पाई संचित किए दस रुपए दीपक को देती है ताकि वह साइकिल को ठीक करा ले। किन्तु दीपक की साइकिल में ऐसा कुछ नहीं था बल्कि वह अपने मित्रों के साथ पिक्चर देखने चला जाता है। एक सुबह दीपक का सहकर्मी मित्र आनन्द कुमार उसके घर अपनी बेटी के जन्मदिन की पार्टी हेतु उसे सपरिवार निमंत्रित करने के लिए आता है। दीपक के घर तथा बच्चों की गंदगी से उसे शर्म आती है। दीपक झूठ बोलता है कि नौकर छुट्टी पर गया है और पत्नी कुछ बीमार है। उनके घर में चीनी, दूध, चाय पत्ती, घी आदि भी नहीं है। वह खरीदने जाता है। अगले दिन दीपक अहिल्या से झूठ बोलता है कि वह देर से घर लौटेगा क्योंकि उसे एक दोस्त की शादी में जाना है। लेकिन वह अपने दोस्त की बेटी के जन्मदिन की पार्टी में जाता है, उसके लिए गुड़िया खरीदता है और मित्र सक्सेना को चाय पिलाता है तथा सिगरेट भी खरीदता है।

एक दिन बब्बू की अम्मा के साथ रेखा, जो यूनिवर्सिटी में पढ़ती है और उसकी माँ अहिल्या के घर में आती है। रेखा की माँ अहिल्या के नल से पानी भरने का अग्रह करती है। रेखा दीपक का एक उपन्यास अहिल्या से पढ़ने के लिए मांगती है। दीपक जब रात को लौटता है तो वह रेखा के बारे में जानकारी प्राप्त करना चाहता है। वह समय पर ऑफिस से घर आने लगता है और रेखा और उसकी माँ को घर के काम में हाथ बँटाते देखता है। दीपक घटिया किस्म के उपन्यास रेखा को पढ़ने के लिए देता रहता है। रेखा दीपक को चाहने लगती है और उसे इस बात का अंदाजा नहीं है कि वह अहिल्या के साथ अन्याय कर रही है। दीपक भी उसे चाहने लगता है। वे दोनों बहाना बना-बना कर मिलते रहते हैं। अहिल्या को जब शक हुआ तो इस पर दीपक नाराज हो गया और अंत में अहिल्या अपने को ही दोषी मानती है। वे दोनों कई प्रकार के बहाना बना कर मिलते रहते हैं। यहाँ तक कि दीपक एक माह के लिए ऑफिस के काम से बाहर जाने तथा अहिल्या और बच्चों को मायके छोड़ने की बात करता है। इसके बाद दीपक और रेखा के बीच प्रेमालाप चलता रहता है। जब अहिल्या को बब्बू की माँ ने दीपक और रेखा के संबंधों के बारे में बताया तो वह उदास रहने लगी। पहले उसने सोचा वह गलत शक कर रही है लेकिन बाद में उसे विश्वास हो गया। वह निर्मला के पास जाती है। निर्मला उसे धैर्य से काम

लेने की सलाह देती है। बाद में अहिल्या ने रेखा को घर आने से मना कर दिया। जब अहिल्या ने दीपक से रेखा के साथ उनके संबंध के बारे में पूछा तो उसने अपने पुत्र अशोक की झूठी कसम खायी। दीपक अहिल्या और बच्चों को कमरे में सुलाता है और खुद आँगन में सोता है। एक रात रेखा दीपक के पास आती है और दोनो चिपट जाते हैं। तभी अहिल्या पहुँच जाती है और चिल्लाने लगती है। रेखा भाग जाती है और दीपक अहिल्या से क्षमा माँगकर कहता है कि उससे छुटकारा चाहता है। अहिल्या ने भी दीपक को क्षमा कर दिया किन्तु यह बात रेखा ने सुन ली। दीपक फिर रेखा से मिलने यूनिवर्सिटी जाता है लेकिन रेखा उसे फटकारती है और बताती है कि उस रात उसने उसकी बात सुन ली थी। वह यह भी कहती है कि अब वह उससे प्रेम के बदले घृणा करती है।

(7) सुन्नर पांडे की पतोह :

'सुन्नर पांडे की पतोह' उपन्यास में अमरकान्त ने एक साधारण निम्न मध्यवर्गीय ग्रामीण नारी की करूण गाथा का चित्रण किया है। पति द्वारा छोड़ दी गयी राजलक्ष्मी नामक एक सत्तर वर्षीया स्त्री की कहानी है जो समाज में अपनी इज्जत को बचाए रखने तथा जीवनयापन के लिए संघर्ष करती है। राजलक्ष्मी अपने माता-पिता की इकलौती पुत्री है जिसे बचपन में सुख और प्यार मिला। उसकी शादी सुन्नर पांडे के पुत्र झुल्लन पांडे से होती है। राजलक्ष्मी के सास-ससुर उसे बहुत परेशान करते हैं। सास को इस बात से डर था कि शादी के बाद अगर राजलक्ष्मी और झुल्लन पांडे के बीच मेल हो गया तो लड़का हाथ से निकल जाएगा। "निश्चय ही अतिराजी जानती थी कि वह गलत कर रही है, फिर भी वह अपनी आदत से मजबूर थी। अपनी पतोह के प्रति उसका मन हमेशा गुस्से से भरा रहता। कल्पना में भी वह बर्दाश्त नहीं कर पाती थी कि झुल्लन सयाना होकर अपने मन की करे, मेहरारू के ख्याल में उसको भूल जाए। लेकिन उसके न चाहने पर भी जब पति-पत्नी मिलते रहे तो बेहद लाचारी में वह अत्यधिक गुस्सैल और विषैली हो गई थी।"[23] इसलिए वह दोनों को एक साथ रहने का अवसर नहीं देती है। जब दोनों किसी तरह से एक साथ रहते हैं और कुछ बातें करते हैं तो वह उन्हें हर बात पर ताना मारती रहती है। एक दिन झुल्लन पांडे इन सभी से तंग आकर घर से भाग जाता है। तब उसकी सौतेली सास राजलक्ष्मी को और भी तंग करने लगती है। किन्तु वह सब चुपचाप सहती रहती है। वह अपने पति के लौटने का प्रतिदिन प्रतिक्षा करती है लेकिन ऐसा नहीं

होता है। राजलक्ष्मी हर सुबह एक नए उत्साह के साथ उठती है कि उसके पति आज अवश्य आएँगे, लेकिन शाम होने तक भी उसके पति घर नहीं लौटते। वह बहुत निराश हो जाती है। सिन्दूर के अलावा अब राजलक्ष्मी के पास अपनी पति की कुछ भी निशानी नहीं है, जिसे वह गर्व के साथ माथे पर लगाती है। उसका सिन्दूर ही उसे जीवन से हार मानने से रोकता है।

राजलक्ष्मी को जब यह पता चलता है कि वह अपने ही घर में सुरक्षित नहीं है तो वह एक दिन घर, गाँव आदि छोड़कर अनजान रास्ते पर चल पड़ती है जिसका उसे भी खुद पता नहीं कि वह कहाँ जा रही है। वह गाँव को छोड़कर शहर में रहने लगती है और घर-घर जाकर भोजन बनाने का काम करती है। वह अपना काम अत्यंत मेहनत से करती है और पूरी ईमानदारी से करती है। वह अपने स्त्रीत्व तथा सतीत्व की रक्षा के लिए सदैव सजग रहती है। जब भी उसे अहसास होता है कि जिस जगह पर वह काम कर रही है वहाँ सुरक्षित नहीं है तो वह उस कार्य को त्याग कर दूसरे जगह पर काम करने चली जाती है। जब वह अलग-अलग घर में जाती है तो उसे औरतों की स्थिति के बारे में पता चलता है और उसे सभी औरतों की स्थिति दयनीय लगती है। उसके माथे पर चमकता सिन्दूर उसकी जिन्दगी का सहारा बन जाता है। ऐसा भी कहा जा सकता है कि पहले उसके माथे पर लगे सिन्दूर का मतलब पति था और अब पति का मतलब उसका सिन्दूर बन गया है। एक दिन जब उसे खबर मिली कि उसके पति झुल्लन पांडे अब इस दुनिया में नहीं रहे तो वह भी गंभीर रूप से बीमार पड़ जाती है। पति की मृत्यु के एक दिन बाद ही सुन्नर पांडे की पतोह भी अपने प्राण त्याग देती है। सभी मिलकर उसका अन्तिम संस्कार करते हैं। "सब यही कह रहे थे कि 'बड़ी भाग्यशालिनी थी, जिन्दगी भर पति का इन्तजार किया और जब पति गुजर गए तो वह एक दिन भी जीवित नहीं रही।'"[24]

(8) कटीली राह के फूल :

'कटीली राह के फूल' उपन्यास का प्रमुख पात्र अनूप है और इसमें युवा मन के अन्तर्द्वन्द्वों को बहुत अच्छी तरह से प्रस्तुत किया गया है। इस उपन्यास में अनूप का मधु और कामिनी नाम की दो स्त्रियों को लेकर प्रेम संघर्ष चित्रित है। मधु जीवन को भोग विलास और मस्ती से जीना चाहती है, दूसरी तरफ कामिनी प्रेम को भोग से कहीं ऊँचा मानती है। अनूप गाँव का रहने वाला है। वह गाँव से विश्वविद्यालय में पढ़ने के लिए आता है और वह बी.ए. प्रथम वर्ष का छात्र है। वह फुटबॉल का

अच्छा खिलाड़ी है। उसकी दोस्ती धीरेन्द्र नामक युवक से होती है, जो पढ़ाई में कमजोर है और अनूप का भी पढ़ाई लिखाई में मन नहीं लगता है। अनूप शर्म के कारण किसी भी बात को अभिव्यक्त नहीं कर पाता है। उसकी सबसे बड़ी कमजोरी भी यही है। वह मन-ही-मन में बहुत कुछ सोचता है किन्तु उसके शब्द नहीं निकल पाते और उसके भाव अंदर ही रह जाते हैं। जब वह अपने मित्र धीरेन्द्र के घर जाता है तो वहाँ उसकी मुलाकात धीरेन्द्र की बहन कामिनी से होती है। "वह मझोले कद की लड़की थी, जो गोरी नहीं कही जा सकती। उसका नाक-नक्श अच्छा था। उसके मुख पर ऐसी शिष्टता, चंचलता और बुद्धिमत्ता का मिला-जुला भाव था जो अनायास ही आकर्षित कर लेता था।"[25]

विश्वविद्यालय के छात्र-छात्राओं ने एक समिति बनाई है जिसका नाम है– 'कटीली राह के फूल'। इससे तात्पर्य यह है– "कटीली राह हमारा परिश्रम, हमारी कर्मठता और ज्ञान के अन्वेषण की हमारी आकांक्षा उसी में हम खिल सकते हैं फूल की तरह। एक बात पर हम ज़ोर देते हैं कि हर आदमी को समझना चाहिए कि वह साधारण मानव है, किसी से बड़ा नहीं, और अगर उसमें कोई गुण है तो वह समाज की धरोहर है। यानी इसका मतलब है कि समाज का विकास करने के लिए हर व्यक्ति को अपने गुणों का विकास करना चाहिए।"[26] इस समिति का मुख्य उद्देश्य है– जहाँ तक हो सके बिना सरकारी सहयोग से उत्पीड़ित, उपेक्षित तथा आर्थिक रूप से कमजोर लोगों की समस्याओं की जानकारी प्राप्त करना और उनकी मदद करना। इस समिति में कामिनी भी भाग लेती है।

अनूप जिस मकान में रहता है उस मकान मालिक की भतीजी मधु है। अनूप की मुलाकात मधु से हो जाती है। मधु अमीर मात-पिता की लाड़ली पुत्री है। उसके लिए जिंदगी केवल मस्ती, रोमांस, शान-शौकत ही है। अनूप कुछ समय के लिए मधु के प्यार और दिखावे में फंस जाता है। वह अपना समय मधु के साथ व्यतीत करता है। वह उसके साथ घूमता है तथा फिल्म देखता है। किन्तु अनूप ने जो कामिनी में देखा है गंभीर एवं समझदार स्वभाव, वह मधु में नहीं है। मधु में केवल स्वार्थ, दुर्बलता और संकीर्णता है। कामिनी का अनूप के प्रति प्रेम में कोई दिखावा नहीं है, उसका प्रेम सच्चा और दिल से है। अनूप कामिनी को पाने की कोशिश करता है, वह कामिनी से अपने प्यार का इजहार करता है, किन्तु वह अनूप को ठुकरा देती है। "वह मेरे आलिंगन से छिटककर दूर हो गई। उसने घृणा-भरे स्वर में कहा, मैं तुमसे घृणा करती हूँ...।।"[27] अनूप चुपचाप कमरे में आकर दरवाजा बंद करके

लेट जाता है। वह लाश की तरह पड़ जाता है। उसे लगता है सब कुछ समाप्त हो गया। परन्तु कुछ ही देर बाद उसके दरवाजे में दस्तक हुई और जब उसने देखा तो वह कामिनी थी। "वह घूम गई। उसका मुँह मेरे सामने था। फिर वह आगे बढ़ आई। उसने मेरी कमीज पकड़ ली। वह बुरी तरह काँप रही थी। मैंने उसको बाँहों में समेट लिया। वह रोने लगी। फिर रोते हुए बुदबुदाने लगी, मैं तुमको प्यार करती हूँ। पता नहीं कब से मैं तुमको प्यार करती हूँ। मैं शुरू से जानती हूँ कि तुम मुझको प्यार करते हो। मैंने इसको स्वीकार नहीं किया और तुम्हारे वियोग में तड़पती रही। तुमने कभी भी मुझ पर अधिकार नहीं जताया इसीलिए मुझको अपने प्रेम पर विश्वास नहीं हुआ।"[28] अन्ततः अनूप कामिनी को पाने में सफल हो जाता है।

(9) इन्ही हथियारों से :

'इन्हीं हथियारों से' नामक उपन्यास अमरकान्त की समस्त रचनाओं में सबसे बड़ा और गंभीर है। यह उपन्यास अमरकान्त ने उत्तर प्रदेश के एक छोटे से जिला 'बलिया' के स्वाधीनता आंदोलन की पृष्ठभूमि पर लिखा है। इसमें 'भारत छोड़ो आंदोलन' 1942 से लेकर 1947 में देश के आज़ाद होने तक का बलिया के सामाजिक-राजनीतिक यथार्थ को चित्रित किया गया है। इस उपन्यास में किसी पात्र को महत्त्व देने के बजाय राष्ट्रीय मुक्ति आंदोलन को प्रमुखता दी गयी है। "यह उपन्यास नायक विहीन है। इसमें पात्र तो है पर नायक नहीं। देश के प्रमुख नेताओं गाँधी, जवाहरलाल नेहरू, सुभाष चन्द्र बोस, मौलाना आजाद, भगत सिंह, जय प्रकाश नारायण, लोहिया आदि की सिर्फ सूचनाएँ भर हैं। सामान्य पात्र अपनी-अपनी निजी जीवन स्थितियाँ से जूझते हुए स्वतंत्रता संग्राम में शामिल होते हैं। वे देश की आजादी के लिए प्राण तक देने को तैयार रहते हैं। बलिया में स्वाधीनता आन्दोलन में भाग लेने वाले प्रमुख चरित्रों में नीलेश छात्र है, गोवर्द्धन व्यापारी, रमाशंकर साधारण कार्यकर्ता, हरचरण मजदूर, सदाशयव्रत पूर्व पहलवा नें डाकू, नम्रता जमींदार की बेटी, भगजोगिनी फल विक्रेता की पत्नी, गोपालराम दलित है, ढेला वेश्या पुत्री है। इनमें कोई स्वतंत्रता-सेनानी, सैनिक नहीं हैं।"[29] उस राष्ट्रीय मुक्ति आंदोलन में शामिल होने वाले लोग गरीब और निरक्षर भी हैं। उनको विभिन्न प्रकार की समस्याएँ, दुख, पीड़ा, जुल्म, अन्याय आदि से भी गुजरना पड़ता है। वे बहुत कुछ नहीं जानते हैं। यहाँ तक कि वे आज़ादी का अर्थ भी ठीक से नहीं समझते हैं। परन्तु उन्हें विश्वास है कि आज़ादी मिलने से उनकी स्थिति बेहतर अवश्य होगी। उनकी कोई रणनीति

नहीं है और न ही उन्हें कोई किताबी ज्ञान है। किन्तु वे सत्य और अहिंसा के आदर्श पर चलते हैं।

इस उपन्यास के पात्र अपने साधारण जीवन तथा अपने पेशे से जुड़कर ही आंदोलन में भाग लेते हैं। सदाशयव्रत डाकू है और डाका डालता है किन्तु कांग्रेस के लोगों से मिलने के बाद उनसे प्रभावित होता है और आन्दोलन में शामिल हो जाता है। वह डाका डालने के काम को त्यागकर होटल बना लेता है। वह होटल के मालिक के रूप में आंदोलन में भाग लेता है। ढेला वेश्या पुत्री है और राष्ट्रीय मुक्ति आंदोलन में भाग लेने वाले नवयुवकों के संपर्क में रहती है। नवयुवक उसके पास पार्टी के पैसे जमा कर देते हैं और आवश्यकतानुसार उनसे पैसे ले लेते हैं क्योंकि पुलिस उस पर शक नहीं करती है। बलियावासियों का एक मात्र लक्ष्य देश की आजादी है। अपने इस लक्ष्य की प्राप्ति के लिए कोई भेदभाव नहीं है, गरीब-अमीर, हिंदू-मुस्लिम, छोटे-बड़े, स्त्री-पुरुष आदि सभी निकल पड़ते हैं। अमरकान्त ने इस उपन्यास में बलिया जिले को विस्तृत रूप से प्रस्तुत किया है। बलिया में रहने वाले लोग, उनकी सोच, रहन-सहन आदि इस उपन्यास में शामिल है। "अमरकान्त बलिया को इतना अधिक जानते हैं यह देखकर आश्चर्य होता है। वे डाकुओं, वेश्याओं, व्यापारिओं, महन्तों, लठैतों, पहलवानों, नचनियों, हलवाइयों, लस्सी बनाने वालों, मेवाफरोशों आदि के जीवन और उनके फलों की बारीकियों से सुपरिचित हैं। वे संगीत नाटक आदि के व्याकरण को जानते हैं। बलिया का शायद ही कोई व्यंजन मिठाई, सब्जी, फल हो जो इस उपन्यास में न आया हो। यह देश प्रेम ही है। देश-परिचय से देश प्रेम होता है।"[30]

अमरकान्त ने इस उपन्यास में नारी पात्रों का चित्रण भी अभूतपूर्व ढंग से किया है। निम्न वर्गीय नारी पात्र-ढेला, भगजोगिनी, कनेरी आदि का वर्णन मुख्य रूप से हुआ है। इस उपन्यास में प्रेमकथा का भी चित्रण किया गया है जो नम्रता और नीलेश के बीच में होता है। 'इन्हीं हथियारों से' उपन्यास में प्रेम, राजनीति, डाकू, सन्यासी, वेश्या, दलाल, शिक्षा आदि से संबंधित कथाएँ सम्मिलित हैं।

कहानियाँ :

सन् 1950 के बाद के कथाकारों में अमरकान्त का नाम विशेष रूप से उल्लेखनीय है। उनकी कहानियों में समाज की उन परिस्थितियों का चित्रण किया गया है जिनके कारण आज का समाज वर्गों में विभक्त होकर दारुण जीवन जी रहा

है। अमरकान्त ने अपनी कहानियों में समाज के अधिकांश वर्गों के पात्रों द्वारा उनके संघर्ष तथा जीने की इच्छा को प्रस्तुत किया है। अमरकान्त के 13 कहानी संग्रह प्रकाशित हैं और कुल मिला के इन्होंने 128 कहानियाँ लिखी हैं। अमरकान्त ने अपनी कहानियों में अधिकतर मध्यवर्गीय जीवन को ही मुख्य वर्ण्य विषय बनाया है। क्योंकि अमरकान्त स्वयं ही मध्यवर्ग से संबंध रखते हैं और मध्यवर्गीय जीवन को उन्होंने निकट से देखा है, परखा है, जाना है और भोगा है। अमरकान्त की कहानियों में मध्यवर्ग के सभी पक्ष का चित्रण दिखाई देता है।

मध्यवर्ग के दो भाग हो सकते हैं– उच्च मध्यवर्ग और निम्न मध्यवर्ग। उच्च मध्यवर्ग में मुख्य रूप से वही लोग होते हैं। जिनका संपर्क समाज के उच्चवर्ग से बहुत निकट का होता है। इस वर्ग में यह भी देखा जाता है कि आवश्यकता से अधिक धन संपन्न और बुद्धिवादी वर्ग के लोग होते है। दूसरी तरफ निम्न मध्यवर्ग के अन्तर्गत दफ्तर के साधारण क्लर्क, बाबू आदि आते हैं। जिनकी जीविका साधारण मासिक वेतन पर निर्भर होती है। अमरकान्त की अधिकांश कहानियाँ इसी निम्न मध्यवर्ग से संबंध रखती हैं।

अमरकान्त ने अपने कथासाहित्य के माध्यम से निम्न मध्यवर्ग के जीवन यथार्थ को पूरी गहराई, जटिलता और सूक्ष्मता से प्रस्तुत किया है। निम्न-मध्यवर्ग से संबंधित कहानियों में निम्न कहानियाँ महत्त्वपूर्ण हैं– 'जिन्दगी और जोंक', 'डिप्टी कलेक्टरी', 'छिपकली', 'बहादुर, 'सप्ताहांत', 'दुर्घटना', 'मौत का नगर' आदि।

'डिप्टी कलेक्टरी' अमरकान्त की एक निम्न-मध्यवर्गीय परिवार की मानसिकता की कहानी है। इस कहानी के मुख्य केन्द्र शकलदीप बाबू और उनके बड़ा बेटा नारायण है जिसने बी.ए. थर्ड क्लास में पास किया है। दो बार परीक्षा में असफल होने के बाद भी शकलदीप बाबू अपने पुत्र से उम्मीद रखते हैं कि वह एक दिन जरूर डिप्टी कलेक्टर बनेगा। अपने पुत्र को दिन-रात पढ़ाई करते देखकर उन्हें लगा कि इस बार उनका पुत्र सफल होगा। वह अपने पुत्र को उच्च दर्जे वाला खाना खिलाते हैं और उसका कमरा भी ठीक-ठाक करवाते हैं। नारायण को इंटरव्यू के लिए बुलावा भी आता है। किन्तु वह सफल नहीं हो पाता है। यह कहानी एक निम्न-मध्यवर्ग माता-पिता की कहानी है जिन्होंने अपने पुत्र के लिए सपने देखे हैं लेकिन उन सपनों को चकनाचूर कर देता है उनका पुत्र। वे आर्थिक विषमता और परिस्थिति के बावजूद भी कदम बढ़ाने की तथा तरक्की करने की कोशिश करते हैं। अमरकान्त

ने निम्न-मध्यवर्गीय जीवन की आर्थिक परिस्थितियों एवं मानसिकता का सटीक और मार्मिक चित्रण किया है।

'मौत का नगर' कहानी में कहानीकार अमरकान्त ने किसी विशेष नगर का नामोल्लेख नहीं किया, किन्तु यह संकेत किया है कि साम्प्रदायिक संघर्ष के परिणाम स्वरूप वह नगर मौत का नगर बन जाता है। जिसके जिम्मेदार होते हैं हिन्दू और मुस्लिम। हिन्दू-मस्लिम साम्प्रदायिक संघर्ष का परिणाम मुख्य रूप से उन लोगों को सहना पड़ता हैं जिनको रोजी-रोटी के लिए घर से निकलना पड़ता है। इनकी स्थिति बहुत ही दयनीय तथा चिंतनीय हो जाती हैं।

'जिन्दगी और जोंक' कहानी में अमरकान्त ने रजुआ नामक एक दीन-हीन निराश्रित व्यक्ति के अदम्य जिजीविषा का चित्रण किया है। रजुआ को जीवन में विभिन्न प्रकार की समस्याओं का सामना करना पड़ा तथा कितने कष्ट सहने पड़े फिर भी वह मरना नहीं चाहा, जिन्दगी को भी नहीं कोसा, अपनी जिन्दगी से प्यार करता रहा। यह उसकी जिजीविषा का परिणाम तथा प्रमाण माना जा सकता है। रजुआ में अपने खून की एक-एक बूँद देकर भी जिन्दा रहने का चाह है। इस कहानी में रजुआ जैसे दीन-हीन व्यक्ति की जिन्दगी की यथार्थ तस्वीर प्रस्तुत की गयी है।

'दोपहर का भोजन' कहानी में अमरकान्त ने निम्न-मध्यवर्ग के जीवन की संघर्षकथा का बड़े सहज ढंग से चित्रण किया है। यह कहानी आर्थिक मजबूरियों की पीड़ा की कहानी है। पिता और बेटे काम की तलाश में भटकते रहते हैं। किन्तु उन्हें कोई काम नहीं मिलता। उनका पूरा परिवार बेकारी, गरीबी तथा भूख का शिकार बन जाता है। इस कहानी में आर्थिक परेशानियाँ एक व्यक्ति को ही नहीं बल्कि पूरे परिवार को कैसे खोखला बना देती हैं तथा उसकी जीवन में किस प्रकार की पीड़ा उन्हें हर पल सताती है, इसकी यथार्थ तस्वीर प्रस्तुत की गयी है।

अपनी कहानियों में अमरकान्त ने निम्न-मध्यवर्ग के सभी पहलुओं का चित्रण किया है, उनकी आशा-आकांक्षा, बेरोज़गारी, निराशा, अनास्था, पीड़ा, घुटन आदि। इन सबके मूल में आर्थिक विपन्नता तथा अभावग्रस्तता है।

संस्मरण :

'कुछ यादें, कुछ बातें' नामक पुस्तक में अमरकान्त के संस्मरणों, आलेखों तथा साक्षात्कारों को संकलित किया गया है, जो अत्यंत महत्त्वपूर्ण और दिलचस्प है। इसमें लेखक के परिवेश तथा सृजन से संबंधित उनके संघर्ष और उनकी परिस्थितियों

का चित्रण हुआ है। इसमें प्रगतिशील आन्दोलन तथा नई कहानी आन्दोलन की घटनाएँ और विवाद भी हैं। इन रचनाओं के बीच बाबू राजेन्द्र प्रसाद, डॉ.रामविलास शर्मा, भैरवप्रसाद गुप्त, मोहन राकेश, अमृत राय, नामवर सिंह, कमलेश्वर, शेखर जोशी, रांगेय राघव, शमशेर आदि से संबंधित संस्मरण भी हैं।

बाल साहित्य :

आज हिंदी का बाल साहित्य विशेष चर्चित भले ही न हो, परंतु किसी भी दृष्टि से यह कम महत्त्वपूर्ण नहीं है। इसका मूल आशय बालक के लिए सृजनात्मक साहित्य से है। अमरकान्त ने मुख्य रूप से कहानी और उपन्यास का ही सृजन किया है किन्तु इन्होंने बाल साहित्य का भी सृजन किया है– 'खूँटा में दाल है', 'सुग्गी चाची का गाँव', 'वानरसेना', 'मँगरी', 'एक स्त्री का स्फर', 'नेइर सेना' आदि इनके प्रमुख बाल साहित्य परक रचनाएँ हैं।

'खूँटा में दाल है' लघु बाल-उपन्यास है। यह एक प्यारी सी चिड़िया धीरा की कहानी है, जो अपने हक के लिए संघर्ष करती है। इस रचना के आधार पर अमरकान्त पाठकों को यह संदेश देने का प्रयत्न करते हैं कि सभी को अपने हक के लिए संघर्ष करना चाहिए। 'सुग्गी चाची का गाँव' बाल-उपन्यास है जिसमें अशिक्षा और अंधविश्वासों के विरुद्ध चलाए गए संघर्ष तथा आंदोलन की कहानी है। अमरकान्त ने इस बाल-उपन्यास में सरल भाषा में गाँव के लोगों की मानसिकता, उनके रहन-सहन, आचार-विचार तथा गाँव में प्रचलित अंधविश्वास का यथार्थ चित्र प्रस्तुत किया है। इससे बाल पाठकों को यह संदेश मिलता है कि आज के दिन भी हमारे देश में ऐसे कई गाँव हैं। जहाँ विद्यालय, अस्पताल और जीवन की मूलभूत आवश्यक सुविधाएँ उपलब्ध नहीं हैं। हमें आंदोलन करना चाहिए ताकि हमारे गाँवों को हर सुविधा प्राप्त हो क्योंकि गरीबी, अशिक्षा तथा अंधविश्वासों के कारण गाँवों में तरक्की नहीं हो पाती है।

'झगरुलाल का फ़ैसला' बाल उपन्यास हैं जिसमें यह दिखाया गया है कि बढ़ती हुई जनसंख्या को नियंत्रित करना आज देश की सबसे प्रमुख समस्या है। अशिक्षा के कारण आज भी कई गाँवों में परिवार-नियोजन को पाप माना जाता हैं। इसलिए ऐसे लागों के बीच तथा ऐसे गाँवों में शिक्षा का प्रचार, वैज्ञानिक दृष्टिकोण को आगे बढ़ाना तथा परिवार-कल्याण की योजना को लोकप्रिय बनाना आवश्यक हो गया है। 'मँगरी' नामक लघु बाल-उपन्यास जो पशु-पक्षियों से संबंधित है। इसमें

कथाकार ने मँगरी (बकरी) और कजरी (बिल्ली) के बीच गहरी दोस्ती की मार्मिक और दिलचस्प कथा अत्यंत सरल भाषा में प्रतुत की है। इस बाल-उपन्यास के माध्यम से बच्चों को यह संदेश मिलता है कि जानवर के पास मनुष्य की तरह जुबान भले ही न हो किन्तु वे बहुत समझदार और वफ़ादार होते हैं। मुसीबतों के समय में अपनी जान पर खेलकर भी हमारी मदद करते हैं। 'एक स्त्री का सफ़र' लघु बाल-उपन्यास है जिसमें अमरकान्त ने अशिक्षा, अंधविश्वास, झाड़-फूँक तथा चिकित्सा सुविधाओं की कमी से गाँवों में कितने ही लोग भयंकर रोगों तथा विकलांगता के शिकार हो जाते हैं। इसका यर्थाथ चित्र प्रस्तुत किया है। 'वानर सेना' बाल-उपन्यास है जो 1942 के भारत छोड़ो आन्दोलन पर लिखा गया है। अमरकान्त ने इस उपन्यास में 1942 के भारत छोड़ो आन्दोलन में भाग लेने वाले व लड़ने वाले बच्चों का यथार्थ चित्र हमारे सामने प्रस्तुत किया है।

(ग) युगीन चेतना :

अमरकान्त समकालीन हिंदी कथा साहित्य के प्रमुख हस्ताक्षर थे। इनके रचनाशीलता तथा रचनाकाल के बारे में रवीन्द्र कालिया लिखते हैं– "अमरकान्त का रचनाकाल 1954 से लेकर आज तक है, उनकी कलम न रुकी, न झुकी। उनके साथ के कई रचनाकार थकेंचुक कर बैठ गये, कुछ निजी पत्रकारिता में चले गये तो कुछ मौन हो गये, किन्तु अमरकान्त ने अपनी निजी परेशानियों को कभी लेखन पर हावी नहीं होने दिया। उन्होंने हर हाल में लिखा, उन्होंने लेखन को जिजीविषा दी अथवा लेखन ने उन्हें, यह विचारणीय प्रश्न है।"[31] अमरकान्त के उपन्यास का मुख्य केन्द्रीय बिन्दु समकालीन समाज का चित्रण है। वे मध्यवर्ग की विभिन्न स्थितियों का चित्रण अपनी रचनाओं में करते हैं। उनके समकालीन दौर में कई अन्य महान उपन्यासकार भी सक्रिय थे जिन्होने अमरकान्त की तरह ही भारतीय समाज के बदलते एवं जटिल यथार्थ को अपनी रचनाओं का वर्ण्य विषय बनाया है। इन रचनाकारों ने नगरी जीवन एवं मध्यवर्ग के यथार्थ का व्यापक चित्रण अपने कथा साहित्य में किया है। अमरकान्त के समकालीन रचनाकारों में निम्नांकित रचनाकार महत्त्पूर्ण हैं–

उपेन्द्रनाथ अश्क :

उपेन्द्रनाथ अश्क का (1910-1996) प्रेमचन्दोत्तर युग के उपन्यासकारों में

विशिष्ट स्थान है। उन्होंने साहित्य की लगभग सभी विधाओं में लिखा है, किन्तु उनकी पहचान एक कथाकार के रूप में है। उपन्यास, काव्य, नाटक, संस्मरण, कहानी, आलोचना आदि क्षेत्रों में उन्होंने लिखा हैं। उपेन्द्रनाथ अश्क ने अपने उपन्यासों में समाज के मध्यवर्ग एवं निम्न वर्ग को मुख्य रूप से प्रस्तुत किया है। मध्यवर्ग के प्रति सहानुभूति उनकी मुख्य विशेषता थी। मध्य वर्ग का जीवन, व्यवहार, आशा-निराशा, सुख-दुख आदि को उन्होंने अपने उपन्यासों में चित्रित किया है। अश्क के प्रमुख उपन्यास हैं– 'सितारों के खेल', 'गिरती दीवारें', 'शहर में घूमता आइना', 'पत्थर अल पत्थर', 'गर्म राख', 'बड़ी-बड़ी आँखे' आदि।

'सितारों के खेल' उपेन्द्रनाथ अश्क का पहला उपन्यास है जिसमें प्रेम तथा उसमें व्यक्ति के यथार्थ स्वरूप को चित्रित किया गया है। इसमें वैभवशाली नामक नायिका अलग-अलग पुरुषों से प्रेम करती है और अपने सच्चे प्रेमी को विष देकर मार देती है। परन्तु पूरे जीवन वह प्रेम में स्वयं को असफल पाती है। अंत में वह अपने अनुभवों से महसूस करती है कि खुला तथा अवारा रहकर प्रेम करना ठीक नहीं है बल्कि प्रकृति ने जिस उद्देश्य से पुरुष और स्त्री को बनाया है, उसी उद्देश्य की पूर्ति हेतु प्रेम का मार्ग सबसे अच्छा हैं। 'पत्थर अल पत्थर' उपन्यास में अश्क ने कश्मीर के प्राकृतिक सौंदर्य के समीप स्थित परहेजपुर गाँव के माध्यम से चित्रित किया है। इस गाँव में कृषकों की स्थिति दयनीय है और उपन्यासकार ने उन्हें मानवता के प्रतिनिधि के रूप में चित्रित किया है। 'गिरती दीवारें' उपन्यास में अश्क ने मध्यवर्ग के सामाजिक जीवन का यथार्थ का प्रभावशाली चित्रण किया है। जीवन की बहुविध विकृतियों की दीवारों को गिराने की प्रेरणा देना ही इस उपन्यास का मूल उद्देश्य है। अश्क के उपन्यासों में छोटे-छोटे घटना प्रसंगों तथा परिचित परिवेश का चित्रण किया गया है। यहाँ मध्यवर्ग के यथार्थ का सजीव चित्रण हुआ है।

श्रीलाल शुक्ल :

श्रीलाल शुक्ल (1925-2011) के उपन्यासों में स्वतंत्र्योत्तर भारत के ग्रामीण जीवन की मूल्यहीनता चित्रित है। उनकी प्रसिद्ध रचनाएँ हैं– 'सूनी घाट का सूरज', 'अज्ञातवास', 'राग दरबारी', 'आदमी का जहर', 'सीमाएँ टूटती हैं', 'सीनी घाटी' आदि। 'राग दरबारी' उनका सबसे लोकप्रिय उपन्यास है। इसमें श्रीलाल शुक्ल ने गाँव की कथा के माध्यम से आधुनिक भारतीय जीवन की मूल्यहीनता को सहजता तथा निर्ममता से अनावृत किया है। आरंभ से अंत तक यह उपन्यास इतने निस्संग

तथा सोद्देश्य व्यंग्य के साथ लिखा गया हिंदी का यह पहला उपन्यास है। इस उपन्यास की कथा एक बड़े नगर से कुछ दूर बसे गाँव शिवपालगंज की है, जहाँ की जिन्दगी प्रगति और विकास के पूर्ण नारों के बावजूद, निहित स्वार्थों और अनेक अवांछनीय तत्वों के आघातों के समक्ष घिसट रही है। शिवपालगंज गाँव की पंचायत, कॉलेज की प्रबंध समिति तथा कोऑपरेटिव सोसाइटी के सूत्रधार वैद्यजी साक्षात उस राजनीतिक संस्कृति के प्रतीक हैं जो प्रजातंत्र और लोकहित के नाम पर अपने स्वार्थ सिद्धि में लीन हैं। हमारे समाज में विशेषकर वर्तमान समय में वैद्य जी सरीखे लोग नित्य प्रति देखे जा सकते हैं।

अमृत लाल नागर :

अमृत लाल नागर (1916-1990) हिंदी के प्रसिद्ध उपन्यासकार थे। इन्होंने नाटक, रेडियोनाटक, रिपोर्ताज, संस्मरण, बाल-साहित्य आदि क्षेत्र में भी महत्त्वपूर्ण योगदान दिया है। उन्होंने अपने उपन्यासों में मुख्य रूप से व्यक्ति और समाज में समन्वय की समस्या का उद्घाटन करते हुए उसका समाधान भी प्रस्तुत किया है। इसके साथ-साथ उन्होंने सामाजिक चेतना के अनेक पहलुओं का भी चित्रण किया है। उनके प्रमुख उपन्यास हैं– 'महाकाल', 'सेठ बांकेमल', 'बूँद और समुद्र', 'शतरंज के मोहरे', 'सुहाग के नूपुर', 'अमृत और विष', 'सात घूँघट वाला मुखड़ा', 'मानस का हंस' आदि। 'बूँद और समुद्र' में व्यक्ति और समाज के पारस्परिक संबंधों को चित्रित किया गया है। जिस प्रकार बूँद और समुद्र का संबंध है उसी प्रकार व्यक्ति और समाज का संबंध है। 'अमृत और विष' उपन्यास में समाज के पापयुक्त तथा उज्जवल दोनों पक्षों का यथार्थ चित्रण किया गया है। इस उपन्यास का केद्र लखनऊ है और लखनऊ नगर के विभिन्न वर्गों एवं संस्कार के व्यक्तियों, सामाजिक परिस्थितियों, राजनीतिक परिस्थितियों, दैनिक क्रियाओं आदि का चित्रण किया गया है। अमृतलाल नागर जी ने 'मानस का हंस' जैसे ऐतिहासिक उपन्यास भी लिखे हैं जिसमें उन्होंने तुलसीदास के जीवनवृत को संवेदना के साथ प्रस्तुत किया है। अमृतलाल नागर ने अपने लगभग सभी उपन्यासों में व्यक्ति और समाज दोनों के आपसी संबंधों का चित्रण किया है। उनके संपूर्ण उपन्यासों की कथा समाज के व्यापक क्षेत्रों से संबंधित हैं। इसलिए उनके उपन्यासों में समाज के विविध पक्षों का उद्घाटन किया गया है।

भैरव प्रसाद गुप्त :

भैरव प्रसाद गुप्त (1918-1995) हिंदी कथा साहित्य के जनप्रतिबद्ध कथाकारों में से एक हैं। उनके प्रमुख उपन्यास हैं– 'शोले', 'मशाल', 'गंगा मैया', 'जंजीरे और नया आदमी', 'सती मैया का चौरा', 'धरती', 'आशा', 'नौजवान', 'छोटी सी शुरूआत' आदि। उन्होंने अपने उपन्यासों में शोषण, जमींदार, पूँजीपति, किसान, मज़दूर आदि की सामाजिक दशा का वर्णन किया है। 'गंगा मैया' उपन्यास में उपन्यासकार ने बलिया जिले के एक गाँव की पृष्ठभूमि में ग्रामीण जीवन का प्रमुख रूप से चित्रण किया है। 'जंजीरे और नया आदमी' उपन्यास में सामंती दुराचारों के काले कारनामों को स्पष्टता से प्रस्तुत किया गया है। 'सती मैया का चौरा' उपन्यास में किसानों के शोषण और उनकी वर्ग चेतना तथा संघर्ष का चित्रण है। इस प्रकार भैरव प्रसाद के उपन्यासों में मुख्य रूप से सामाजिक चेतना, किसानों तथा मज़दूरों के संघर्ष आदि के मुख्य रूप से चित्रित किया गया है।

मोहन राकेश :

मोहन राकेश (1925-1972) नई कहानी आंदोलन के सशक्त हस्ताक्षर हैं। उनकी रचनाओं में युग, परिवेश तथा समाज का मुख्य रूप से चित्रण हुआ है। उन्होंने हिंदी गद्य साहित्य की विभिन्न विधाओं जैसे कहानी, उपन्यास, नाटक आदि का लेखन कार्य किया। उनके प्रमुख उपन्यास हैं– 'अंधेरे बंद कमरे', 'न आनेवाला कल', 'अन्तराल' आदि। मोहन राकेश ने अपने सभी उपन्यासों में समाज की विभिन्न समस्याओं को प्रस्तुत किया है। समाज के निम्नवर्ग तथा मध्यवर्ग की समस्याओं को उन्होंने मुख्य रूप से चित्रित किया है। उन्होंने दाम्पत्य जीवन के टूटने से बिखरते परिवार, आर्थिक समस्याएँ, नारी समस्या आदि को अपने उपन्यासों में चित्रित किया है। 'अंधेरे बंद कमरे, 'न आने वाला कल' आदि उन्यासों में आर्थिक विषमता, नारी समस्या, व्यक्ति के अहं, आधुनिकता के व्यक्ति पर पड़ रहे प्रभाव आदि का मुख्य रूप से चित्रण किया है। उनके सभी उपन्यासों में व्यक्ति तथा समाज की समस्याओं को अत्यंत निकटता से प्रस्तुत किया गया है।

भीष्म साहनी :

भीष्म साहनी (1915-2003) आधुनिक हिंदी साहित्य के प्रमुख स्तंभों में से

एक थे। उनको हिंदी साहित्य में प्रेमचंद की परंपरा का अग्रणी साहित्यकार माना जाता है। उनकी रचनाओं में मध्यवर्गीय परिवार को केन्द्र बनाया गया है। उनके प्रमुख उपन्यास हैं– 'झरोखे', 'तमस', 'बसंती', 'मायादास की माडी', 'कुन्तो' आदि। 'झरोखे' उपन्यास में परिवार के बालकों पर पड़ रहे पारिवारिक परिवेश का प्रभाव तथा परिवार की मूल चेतना और उनके जीवन की छोटी-छोटी घटनाओं का चित्रण किया गया है। 'तमस' उपन्यास में उपन्यासकार ने साम्प्रदायिक उन्माद, उसकी स्थिति तथा कारणों का सजीव चित्रण किया है जो देश के विभाजन के कारण बने। 'बसंती' उपन्यास में बसंती नामक पात्र उस भारतीय नारी का प्रतिनिधित्व है करती जो व्यवस्था के व्यूह में फँसी अनेक तरह के शोषणों का शिकार होती है। महानगर दिल्ली में खाली सरकारी जमीन पर मज़दूरों, बढ़इयों, धोबियों आदि ऐसे बहुत लोग अनाधिकार रूप से झोपड़ी बनाकर रहते हैं। इन्हीं झोपड़ी में रहने वाले बस्ती के लोगों का इस उपन्यास में चित्रण है। उपन्यासकार ने इस परिवेश, आर्थिक समस्या, नैतिक मूल्यों आदि का व्यापकता से वर्णन किया है। इसी प्रकार भीष्म साहनी ने अपने अन्य उपन्यासों में भी सामाजिक जीवन को समग्रता के साथ उद्घाटन किया है।

राजेन्द्र यादव :

राजेन्द्र यादव (1929-2013) हिंदी के सुपरिचित लेखक हैं। जिनका नई कहानी, उपन्यास, अनुवाद, संपादन, निबंध आदि के क्षेत्र में महत्त्वपूर्ण योगदान रहा है। उनके प्रमुख उपन्यास हैं-- 'सारा आकाश', 'उखड़े हुए लोग', 'कुलटा', 'शह और मात', 'अनदेखे अनजान पुल', 'एक इंच मुस्कान', 'एक था शैलेन्द्र' आदि। राजेन्द्र यादव के उपन्यासों में सामाजिक तथा आर्थिक विसंगतियों और समस्याओं का यथार्थ चित्रण है। उनके सभी उपन्यासों में निम्न मध्यवर्ग तथा मध्यवर्ग की समस्याओं, आर्थिक विषमताओं, मानसिक कुंठाओं एवं नैतिक मान्यताओं का चित्रण किया गया है। उनके सभी उपन्यासों में सामाजिक, आर्थिक, धार्मिक तथा राजनीतिक परिस्थितियों का सजग चित्रण मिलता है।

शिव प्रसाद सिंह :

शिव प्रसाद सिंह (1928-1998) हिंदी के प्रसिद्ध साहित्यकार थे जिन्होंने हिंदी की उपन्यास, कहानी, निबंध, और आलोचना आदि लगभग सभी गद्य विधाओं

में रचनाएँ की। उनके प्रमुख उपन्यास हैं– 'अलग-अलग वैतरणी', 'गली आगे मुड़ती है', 'नीला चाँद', 'शैलूष', 'औरत' आदि। 'अलग-अलग वैतरणी' उपन्यास में चित्रित एक ग्राम विशेष ही समस्त भारतीय ग्रामों का प्रतिनिधित्व करता है। स्वतंत्रता के बाद जमींदारी उन्मूलन से प्रभावित गाँवों का चित्रण भी हुआ है। इसके उपन्यासों में सामाजिक, आर्थिक शोषण के शिकार गाँवों का विस्तृत अकंन है। शिव प्रसाद सिंह अपनी ऐतिहासिक एवं मिथकीय दृष्टि के लिए भी जाने जाते हैं। उन्होंने काशी को केन्द्र बनाकर तीन उपन्यास लिखे हैं और तीनों में तीन अलग-अलग युग को उन्होंने अपना वर्ण्य विषय बनाया है। और इस प्रकार उन्होंने काशी के तीन अलग-अलग ऐतिहासिक यथार्थ का सूक्ष्म चित्रण किया है।

राम दरश मिश्र :

राम दरश मिश्र (जन्म 1924) का स्थान स्वातंत्र्योत्तर युगीन उपन्यासकारों में महत्त्वपूर्ण है। वे जितने ही समर्थ कवि हैं उतने ही समर्थ उपन्यासकार तथा कहानीकार भी हैं। उन्होंने ग्राम जीवन के आधार पर आधुनिक जीवन की चुनौतियों एवं समस्याओं को चित्रित किया है। उनकी कृतियों में 'पानी के प्राचीर', 'जल टूटता है', सूखा हुआ तालाब' आदि प्रमुख है। 'पानी के प्राचीर' उपन्यास में नीरू नामक पात्र द्वारा लेखक ने यह दिखाने का प्रयास किया है कि गाँवों में निम्न वर्ग का सदैव शोषण होता रहता है। आजादी के बाद भी गाँव के सामाजिक, आर्थिक, राजनीतिक तथा सांस्कृतिक स्थिति में कोई परिवर्तन नहीं हुआ है। 'जल टूटता है' उपन्यास में राम दरश मिश्र ने गाँव की समग्र रूपात्मक समस्याओं एवं समाधानों का चित्रित किया है। इस उपन्यास में ग्रामीण जीवन की यथार्थ परिस्थितियों का अंकन, जमींदारी उन्मूलन, भूदान आंदोलन, राजनीतिक चेतना की परिव्याप्ति, धार्मिक विश्वासों आदि का व्यापक चित्रण हुआ है। आजादी के बाद भी विकास संबंधी योजनाएँ बनने के बावजूद ग्रामीणों का कल्याण नहीं हो सका है। इस प्रकार राम दरश मिश्र अपने उपन्यासों में मुख्य रूप से ग्रामीण तथा ग्रमीणों की दशा, स्वतंत्रता-प्राप्ति के बाद भी उनकी स्थिति में सुधार न आने के कारण के चित्रण पर जोर दिया है।

शैलेश मटियानी :

शैलेश मटियानी (1931-2001) अधुनिक हिंदी साहित्य के एक प्रसिद्ध

गद्यकार हैं। इन्होंने उपन्यास, कहानी, निबंध, संस्मरण आदि का लेखन किया है। उनके प्रमुख उपन्यास हैं— 'हौलदार', 'चिट्ठी रसेन', 'मुख सरोवर के हंस', 'एक मूठ सरसों', 'बेला हुई अबेर', 'गोपुली गफूरन', 'नागवल्लरी', 'आकाश कितना अनंत है', 'भागे हुए लोग', 'चंद औरतों का शहर', 'सावित्री', 'छोटेंछोटे पक्षी', 'कबूतर खाना' आदि। शैलैश मटियानी ने अपने अधिकांश उपन्यासों में विविध सामाजिक समस्याओं को विस्तार से चित्रित किया है। उन्होंने सामाजिक, आर्थिक, राजनीतिक तथा सांस्कृतिक विशेषताओं एवं समस्याओं का समग्ररूपात्मक चित्रण किया है। उनके उपन्यासों गाँव विशेष के प्राकृतिक सौन्दर्य से अवगत करने में भी पूर्ण रूप से सक्षम हैं।

उपर्युक्त प्रमुख उपन्यासकारों के अतिरिक्त स्वातंत्र्योत्तर युग में कुछ अन्य उपन्यासकार भी सक्रिय रूप से लेखन में संलग्न हैं जिनमें राजेन्द्र अवस्थी, राही मासूम रज़ा, जय प्रकाश भारती, शानी, जगदीशचंद्र पांडे, मनहर चौहान, योगेन्द्रनाथ सिंहा, आनन्द प्रकाश जैन, केशवप्रसाद मिश्र, हिमांशु जोशी, हर्षनाथ, सावित्री देवी, राम कुमार वर्मा आदि के नाम लिए जा सकते हैं। अमरकान्त के समकालीन उपन्यासकारों ने समाज के विभिन्न पक्षों का व्यापक चित्रण अपने उपन्यासों में किया है। उनकी रचनाओं में ग्रामीण जीवन, सामाजिक चेतना, आर्थिक विषमता, नारी समस्या तथा संघर्ष आदि मुख्य रूप से उभरकर सामने आये हैं। इन सभी समस्याओं का अत्यंत व्यापकता के साथ चित्रण किया गया है। जैसे कहा जाता है कि 'साहित्य समाज का दर्पण है', कोई भी साहित्य समाज को छोड़कर नहीं लिखा जा सकता है तथा कोई भी साहित्यकार समाज से बिना जुडे, नहीं लिख सकता। इस युग के साहित्यकारों ने इसी युग के परिवेश से जुड़कर अपनी रचनाएँ की हैं। किसी ने स्वतंत्रता के पश्चात सामंतों के संबंध में लिखा है तो किसी ने स्वतंत्रता के बाद के बदलते जीवन तथा परिस्थितियों के संबंध में। प्रवृत्ति भिन्न होने के बावजूद प्रत्येक साहित्यकारों ने अपने साहित्य में अपने ढंग से बदलते हुए समाज एवं युगीन प्रवृत्तियों को प्रस्तुत किया है।

अमरकान्त के समकालीन उपन्यासकारों के उपन्यासों में अधिकांशतः मध्यवर्गीय शहरी जीवन का चित्रण मिलता है। समकालीन दौर में उपन्यासकारों ने मुख्य रूप से समाज के निम्नवर्ग तथा मध्यवर्ग के प्रति सहानुभूति, उनके जीवन, व्यवहार, आशा-निराशा, सुख-दुख आदि का अपने उपन्यासों में चित्रिण किया हैं। उन्होंने आधुनिक जीवन की चुनौतियों एवं समस्याओं को चित्रित किया है। इसके साथ ही

साथ निम्न वर्ग के शोषण तथा आजादी के बाद भी सामाजिक, आर्थिक, राजनीतिक तथा सांस्कृतिक परिस्थितियों में कोई परिवर्तन नहीं होने की चर्चा की गयी है। मध्य वर्ग के दाम्पत्य जीवन के तनाव और उससे बिखरते परिवार, आर्थिक समस्याएँ, नारी समस्या आदि भी इस युग के उपन्यासकारों के मुख्य वर्ण्य विषयों में से एक रहे हैं। सहित्यकारों ने युगीन परिस्थितियों का खाका तैयार करने में अपनी प्रखर बुद्धि का प्रयोग किया। युगीन समाज तथा जन जीवन में जो कुछ उन्होंने देखा, परखा और अनुभव किया, उसे ही अपने साहित्य में प्रस्तुत किया है। अमरकान्त भी अपनी प्रखर मेधा से अपने समकालीनों के स्वर में स्वर मिलाते हैं और अपने कथा साहित्य के माध्यम से हिंदी साहित्य को समृद्ध करते हैं।

निष्कर्षतः कहा जा सकता है कि अमरकान्त का व्यक्तित्व एक ईमानदार, कर्मठ और संवेदनशील लेखक का व्यक्तित्व है। उनके कृतित्व में संवेदनशीलता के साथ यथार्थता प्रमुख स्थान पाती है। वे एक मध्यवर्गीय परिवार में पैदा हुए थे और उनका पालन-पोषण भी उसी के अनुरूप हुआ था। इसलिए वे अपने आस-पास के परिवेश तथा मध्यवर्गीय समाज को अपने साहित्य में उतारते हैं। वे अपने रचना संसार में समकालीन युग को यथार्थपूर्ण शैली में अभिव्यक्त करते हैं। वे अपने साहित्य में मुख्य रूप से मध्यवर्ग के लोगों के सुख-दुख, आशा-निराशा, संघर्ष आदि का अत्यंत गहराई और ईमानदारी के साथ चित्रण करते हैं। अमरकान्त ने अपने वास्तविक जीवन में जो देखा और परखा था, उसी को अपने साहित्य का विषय बनाया। भारतीय समाज का मध्य वर्ग उनके कथा साहित्यें कहानियों, उपन्यासों का केन्द्र है।

अमरकान्त के उपन्यासों का मुख्य वर्ण्य विषय भारतीय समाज का चित्रण है। उनके उपन्यासों में विशेष रूप से मध्यवर्ग के सामाजिक यथार्थ को ही विविध आयामों में प्रस्तुत किया गया है। 'सूखा पत्ता', 'आकाश पक्षी' आदि में मुख्य रूप से जाति व्यवस्था पर गंभीरतापूर्वक चिंतन किया गया है। मध्य वर्ग की नारी की संघर्ष गाथा तथा भारतीय ग्रामीण जीवन की विभिन्न समस्याओं जैसें अशिक्षा, अंधविश्वास, गरीबी आदि को अमरकान्त ने 'सुन्नर पांडे की पतोह', 'ग्रामसेविका' आदि उपन्यासों में चित्रित किया है। 'सूखा पत्ता', 'कटीली राह के फूल', 'काले-उजले दिन' आदि उपन्यासों में उन्होंने निम्न-मध्य वर्ग के युवाओं की विभिन्न मानसिक स्थितियों एवं अंतद्वन्द्ध को प्रस्तुत किया है। अमरकान्त ने अपनी कहानियों में भी अधिकतर मध्यवर्गीय जीवन को ही मुख्य वर्ण्य विषय बनाया है। वे अपनी कहानियों

में समाज के मध्य वर्गीय पात्रों के चित्रण द्वारा उनके संघर्ष तथा जीने की इच्छा को प्रस्तुत किया है। अमरकान्त के कहानियों तथा उपन्यासों में मध्यवर्ग के सभी पक्षों का चित्रण मिलता है।

अमरकान्त के समकालीन दौर में कई अन्य महान साहित्यकार भी सक्रिय थे जिन्होंने अमरकान्त की तरह ही भारतीय समाज के बदलते एवं जटिल होते यथार्थ को अपनी रचनाओं का वर्ण्य विषय बनाया है। अमरकन्त के समकालीन रचनाकारों में प्रमुख हैं– उपेन्द्रनाथ अश्क़ श्रीलाल शुक्ल, अमृत लाल नगर, मोहन राकेश, राजेन्द्र यादव, भीष्म साहनी आदि। इनके उपन्यासों में प्रायः मध्यवर्गीय शहरी जीवन का चित्रण मिलता है। अमरकान्त के समकालीन दौर के उपन्यासकारों ने मुख्य रूप से समाज के निम्नवर्ग तथा मध्यवर्ग के प्रति सहानुभूति एवं संवेदना दिखाते हुए उनके जीवन, व्यवहार, सुख-दुख आदि का अपने उपन्यासों में चित्रित किया है।

संदर्भ सूची

1. रवीन्द्र कालिया, अमरकान्त एक मूल्यांकन, सामयिक बुक्स, पृ.सं. 111
2. रवीन्द्र कालिया, नया ज्ञानोदय, भारतीय ज्ञानपीठ, पृ.सं. 18
3. अमरकान्त, कुछ यादें, कुछ बातें, राजकमल प्रकाशन, पृ.सं. 9
4. रवीन्द्र कालिया, नया ज्ञानोदय, भारतीय ज्ञानपीठ, पृ.सं. 6
5. वही पृ.सं. 21
6. अमरकान्त, कुछ यादें कुछ बातें, पृ.सं. 18
7. http://www.bbc.com/hindi/india/2014/02/140217_amarkant_obit_ rns.shtml
8. वही पृष्ठ
9. अमरकान्त, सूखा पत्ता, अपनी बात से, पृ.सं. 5
10. वही, अपनी बात से
11. वही, पृष्ठ सं. 156
12. वही, पृष्ठ सं. 171
13. अमरकान्त, ग्रामसेविका, पृ.सं. 13
14. वही, पृष्ठ सं. 19
15. वही, पृष्ठ सं. 5
16. अमरकान्त, आकाश पक्षी, पृ.सं. 211
17. वही, पृष्ठ सं. 7
18. अमरकान्त, काले-उजले दिन, पृ.सं. 10

19. वही, पृष्ठ सं. 35
20. वही, पृष्ठ सं. 57
21. अमरकान्त, बीच की दीवार, पृ.सं. 6
22. वही, पृष्ठ सं. 8
23. अमरकान्त, सुन्नर पांडे की पतोह, पृ.सं. 57
24. वही, पृ.सं. 112
25. अमरकान्त, कटीली राह के फूल, पृ.सं. 7
26. वही, पृ.सं. 45
27. वही, पृ.सं. 126
28. वही, पृ.सं. 127-128
29. डॉ. नामवर सिंह (संपादक), आधुनिक हिंदी उपन्यास भाग दो, पृ.सं. 168
30. वही, पृ.सं. 168
31. अमरकान्त, अमरकान्त की संपूर्ण कहानियाँ 1, भूमिका, पृ.सं. 5

द्वितीय अध्याय

मध्य वर्ग : विविध पक्ष

यूरोप में औद्योगिक क्रांति ने पूँजीवादी व्यवस्था को जन्म दिया। आधुनिक पूँजीवादी व्यवस्था को मध्यकालीन कृषि व्यवस्था एवं सामंती व्यवस्था से उन्नत एवं विकासोन्मुख माना जाता है। यूरोपीय साम्राज्यवादी शक्तियाँ विश्व में जहाँ-जहाँ गयी वहाँ-वहाँ उन्होंने आधुनिक पूँजीवादी व्यवस्था की शुरूआत की। इस पूँजीवादी व्यवस्था ने आर्थिक स्तर पर समाज का पुनः वर्गीकरण किया। पूँजीपति बुर्जुवा वर्ग एवं मजदूर-किसान सर्वहारा वर्ग के अलावा पहली बार एक तीसरे वर्ग का उदय विश्व इतिहास में हुआ जिसे मध्यवर्ग कहा गया। भारत की प्राचीन कृषि आधारित ग्रामीण अर्थव्यवस्था अँग्रेजों के द्वारा प्रेरित पूँजीवादी अर्थव्यवस्था में तब्दील होती जा रही है, जिसके कारण देश की जीवन पद्धति, विकास के साधन एवं सोचने समझने के ढंग में क्रांतिकारी बदलाव हो रहे हैं। आज इस औद्योगिक व्यवस्था के प्रसार के कारण उच्चवर्गीय और निम्नवर्गीय दोनों को एक ही नल का पानी पीते हुए देखा जा सकता है। इससे दोनों वर्गों के मध्य एक नवीन वर्ग का जन्म दिखाई पड़ता है जिसे 'मध्य वर्ग' की संज्ञा दी गई है। "इस नवीन व्यवस्था ने एक नए मध्यम वर्ग को जन्म दिया जो बहुत जागरुक और चेतना संपन्न होता है। अपने बौद्धिक चिंतन के कारण यह रूढ़ियों का सहज विरोधी होता है और नवीनता का समर्थन करता है। अब संगठित रूप से इसने जाति व्यवस्था के विरुद्ध संघर्ष आरंभ कर दिया है। जाति-व्यवस्था के समर्थकों के पास अब कोई ऐसा प्रबल तर्क नहीं रह गया था, जिसके सहारे वे इस जड़ व्यवस्था की रक्षा कर सकें।"[1]

हिंदी साहित्य कोश में मध्यवर्ग की परिभाषा देते हुए लिखा गया है किं "पूँजीवादी आर्थिक व्यवस्था ने समाज को इतना जटिल कर दिया है कि एक मध्यवर्ग

की आवश्यकता हुई, जो इस जटिल व्यवस्था के संघटन-सूत्र को संभाल सके। इस वर्ग में नौकरी पेशा, शिक्षक, क्लर्क और अन्य साधारण लोग आते हैं। मध्यवर्ग विशेषतः बुद्धिप्रधान वर्ग माना गया है और सामाजिक क्रांति के प्रायः समस्त विचारों का सर्जन मध्यवर्ग में ही होता है।"[2] मध्यवर्ग के तीन स्तर हैं "उच्च मध्यवर्ग, मध्य-मध्यवर्ग और निम्न मध्यवर्ग।

(i) उच्च मध्यवर्ग जो निश्चिन्तता एवं निश्चितत से अपने जीवन को कुछ सीमा तक वैभवपूर्ण ढंग से व्यतीत करने में सदा सफल रहता है। इस वर्ग में छोटे उद्योगपति तथा वे शिक्षित व्यक्ति आते हैं जो उद्योग, किसी संस्था या सरकारी विभाग के उच्च पदों पर प्रतिष्ठित हैं।

(ii) मध्य-मध्यवर्ग जो सामाजिक सोपान पर चढ़ने के लिए संघर्षशील रहता है और अपने जीवन की परम आवश्यकताओं को केवल पूरा कर पाता है। इस वर्ग में सरकारी मध्य श्रेणी के पदों पर प्रतिष्ठित, व्यावसायिक, शिक्षित दुकानदार आदि सम्मिलित हैं।

(iii) निम्न-मध्यवर्ग जो दिखाने की भावना से ग्रस्त बड़ी कठिनाई से जीवन यापन कर पाता है। इसमें शिक्षित बुद्धिजीवी तथा शिल्पी आते हैं यथा क्लर्क, प्राथमिक पाठशालाओं के अध्यापक आदि।"[3]

उपर्युक्त परिभाषाओं को संक्षेप में प्रस्तुत करें तो ऐसा कहा जा सकता है कि उच्च-मध्यवर्ग कुछ सीमा तक वैभवपूर्ण जीवन बिताता है, मध्य-मध्यवर्ग जीवन की मूल आवश्यकताओं को पूरा कर पाता है और निम्न-मध्यवर्ग बड़ी कठिनाई से जीवनयापन करता है। स्वातंत्र्योत्तर भारत के साहित्यकारों ने बड़े पैमाने पर इस मध्यवर्ग की जीवन परिस्थितियाँ एवं जटिल यथार्थ को अपने कथा साहित्य का वर्ण्य विषय बनाया है। अमरकान्त भी इसके अपवाद नहीं हैं। इन्होंने अपने कथा साहित्य में बड़े पैमाने पर मध्यवर्ग के सुख-दुख, हास्य-रुदन, जीवन-मरण, सफलता-असफलता, आशा-निराशा अभिव्यक्ति प्रदान की है। इन्होंने मध्यवर्ग के सामाजिक, आर्थिक, पारिवारिक, राजनीतिक व सांस्कृतिक जीवन स्थितियों का सूक्ष्म चित्रण किया है।

(क) सामाजिक पक्ष :

अमरकान्त अपने उपन्यासों में मध्यवर्ग के सामाजिक यथार्थ को विविध आयामों के माध्यम से प्रस्तुत करते हैं। उन्होंने अपने मध्यवर्ग के विभिन्न सामाजिक

संदर्भों तथा मूल्यों को पूर्ण प्रमाणिकता के साथ अपने उपन्यासों में चित्रित किया है। वे समाज में घटने वाली हर छोटी-बड़ी घटना को अपने उपन्यास का कथ्य बनाते हैं और उन्हें अपने उपन्यास में प्रस्तुत करते हैं। मध्यवर्ग के सामाजिक पक्ष के अतंर्गत अमरकान्त के उपन्यासों में अभिव्यक्त विभिन्न विषयों जिनका संबंध मध्यवर्ग के सामाजिक जीवन से है, का अध्ययन किया जाएगा।

ग्रामीण परिवेश :

अमरकान्त का जीवन ग्रामीण परिवेश से बहुत गहराई से जुड़ा है। उन्होंने अपने उपन्यासों में ग्रामीण समाज के विभिन्न समस्याओं का वास्तविक चित्रण किया है। वे अपने उपन्यासों में उन्हीं परिवेश की अभिव्यक्ति करते हैं जिसे उन्होंने नज़दीक से देखा है तथा अनुभव किया है। अमरकान्त ने ग्रामीण जीवन की विभिन्न समस्याओं को 'ग्रामसेविका', 'सुन्नर पांडे की पतोह' आदि उपन्यासों में प्रस्तुत किया है। उनके उपन्यासों में चित्रित ग्रामीण जीवन की समस्याओं में अशिक्षा, अंधविश्वास, गरीबी, बेरोजगारी, महामारी, शोषण, जाति भेद आदि का चित्रण व्यापक रूप से मिलता है।

'ग्रामसेविका' उपन्यास में अमरकान्त ने भारतीय ग्रामीण जीवन की विभिन्न समस्याओं का चित्रण किया है। इस उपन्यास में जिस गाँव का वर्णन है, वह एक भारतीय गाँव है, जहाँ अशिक्षा, गरीबी, शोषण तथा अंधविश्वास का राज है। आजादी के बाद भारत सरकार ने ग्रामीण क्षेत्रों के विकास के लिए कई प्रकार की योजनाएँ बनायी। ग्रामसेविकाओं की नियुक्तियाँ की गयी है जो गाँव-गाँव में शिक्षा का प्रचार-प्रसार कर सकें। स्त्रियों को ग्रामसेविका जैसी नौकरी करनी पड़ती है, जिसमें घूम-घूमकर गाँव के लोगों को शिक्षा का महत्त्व समझाने जैसा अत्यंत कठिन कार्य करना पड़ता है। इस प्रकार के कार्य करने वाली स्त्री को गाँव वाले हीन दृष्टि से देखते हैं तथा उन्हें बदचलन की उपाधि भी देते हैं। इतना ही नहीं गाँव के लोग पढ़ना-लिखना अच्छी बात नहीं समझते हैं। उनका मानना था कि पढ़ाई करने से गरीबी आती है, बच्चे बिगड़ जाते हैं तथा माँ-बाप से दूर हो जाते हैं। इस उपन्यास का प्रमुख पात्र 'दमयन्ती' है। दमयन्ती ग्रामसेविका की नौकरी करती है और वह गाँव में घूम-घूमकर शिक्षा के महत्त्व का प्रचार-प्रसार करती है। दमयन्ती की कहानी के माध्यम से अमरकान्त ने इस उपन्यास में गाँव की गरीबी, अशिक्षा, अंधविश्वास, शोषण आदि का चित्रण किया है।

'सुन्नर पांडे की पतोह' उपन्यास में अमरकान्त ने अपने सामाजिक अनुभव से एक साधारण ग्रामीण परिवेश की विभिन्न समस्याओं को यथार्थ रूप से प्रस्तुत किया है। उपन्यासकार का यथार्थ की भूमि पर लिखित यह उपन्यास एक बेसहारा ग्रामीण नारी की करूण गाथा है। सुन्नर पांडे की पतोह 'राजलक्ष्मी' इस उपन्यास की मुख्य पात्र है। राजलक्ष्मी अपने पिता की इकलौती पुत्री होने के कारण बचपन से ही सारी सुविधाओं और लाड़ प्यार में पली है। परंतु विवाह के बाद ससुराल में उसे अपनी क्रूर सास की यातनाओं को सहना पड़ता है। इतना ही नहीं उसका पति झुल्लन पांडे अपने माता-पिता के दुर्व्यवहार से तंग आकर घर से भाग जाता है। इसका पूरा दोष भी राजल्क्षमी पर मढ़ा जाता है और उसे सभी प्रकार की यातनाओं का सामना करना पड़ता है। बाद में वह भी अपने मायके चली जाती है लेकिन उसके माता-पिता का देहांत होने के बाद वह बहुत अकेली पड़ जाती है। वह अपने पति के इंतजार में अपना पूरा समय बिता देती है। एक भारतीय स्त्री का पूरा जीवन किस प्रकार बचपन से बुढ़ापे तक दूसरों पर निर्भर होता है, गाँव की अशिक्षित नारी किस प्रकार दूसरों पर निर्भर होकर जीवन जीती है, कैसे परिस्थितियों से समझौता कर लेती है आदि का चित्रण इस उपन्यास में किया गया है। सुन्नर पांडे की पतोह इसी स्थिति से जीवर्नभर संघर्ष करती है।

सामाजिक मर्यादा :

हर व्यक्ति अपने समाज में मान मर्यादा तथा प्रतिष्ठा के प्रति विशेष रूप से सतर्क रहता है। कोई भी व्यक्ति ऐसा कोई भी कार्य नहीं करना चाहता जिससे समाज उस पर अंगुली उठा और उसकी प्रतिष्ठा को चोट पहुँचें। इस मान प्रतिष्ठा की चिंता प्रत्येक वर्ग करता है पर सबसे दयनीय स्थिति मध्यवर्ग की होती है। मध्यवर्ग के लोगों को हमेशा इस बात का डर होता है कि लोग क्या सोचेंगे, क्या कहेंगे आदि। इससे लोगों में बहुत डर रहता है कि कहीं उनका कोई कार्य समाज को बुरा न लगे। इसी कारण व्यक्ति एवं परिवार का जीवन लोक चिंता एवं भय के साये में गुजरता है। मध्यवर्गीय व्यक्ति इन्हीं चिंताओं और झूठी शान के कारण अपनी भावनाओं एवं इच्छाओं की बलि चढ़ा देता है।

'सूखा पत्ता' उपन्यास में नायक कृष्ण उर्मिला से बेहद प्रेम करता है और उर्मिला भी उससे प्रेम करती है। दोनों विवाह करना चाहते हैं। किन्तु दोनों परिवार इस विवाह के विरोध में हैं। वे नहीं चाहते कि उनका विवाह हो। वे सामाजिक मान

मर्यादा की बात करते हैं। दोनों परिवार की जाति भिन्न होने के कारण उनका विवाह नहीं कराया जाता है। उर्मिला के पिता सामाजिक मान्यताओं एवं ढकोसलाओं पर व्यंग्य करते हुए कहते हैं कि "हम बहुत पिछड़े हुए लोग हैं। बहुत गिरे हुए। हम जमाने के साथ नहीं चल सकते। हम लोगों में ढकोसला ही ढकोसला है। दुनिया सुधर जाएगी पर हम लोग नहीं सुधर सकते।"[4] उसे इस बात का डर था कि कहीं उनका खानदान खत्म न हो जाए।

'आकाश पक्षी' उपन्यास में रवि और हेमा का विवाह असफल होता है। हेमा सामन्ती तथा उच्च्च परिवार की है जबकि रवि मध्यवर्गीय परिवार का। बड़े सरकार उनके विवाह का विरोध करते हैं। वे कहते हैं कि "यह समझ लेना कि मैं सब कुछ छोड़ सकता हूँ, लेकिन अपनी इज्जत को तो और भी नहीं छोड़ सकता। इज्जत मुझे सबसे प्यारी हैं।"[5] बड़े सरकार अपनी उच्चता तथा झूठी शान बचाये रखने के लिए अपने बच्चों को दूसरे के बच्चों के साथ खेलना भी पसंद नहीं करते हैं। यदि वे खेलते हैं तो उनका मानना है कि प्रतिष्ठा धूमिल हो जाएगी। दूसरी तरफ रवि और हेमा की प्रेम कथा है। उनका प्रेम जाति-पाँति, ऊँच-नीच, मान प्रतिष्ठा के कारण असफल हो जाता है। हेमा को घुटनभरी जिंदगी जीनी पड़ती है और उसकी सारी खुशियाँ, भावनाएँ, सपने सब कुछ जाति तथा खानदान की झूठी इज्जत के नाम पर बलि चढ़ा दी जाती है।

जाति व्यवस्था :

भारतीय समाज में जातीयता से संबंधित विभिन्न प्रकार की समस्याएँ प्राचीनकाल से देखी गयी हैं। इसके कारण समाज में लोगों के बीच बहुत अधिक फासला होता है। इस व्यवस्था का सबसे बड़ा दोष है छुआछूत, ऊँच-नीच की भावना आदि। किन्तु शिक्षा, सामाजिक-धार्मिक, सुधार आंदोलनों, वैज्ञानिक प्रगति, औद्योगिकरण, नगरीकरण, भूमंडलीकरण आदि के प्रभाव से यह व्यवस्था टूट रही है। समाज का हर शिक्षित वर्ग इसके विरोध में विभिन्न प्रकार से कदम उठाने लगा है। अमरकान्त के उपन्यासों में इस व्यवस्था एवं उससे विद्रोह का चित्रण मिलता है।

अमरकान्त के 'सूखा पत्ता' और 'आकाश पक्षी' जैसे उपन्यासों में जाति व्यवस्था पर गंभीर चिंतन है। 'सूखा पत्ता' उपन्यास में कृष्ण का परिवार छुआछूत के संबंध में सजग रहता है। उसका परिवार दूसरी जाति का छुआ खाना नहीं खाता है। "चूंकि हम ब्राह्मण थे, इसलिए दूसरी जाति की बनायी हुई कच्ची रसोई हमारे

घरवाले नहीं खा सकते थे, पर नाश्ते में कोई हर्ज नहीं था। यदि यह जाति भेद नहीं होता तो उर्मिला दोनों वक्त का भोजन बनाती।"[6] शिक्षा ने समाज को एक नई चेतना दी है, जिसका नतीजा है यह निकला है कि पढ़े-लिखे लोग जाति-पाति के बंधनों को मानना छोड़ रहे हैं और साथ ही उसका विरोध भी करने लगे हैं। 'सूखा पत्ता' उपन्यास में मुख्य पात्र कृष्ण जातिगत ढकोसले के संबंध में विरोध करते हुए कहता है "जाति एक सामाजिक ढकोसला है, अपने झूठे अहंकार का कमजोर किला। कुछ साधन-संपन्न लोगों ने कमजोरों को दबाना चाहा और इसके लिए उसकी सीमाएँ निश्चित कर दी। इस संसार में दो ही जातियाँ हैं। एक अच्छे लोगों की और दूसरी बुरे लोगों की, एक साधन संपन्न लोगों की और दूसरी साधन-विहीन लोगों की। क्या ब्राह्मण जाति में एक से एक कमीने, बदमाश, व्यभिचारी और लुच्चे नहीं भरे हैं? क्या और दूसरी जातियों में अच्छे लोग नहीं हैं? क्या यह सच नहीं है कि ऊँची कही जाने वाले जातियों के लोग छिपकर कुकर्म करते हैं और फिर अपने को श्रेष्ठ समझते हैं?"[7] इस उपन्यास में दो प्रेमियों को जाति के कारण बिछड़ जाना पड़ता है। कृष्ण और उर्मिला एक दूसरे से बेहद प्रेम करते हैं किन्तु वे दोनों अलग-अलग जाति के हैं। इसलिए उनको जाति तथा समाज का भय दिखाकर अलग होने के लिए विवश कर दिया जाता है।

'आकाश पक्षी' उपन्यास में बड़े सरकार कहतें है—"नीच-ऊँच का भेद जब से इंसान है तभी से है, इसको कोई मिटा नहीं सकता। दुनिया में हर किस्म के लोग होते हैं। कोई ताकतवर होता है कोई कमजोर। कोई रोगी होता है, कोई स्वस्थ, कोई बुद्धिमान होता है, कोई बेवकूफ। सभी एक समान तो हो नहीं सकते।"[8] जब बड़े सरकार को मौज-मस्ती करना होता है तो वे जाति के बंधनों को भूलकर ग्वालिन से संबंध बना लेते हैं। जब उन्हें समाज में शान-शौकत तथा उच्चता का प्रदर्शन करना होता है तो ऊँची जाति का जीवन जीते हैं किन्तु जब उन्हें मौज मस्ती करना हो तो किसी जाति का बंधन नहीं मानते हैं। उस उपन्यास में भी जातिगत भिन्नता के कारण दो प्रेमियों को अलग होना पड़ जाता है। बड़े सरकार हेमा और रवि के संबंधों को स्वीकार नहीं कर पाते क्योंकि रवि दूसरी जाति का है और हैसियत के मामले में भी कम है। वे हेमा के लिए समान तथा ऊँची जाति का व्यक्ति चाहते हैं। इसलिए वे हेमा का विवाह ऐसे व्यक्ति से करवाते हैं जो उसकी उम्र से दुगुना है। इसके परिणामस्वरूप हेमा के सारे अरमान तथा सपने खत्म हो जाते हैं और वह जिन्दगी भर जिंदा लाश बन कर रह जाती है।

अमरकान्त के उपन्यासों में इस जातिगत भेदभाव का चित्रण मिलता है किन्तु यह भी स्पष्ट है कि आज पढ़े-लिखे वर्ग के कारण छुआछूत, ऊँच-नीच तथा भेदभाव की भावना कम होती जा रही है। पुरानी पीढ़ी वाले लोग जाति व्यवस्था को बनाए रखने पर जोर देते हैं और दूसरी तरफ नई पीढ़ी के शिक्षित लोग जातिगत भिन्नता को दूर करना चाहते हैं। 'इन्हीं हथियारों से' में उपन्यास का पात्र सीतानाथ जाति के संबंध में कहता है–"प्रभु ने हर प्राणी को अपने हाथ से बनाया है, फिर कैसा भेदभाव।"[9]

(ख) आर्थिक पक्ष :

समाज में मध्यवर्ग की स्थिति आर्थिक दृष्टि से बहुत अच्छी नहीं होती है, जिसमें भी विशेष रूप से निम्न-मध्यवर्ग की आर्थिक स्थिति चिंताजनक होती है। इसका निरूपण अधिकांश समकालीन उपन्यासों में हुआ है। मध्यवर्ग की आर्थिक स्थिति को मापने के पैमानों का जिक्र करते हुए हेमराज 'निर्मम' लिखते है–"मध्यवर्ग की आर्थिक स्थिति देखने के लिए हमें देखना होगा कि

(i) किसी मध्यवर्गीय व्यक्ति को पितृदाय के रूप में क्या मिलता है?
(ii) उसकी आय के स्रोत क्या-क्या हैं। और
(iii) उसकी संपत्ति कितनी है? मकान, रहन-सहन आदि कैसा है?

तत्पश्चात् हम देखेंगे कि आर्थिक स्थिति विकट होने के कारण मध्यवर्ग किन समस्याओं में फँसा हुआ है।"[10] निम्न-मध्यवर्गीय परिवार में एक-एक रुपये का खर्च बोझ दिखाई देता है क्योंकि आमदनी सीमित होती है। समकालीन हिंदी उपन्यासों में निम्न मध्यवर्गीय परिवार की आर्थिक तंगी का चित्रण बड़े पैमाने पर हुआ है। अमरकान्त के उपन्यासों में भी निम्न-मध्यवर्गीय परिवार की आर्थिक तंगी एवं उससे उत्पन्न विकृतियों की झलक स्पष्टतया देखी जा सकती है इस धनाभाव के कारण ही मध्यवर्ग, विशेष रूप से निम्न-मध्यवर्ग को बहुत सारी समस्याओं का सामना करना पड़ता है।

आर्थिक संघर्ष :

जब तक मनुष्य जीवित रहता है तो उसे आमदनी की जरूरत होती है ताकि उससे वह जीवित रहने की बुनियादी आवश्यकताएँ प्राप्त कर सके। और ये

बुनियादी आवश्यकताएँ प्राप्त करना उतना सरल कार्य नहीं होता है, खासकर निम्न-मध्यवर्गीय लोगों के लिए। इसके लिए हर व्यक्ति को आवश्यकतानुसार विभिन्न प्रकार का संघर्ष करना पड़ता है। अमरकान्त ने अपने उपन्यासों में आर्थिक संघर्ष का विस्तृत वर्णन किया है। मध्यवर्ग के जीवन में, विशेष रूप से निम्न-मध्यवर्गीय जीवन की आर्थिक स्थिति चिंताजनक होती है।

'काले-उजले दिन' उपन्यास में नायक आर्थिक समस्याओं के कारण विभिन्न प्रकार की परेशानियाँ झेलता है। उसकी सौतेली माँ उससे दुर्व्यवहार करती है, छोटी-छोटी बातों में ताना सुनाती रहती है। उसके माँ-बाप पैसे के लालच में उसकी शादी करवा देते हैं। उसकी पत्नी कान्ति को भी यही दुर्व्यवहार झेलना पड़ता है। नायक के पास कोई आमदनी नहीं है और वह इतना पढ़ा लिखा भी नहीं है कि कोई नौकरी कर सके "मैं पढ़ा लिखा नहीं था नहीं कुछ कमाता-धमाता था। यदि मैं कमाता होता तो मेरी पत्नी को इतनी तकलीफ नहीं होती।"[11] इसके कारण कान्ति अपने पति को फिर से पढ़ाई करने के लिए प्रोत्साहित करती है– "अभी कुछ भी नहीं बिगड़ा है। आपकी उम्र ही क्या है? आप फिर से पढ़ सकते हैं। कम-से-कम आपको टेन्थ तो पास कर लेना चाहिए। टेन्थ पास करने से आपको नौकरी भी मिल जाएगी। एक साल या दो साल में आप टेन्थ पास कर सकते हैं। फिर नौकरी भी मिल जाएगी।"[12] नायक पढ़ाई करता है और बाद में उसे नौकरी भी मिल जाता है। वह अपनी पत्नी काान्ति को लेकर शहर चला जाता है। इससे स्पष्ट है कि आर्थिक समस्या के कारण व्यक्ति को ही नहीं पूरे परिवार को कितनी परेशानियाँ झेलनी पड़ती है।

'ग्रामसेविका' उपन्यास की मुख्य पात्र दमयन्ती आर्थिक रूप से असहाय होने के कारण ग्रामसेविका की नौकरी करती है। वह गाँव में घूम-घूमकर शिक्षा का महत्त्व समझाती है। उसे गाँववाले हीन दृष्टि से देखते हैं और उसे बदचलन भी कहते हैं। वह संघर्ष करती रहती है। जब उसे वेतन मिलता है तो वह कुछ पैसे अपने पिता को दवाइयों तथा अन्य खर्च के लिए भेजती है, कुछ पैसे रवि की पढ़ाई के लिए। आवश्यक चीजो पर खर्च करने के बाद उसके पास कुछ भी नहीं बचता है। इस प्रकार उसे पूरा महीना अपना खर्च चलाने के लिए बहुत संघर्ष करना पड़ता है। वह विनय के लिए साइकिल भी खरीदना चाहती है जो पैदल स्कूल आता है और आने में उसे बहुत समय लग जाता है। किन्तु उसके पास पैसे नहीं बचते तो कैसे खरीदती! इन सभी कारणों से दमयन्ती आर्थिक संघर्ष करती रहती है।

'इन्हीं हथियारों से' उपन्यास में एक पात्र सीताराम हैं। जो कचहरी में वकील है। उनके घर में खाने-पीने की कोई कमी नहीं रहती है। किन्तु राजनीतिक कारणों से जुलूस निकालना आदि आरंभ होता है और इसके कारण स्कूल, कॉलेज़ ऑफिस, कचहरी आदि सभी बन्द हो जाती हैं। इसका परिणाम सीताराम को झेलना पड़ता है। उसकी आमदनी का स्रोत बन्द हो जाता है। उसके घर में विभिन्न प्रकार की समस्याएँ उत्पन्न हो जाती हैं। इस प्रकार आर्थिक स्थिति कमजोर होने के कारण उसके परिवार को आर्थिक संघर्ष करना पड़ता है। 'इन्हीं हथियारों से' उपन्यास में अमरकान्त ने वेश्या जीवन के आर्थिक संघर्ष को प्रमुखता से चित्रित किया है। वेश्या का जीवन आर्थिक संघर्षों में ही गुजर जाता है। लोग उनके पास से संतुष्ट होकर चले जाते हैं किन्तु वे असन्तोष का ही जीवन व्यतीत करती रहती हैं। उनको भविष्य की भी चिंता होती है। किसी प्रकार के दुख होने या बीमार पड़ जाने पर भी उनको कोई नहीं पूछता है। उनके पेशे से केवल रोटी दाल चल जाती है, कोई विशेष फायदा या लाभ नहीं होता है। जीवन के आर्थिक संघर्षों को झेलती हुई वेश्या के नारकीय जीवन की पीड़ा को इस उपन्यास में चित्रित किया गया है।

आर्थिक समस्याओं के कारण :

मध्यवर्गीय समाज में आर्थिक समस्याओं का सामना करना नई बात नहीं है। विशेष रूप से निम्न-मध्यवर्ग पर आर्थिक संकट हमेशा छाया रहता है। इस आर्थिक संकट के कारण माता-पिता अपनी पुत्री की शादी करने में असमर्थ रहते हैं। वे अपने बच्चों को अच्छी शिक्षा नहीं दिला पाते, पौष्टिक भोजन प्राप्त नहीं कर पाते, अच्छे मकान में नहीं सकते, वस्त्रों की उपलब्धता भी सीमित होती है। अमरकान्त के उपन्यासों में आर्थिक समस्याओं के कई कारण देखे जा सकते हैं :

बेकारी :

बेकारी या बेरोजगारी किसी भी व्यक्ति के लिए एक बहुत बड़ी समस्या है। इसके कारण व्यक्ति को विभिन्न प्रकार की कठिनाइयों का सामना करना पड़ता है। अमरकान्त ने अपने उपन्यास 'काले उजले दिन' में नायक के माध्यम से यह स्पष्ट किया है कि नायक बेरोजगार है इसलिए उसे अपनी सौतेली माँ का दुर्व्यवहार सहना पड़ता है। उसकी सौतेली माँ छोटी-छोटी बातों में उसे ताना मारती रहती है। बाद में उसके माता-पिता उसका विवाह करवा देते हैं। किन्तु उसके पास आमदनी का

कोई स्रोत नहीं है और नौकरी करने के लिए वह पढ़ा-लिखा भी नहीं है। इसलिए उसकी पत्नी को भी कई प्रकार के ताने सुनने पड़ते हैं। जब तक वह बेरोजगार है, उसके अंदर निराशा और चिंता आदि व्याप्त रहती है और माता-पिता से ताने सुनने को मजबूर होता है। पर अपनी पत्नी कान्ति के समझाने पर नायक फिर से पढ़ाई करता है और उसे नौकरी भी मिल जाती है। तब जाकर उसकी परेशानियाँ कम होती हैं। अतः बेरोजगारी के कारण व्यक्ति को कई प्रकार की आर्थिक समस्याओं का सामना करना पड़ता है।

दिखावा :

समाज में व्यक्ति अपनी प्रतिष्ठा को बनाए रखने के लिए तथा अपनी आर्थिक स्थिति को अच्छी दिखाने के लिए दिखावा करता है। इस दिखावे का मूल उद्देश्य अपनी आर्थिक परिस्थिति को छिपाना होता है। वह पैसे को पानी की तरह बहाता है और बेमतलब खर्चे करता है। ताकि लगे कि उसकी आर्थिक स्थिति अच्छी है और समाज में उसकी प्रतिष्ठा बनी रहे।

'आकाश पक्षी' उपन्यास में सामन्तवाद समाप्त हो जाने के बाद भी बड़े सरकार राजा की तरह रहने की कोशिश करते हैं। वे अपनी प्रतिष्ठा को बनाए रखने के लिए किसी से मिलते जुलते नहीं हैं और न ही अपने परिवार के सदस्यों को किसी से मिलने देते हैं। उनकी रियासत खत्म होने के बाद भी उनकी शानो शौकत उसी तरह बनी रहती है जो रियासत के समय थी। वे डींगे मारना, फ़िज़ूल खर्ची करना, काम न करना, बुरी आदतें जैसें जुआ खेलना, नशा करना आदि के शिकार हैं। इस कारण उनकी आर्थिक स्थिति लगातार बिगड़ती जाती है, यहाँ तक की घर का सामान, जमीन, गहने आदि बेचने की नौबत आ जाती है किन्तु घमंड अब भी वही है। इस प्रकार का दिखावा, फिजूलखर्ची, उच्चता का प्रदर्शन आदि के कारण ही उनकी आर्थिक स्थिति दयनीय हो गई है। यदि वे अपनी वास्तविक आर्थिक तथा सामाजिक स्थिति के अनुसार रहते तो इतनी सारी समस्याओं का सामना उनको नहीं करना पड़ता। इस प्रकार का दिखावा मध्यवर्गीय समाज में प्रगति को रोकने वाली एक बीमारी है, जिसका अमरकान्त ने अपने उपन्यासों में चित्रण किया है।

एक मात्र कमाऊ :

एक परिवार में या एक घर में यदि एक ही व्यक्ति कमाने वाला हो तो उस

घर की आर्थिक स्थिति अच्छी नहीं हो पाती है क्योंकि एक घर में प्रायः एक ही सदस्य नहीं होता बल्कि चार से अधिक सदस्य होते हैं। जब पूरा परिवार एक ही व्यक्ति पर आश्रित होता है तो उस परिवार को कई प्रकार की समस्याओं का सामना करना पड़ता है। 'ग्रामसेविका' उपन्यास में दमयन्ती अकेली कमानेवाली है और घर की पूरी जिम्मेदारी उस पर आ गयी है। उसके पिता बीमार हैं इसलिए उनकी दवाइयों तथा अन्य खर्चे, उसके भाई की पढ़ाई तथा बाकी तमाम खर्चे सब दमयन्ती के ऊपर है। वह ग्रामसेविका की नौकरी करके गाँव में जगह-जगह घूमकर शिक्षा का महत्व समझाकर, शिक्षा का प्रचार-प्रसार करती है। वेतन मिलने पर वह जैसे-तैसे अपनी गृहस्थी का काम चलाकर बाकी पैसे अपने पिता को भेजती है। 'इन्हीं हथियारों से' उपन्यास में भी सीताराम अपने परिवार में अकेले कमाने वाला है। राजनीतिक हलचलों के कारण जुलूस आदि का सिलसिला आरंभ हो जाता है। इसके कारण कचहरी, स्कूल, कॉलेज़ ऑफिस आदि में कामकाज बंद हो जाता है। उसके घर वाले बहुत परेशान होते हैं। इससे सीताराम के परिवार को आर्थिक परेशानियों का सामना करना पड़ता है। वह अकेला कमाने वाला है और जब उसको अपने कार्य में कुछ समस्याएँ आती है तो उसका असर उसके पूरे परिवार पर पड़ता है। इस प्रकार की परिस्थितियाँ प्रायः मध्यवर्गीय समाज तथा परिवार में देखने को मिलती हैं।

एक मात्र कमाऊ की असमय मौत :

मध्यवर्गीय परिवार में प्रायः कमानेवाला एक ही सदस्य होता है और पूरा परिवार उस पर ही निर्भर होता है। यदि उस कमाने वाले की असमय मृत्यु हो जाती है तो उसके घर में आर्थिक विपन्नता की स्थिति उत्पन्न हो जाती है। अमरकान्त के 'इन्हीं हथियारों से' उपन्यास में बनवारी के पिता फल बेचते हैं। वे अच्छा-खासा कमा लेते हैं जिससे उनके परिवार के सभी सदस्य भी बहुत खुश रहते हैं। किन्तु एक दिन बनवारी के पिता अचानक बीमार पड़ जाते हैं और उनके घर की आर्थिक स्थिति बिगड़ जाती है। दुकान चौपट हो जाती है और जमा पैसे धीरे-धीरे खत्म हो जाते हैं। उनकी मृत्यु के बाद बनवारी के ऊपर घर की सारी जिम्मेदारियाँ आ जाती है। वह फल की दुकान को फिर से संभालता है जिससे घर की स्थिति पुनः सुधरने लगती है। किन्तु छः वर्ष बाद बनवारी बीमार पड़ जाता है और उसके इलाज में जमा पैसे खत्म हो जाते हैं। कुछ ही समय बाद उसकी भी असमय मृत्यु हो जाती है। उसकी मृत्यु के बाद घर को संभालने के लिए कोई नहीं बचता है। आर्थिक स्थिति

बिगड़ती जाती है। सामान, गहने आदि सभी एक-एक कर बिक जाते हैं घर में कुछ नहीं बचता है आर्थिक विपन्नता इतनी बढ़ जाती है कि बनवारी की माँ को घर-घर जाकर काम करना पड़ता है, जिस घर की औरत अब तक बाहर भी नहीं निकलती थी उन्हें घर-घर जाकर दाई का काम करना पड़ता है और लोगों की बातों को सुनना और बर्दाश्त करना पड़ता है।

गरीबों का शोषण :

मुख्यतः आर्थिक आधार पर लोगों का वर्गीकरण होता है। सामाजिक जीवन में व्यक्ति के शोषण का मूल कारण आर्थिक स्थिति ही है। व्यक्ति समाज में अपनी आर्थिक स्थिति और संकट के कारण शोषण का शिकार बन जाता है। वह स्वयं के लिए तथा अपने परिवार के लिए आमदनी के स्रोत की तलाश करता है। हर व्यक्ति अर्थ के लिए संघर्ष करता रहता है। आज के सामाजिक जीवन में आर्थिक विषमता का ही दर्शन चारो ओर होता है। स्वार्थी शासक, पूँजीपति, जमींदार, अधिकारी वर्ग की शोषक प्रवृत्ति बढ़ती जा रही है। यह भी देखा गया है कि जमींदार एवं सेठ साहूकार आदि जनता को कर्ज के जाल में फंसाकर उनका शोषण करते हैं। गरीब किसान मजबूर होकर उस जाल में फंस जाते हैं जिससे उन्हें विभिन्न प्रकार की समस्याओं का सामना करना पड़ता है।

'ग्रामसेविका' उपन्यास में ग्राम प्रधान नारायण दुबे गरीब जनता का शोषण करते हैं। वे पैसे ब्याज पर देते हैं और कर्ज इतना बढ़ा देते हैं कि गरीब जनता उसको चुकता नहीं कर पाती है। गरीब जनता कर्ज चुकाती जाती है लेकिन उनका कर्ज खत्म ही नहीं होता है। इसके बदले में ग्राम प्रधान गरीब जनता से विभिन्न प्रकार के कार्य करवाते हैं। जैसै– घर का काम, खेती का काम, गार्यबैलों की सेवा आदि। इस प्रकार वे गरीबों का शारीरिक तथा आर्थिक रूप से शोषण करते हैं। अशिक्षित होने के कारण व जागरुकता कए अभाव में गाँव के लोग उन समस्त सरकारी योजनाओं का लाभ उठाने से वंचित रह जाते हैं। जो सिर्फ उन्हीं के निमित्त बनायी जाती हैं। इन सारी योजनाओं का लाभ ग्राम प्रधान व अन्य सरकारी अफसर उठाते हैं। सरकारी अधिकारी भी गाँव में ग्राम प्रधान के पास ही जाकर गाँव की विकास-योजनाएँ तथा सारे आंकड़े एवं पैसे उन्हीं को प्रदान करते हैं। इसके बारे में गरीब जनता को कुछ भी ज्ञात नहीं होता है। इतना ही नहीं ग्राम प्रधान इतने षडयन्ती हैं कि वे ग्रामीण जनता की जमीन भी हड़प लेते हैं। गरीब जनता इसके

विरोध में कहीं भी नहीं जा सकती और न ही शिकायत कर सकती है क्योंकि सभी उनसे मिले हुए हैं। इस प्रकार ग्राम प्रधान गरीब जनता का शोषण करते रहते हैं।

'आकाश पक्षी' उपन्यास में गरीब किसानों तथा जनता के शोषण का यथार्थ चित्रण किया गया है। एक गरीब किसान की आर्थिक स्थिति बहुत दयनीय थी। वह अपनी जमीन का लगान नही दे सका और उसके घर में खाने के लिए भी कुछ नहीं था। सूखा पड़ने के कारण लोग भूखे मर रहे थे। बड़े सरकार ने उसको बुलाया। वह बूढ़ा किसान शारीरिक रूप से भी बहुत कमजोर था। वह हाथ जोड़कर गिड़गिड़ा रहा था। लेकिन बड़े सरकार उसे गन्दी-गन्दी गालियाँ देने लगे और इतना ही नहीं उसे बुरी तरह पीटने भी लगे। वह बूढ़ा किसान इस तरह चिल्ला रहा था जैसे बकरे को हलाल किया जा रहा हो। गाँव के गरीब किसान जिन्दगी भर इस क्रूर शोषण का शिकार बनते रहे और राजा, जमींदार, महाजन मौज-मस्ती तथा शान-शौकत की जिन्दगी जीते रहें। गरीब जनता की खून-पसीने की कमाई पर वे ऐशों-आराम की जिंदगी जीते हैं।

(ग) पारिवारिक पक्ष :

साधारणतया पति, पत्नी और बच्चों के समूह को परिवार कहते हैं। प्रत्येक समाज में बच्चों का जन्म और पालन-पोषण परिवार का दायित्व होता है। उनके आरंभिक जीवन में आधारभूत आवश्यकताओं की पूर्ति और संस्कार का कार्य परिवार द्वारा ही संपन्न होता है। अमरकान्त के उपन्यासों में मध्यवर्गीय परविारों की सभी तरह की स्थितियों को चित्रित किया गया है। अमरकान्त खुद मध्यवर्गीय समाज से है इसलिए उन्होंने अपने उपन्यासों में समाज की उसी सच्चाई को रखा, जिसको उन्होंने भोगा है। उन्होंने समाज के किसी भी समस्या को कम नहीं समझा और न ही उसे अछूता छोड़ा। उनके उपन्यासों में बदलते समाज के प्रति व्याकुलता दिखाई पड़ती है।

'सूखा पत्ता' उपन्यास में कृष्ण मुख्य पुरुष पात्र है। इस उपन्यास में कृष्ण के चरित्र से यह साबित होता है कि एक मध्यवर्गीय समाज का व्यक्ति परिवार से खीझता है, उलझता है, किन्तु परिवार को कभी नहीं छोड़ता है। वह उनकी बातों को मानने के लिए हमेशा विवश होता है। कृष्ण अपने बड़े भाई के मित्र मनमोहन से दोस्ती करता है। कृष्ण मनमोहन की हरकतें तथा आदतों से अत्यंत प्रभावित होता है। वह मनमोहन की ही तरह उठना-बैठना शुरू करता है। लेकिन कृष्ण के बड़े भाई

उसे मनमोहन से दूर रहने को कहते हैं। उसके बड़े भाई उसे समझाते हैं "मैं यह नहीं कहता कि मनमोहन बुरे लड़के हैं। उनमें बहुत से गुण हैं। खुद वह मेरे मित्र हैं पर तुमको उनके साथ अधिक नहीं घूमना चाहिए। अपनी उम्र के लड़कों से दोस्ती करना अच्छा होता है। सबसे बड़ी पढ़ाई है। यह समझ लो कि तुमको टेंथ में फर्स्ट क्लास लाना है। मनमोहन जैसे लड़के के साथ तुम्हारा घूमना देखकर लोग न मालूम कैसी-कैसी बेकार बातें करते हैं। मैं यही चाहता हूँ कि मन लगाकर पढ़ो।"[13] कृष्ण अपने बडे, भाई की बातों पर बहुत सोचता है और वह निर्णय करता है कि "मनमोहन भैया के मित्र हैं इसलिए मुझे उनसे मित्रता करने का कोई अधिकार नहीं है, यह मैं उस समय समझ गया। किन्तु भैया ने और क्या सोचकर मुझसे यह बात कही थी? सम्भवतः उनको ईर्ष्या हुई हो। पर यह विचार आते ही मैंने अपने को धिक्कारा। वह मेरे बडे, भाई हैं और मेरे भले के सिवा और क्या चाहेंगे? तो क्या उनको मेरे आचरण पर सन्देह है? यह विचार मेरे लिए असह्य था। मनमोहन ने अब तक मेरे साथ बडे, भाई की तरह व्यवहार किया था, मुझे उनसे कोई शिकायत नहीं थी। किन्तु जब भैया ऐसा चाहते हैं तो मैं ऐसा ही करूँगा, यह मैंने तत्काल निश्चय कर लिया।"[14] कृष्ण का यह निश्चय मध्यवर्गीय समाज का परिणाम है जहाँ घर के बड़े जो बात कहते हैं उसे मानने के लिए छोटे मज़बूर होते हैं। उपन्यास के तीसरे खंड 'उर्मिला' में भी कृष्ण को उर्मिला से बेहद प्रेम होता है। वे एक दूसरे से बहुत प्रेम करते हैं और शादी भी करना चाहते हैं। किन्तु पारिवारिक दबाव के कारण वे अपने प्रेम को ठुकरा देते हैं।

'काले-उजले दिन' उपन्यास में नायक के बचपन की पारिवारिक स्थिति विमाता के आगमन के साथ दैयनीय हो जाती है। नायक को विभिन्न प्रकार से सताया जाता है। उसके माता-पिता उसके जीवन को विषम बना देते हैं। वह हर तरह से स्थिति को बदलने की कोशिश करता है। नायक जो बचपन से विषम पारिवारिक परिस्थितियों को झेलता है उसका प्रभाव उसके पूरे जीवन पर पड़ता है। वह बचपन से ही हीनता बोध का शिकार हो जाता है और वह असुरक्षित बेसहारेपन की भावना का भी शिकार होता है। अशोक नामक सौतेले भाई के जन्म के बाद तो स्थिति और भी बिगड़ जाती है। विमाता उसे बहुत तंग करती है और उसकी झूठी शिकायत करके उसे पिता जी से डांट लगवाती है। घर में कोई सामान चोरी होने पर नायक पर ही शक किया जाता है। इससे नायक की पढ़ाई पर भी बुरा असर पड़ता है और वह नवीं कक्षा में दो बार फेल हो जाता है। इसी कारण वह घर से

भाग जाता है और गलत रास्ता अपनाता है। कुछ समय तक वह एक क्रांतिकारी के साथ भी समय बिताता है। उसकी शादी भी धोखे से करवायी जाती है। नायक का उसकी साली नीलम से परिचय कराया जाता है जो काफी सुंदर और चंचल है। किन्तु शादी कान्ति से करायी जाती है जो खास सुंदर नहीं है। शादी के बाद उसकी पत्नी कान्ति को भी उसकी विमाता सताने लगती है। वे इतने तंग हो जाते हैं कि आत्महत्या करने की बात सोचने लगते हैं। कान्ति के प्रोत्साहन तथा समझाने के बाद नायक पढ़ाई करता है और नौकरी करके दूसरे शहर चले जाते हैं। इस उपन्यास में मध्यवर्गीय समाज के बच्चों पर विमाता के द्वारा किए गए अत्याचारों का उसके पूरे जीवन पर क्या प्रभाव पड़ता है इन सभी मनःस्थितियों का यथार्थपरक चित्रण किया गया है।

'आकाश पक्षी' उपन्यास सामंती मानसिकता से ग्रस्त परिवार की कथा है। इसमें मुख्य रूप से दो परिवारों की चर्चा की गई है। पहला बड़े सरकार का परिवार है और दूसरा एक इंजीनियर का परिवार है जो एक-दूसरे से बिल्कुल भिन्न हैं। बड़े सरकार के परिवार में हेमा, दीपा तथा नीतू तीन पुत्रियाँ, विजय बहादुर पुत्र तथा पत्नी रानी साइबा के अलावा बनमाली नौकर भी रहता है। रियासत खत्म हो जाने के बाद भी उनकी शान-ओ-शौकत उसी तरह बनी रहती है। फिजूलखर्ची, काम न करना, जुआ खेलना, नशा करना आदि के वे शिकार हैं। जिससे उनकी आर्थिक स्थिति लगातार बिगड़ती जाती है। यहाँ तक की घर का सामान बेचने की नौबत तक आ जाती है। वह समाज में अपनी प्रतिष्ठा बनाए रखने के लिए दिखावा तथा प्रदर्शन करते है जिससे उनको यह दिन देखने को मिलता है। दूसरी तरफ बड़े सरकार के विजातीय मित्र इंजीनियर का परिवार है जो उनके घर के पास ही रहता है। उनका बेटा रवि और बड़े सरकार की पुत्री हेमा के बीच प्रेम हो जाता है। जिसका दोनों परिवार विरोध करते हैं। परंपरागत संस्कारों में पली बड़ी हेमा स्वयं परिस्थिति से समझौता कर लेती है और रवि को पत्र भेज कर उसे भूल जाने के लिए कहती है। उसका विवाह उससे दुगुने व्यक्ति के साथ करवा दिया जाता है। उसकी इच्छाओं और अरमानों का गला घोंट दिया जाता है।

'ग्रामसेविका' उपन्यास में दमयन्ती अपने परिवार में एक मात्र कमाने वाली है। वह ग्रामसेविका की नौकरी करती है और गाँव में घूम-घूमकर शिक्षा का प्रचार-प्रसार करती है। गाँव में अनेक परिवारों को शिक्षा का महत्त्व समझाती है, फलस्वरूप गाँव भी विकास के पथ पर चलने लगता है। दमयन्ती को जब वेतन

मिलता है तो किसी तरह कम पैसे में अपनी गृहस्थी की अनिवार्य आवश्यकताओं की पूर्ति करती है और शेष बचे पैसे अपने पिता जी को भेज देती है। उसके पिता जी बीमार हैं इसलिए उनके दवाइयों तथा अन्य खर्च के लिए पैसे भेजती रहती है। यही नहीं दमयन्ती को अपने छोटे भाई की पढ़ाई के लिए भी पैसे खर्च करने पड़ते हैं। वह परिवार के साथ-साथ गाँव के विकास के लिए भी कार्य करती रहती है। ग्रामसेविका में दमयन्ती द्वारा परिवार के प्रति प्यार, लगाव तथा उसकी हित चिंता दिखाई गयी है।

'सुन्नर पांडे की पतोह' उपन्यास में राजलक्ष्मी अपने माँ-बाप की इकलौती बेटी है जिसे बचपन में सुख और प्यार मिला। वे अपने परिवार में अपने माता-पिता के साथ बहुत खुशी से रहती है। किन्तु शादी के बाद वह ससुराल चली जाती है, जहाँ उसको विभिन्न प्रकार के दुखों तथा समस्याओं का सामना करना पड़ता है। उसके सास-ससुर उसे बहुत प्रताड़ित करते हैं। उसकी सास को इस बात से डर था कि शादी के बाद अगर राजलक्ष्मी और झुल्लन पांडे के बीच मेल हो गया तो लड़का हाथ से निकल जाएगा। इसलिए वह दोनों को एक साथ रहने का भी अवसर नहीं देती हैं। जब दोनों किसी तरह से एक साथ रहते हैं और कुछ बातें करते हैं तो उसकी सास उन्हें हर बात पर ताना सुनाती रहती है। इसके कारण इन सबसे तंग आकार उसका पति झुल्लन पांडे घर से भाग जाता है और कभी वापस नहीं आता है। राजलक्ष्मी अकेली सब सहती रही और अपने पति का इंतजार करती रही। उसके माथे पर चमकता सिन्दूर उसकी जिन्दगी का सहारा बन जाता है। एक दिन उसे अपने पति के मर जाने की खबर मिलती है तो वह भी गंभीर रूप से बीमार पड़ जाती है। पति की मृत्यु के एक दिन बाद ही वह भी मर जाती है। इस उपन्यास से स्पष्ट है कि पारिवारिक समस्याओं के कारण घर बिखरकर टूट जाते हैं और खत्म हो जाते हैं।

'बीच की दीवार' उपन्यास में दीप्ति नाम की एक ऐसे लड़की की कथा है जो बड़े ही लाड़ प्यार से पली-बड़ी है। दीप्ति के परिवार में उसके अलावा तीन सदस्य हैं उसके पिता मुंशी मुन्नीलाल, उसकी माता बासन्ती और उसका भाई शंकर। मुंशी मुन्नीलाल एक खूबसूरत लड़की से शादी करने का सपना देखता है किन्तु उसकी शादी सांवली बासन्ती से होती है। इस विवाह से वह असंतुष्ट है और अपनी पत्नी के प्रति उपेक्षापूर्ण व्यवहार करता है। बासन्ती ने शंकर को जन्म दिया, जो सांवले रंग का था। परन्तु जब उसने दीप्ति को जन्म दिया तो वह गोरी और बहुत सुंदर

थी। उसके पिता दीप्ति की हर इच्छा की पूर्ति करते हैं। उसके असाधारण लाड़ प्यार के परिणामतः दीप्ति बहुत ही नखरीली, भावुक, घमंडी तथा डरपोक बन जाती है।

'इन्हीं हथियारों से' उपन्यास में नीलेश एक मध्यवर्गीय समाज का युवक है। मध्यवर्गीय समाज के बहुत से परिवारों के युवक मुक्ति आंदोलन में भाग ले रहे थे। नीलेश का परिवार एक ऐसा परिवार है जो बच्चों को किसी भी विपत्ति में जाने नहीं देता है। जब उसके परिवार वालों को पता चला कि नीलेश मुक्ति आंदोलन में भाग लेने के लिए बेताब हैं तो उसे लगता है कि वह बेताबी उसकी जान ले सकती है। नीलेश के पिता को जब आंदोलन संबंधित सूचना मिलती है तो यह सूचना उन्हें इतना मर्माहत करती है कि वे अपनी दिनचर्या भी भूल जाते हैं। इसलिए वे उसे बचाने तथा रोकने के लिए उसकी शादी करा देते हैं और घर-गृहस्थी में फंसा देते हैं। इस प्रकार कहा जा सकता है कि नीलेश का परिवर पूर्ण रूप से मध्यवर्गीय समाज की मानसिकता का पालन करने वाला परिवार है।

(घ) राजनीतिक पक्ष :

राजनीतिक पक्ष का साहित्य में समावेश होना आवश्यक है। जिस प्रकार समाज साहित्य को प्रभावित करता है, उसी प्रकार राजनीति समाज को प्रभावित करती है। सामाजिक उत्थान-पतन तथा विभिन्न क्रियाकलापों में राजनीति विशिष्ट भूमिका निभाती है। इसलिए व्यक्ति सामाजिक प्राणी होने के कारण किसी भी स्थिति में राजनीति से प्रभावित होता ही है। हर व्यक्ति राजनीति में कहीं-न-कहीं किसी न किसी प्रकार से सहभागिता करता है। वह किसी राज्य का अभिन्न हिस्सा है, इसलिए वह राजनीति से दूर नहीं हो सकता है। प्रत्येक व्यक्ति परिवार, समाज, ग्राम, प्रदेश, राज्य आदि से जुड़ा रहता है। इन सभी क्षेत्रों में व्यवस्था बनाए रखने के लिए कई प्रकार के नियम तथा अधिनियमों की आवश्यकता होती है। यहीं से उसकी राजनीति में भागीदारी आरंभ हो जाती है, क्योंकि राजनीति शासन व्यवस्था और व्यक्ति के बीच सामंजस्य स्थापित करती है। साहित्यकार जो अनुभव करता है वह सामाजिक तथा राजनीतिक चेतना से प्रभावित होकर ही अनुभव करता है। उसी के माध्यम से वह अपने साहित्य की रचना करता है।

आजादी की प्राप्ति के पूर्व से ही कई राजनीतिक आंदोलनों का प्रभुत्व दिखाई पड़ता है। "1935 ई। का भारतीय विधान, सन् 1940 ई। का अगस्त प्रस्ताव, 1942 ई. में क्रिप्स मिशन तथा 1945 ई। कैबिनेट मिशन अंग्रेजी राजनीतिक दाँव-पेच के

विभिन्न रूप थे।"[15] हिंदू-मुस्लिम एकता ने भी राष्ट्रीय आन्दोलन का सूत्रपात किया। ब्रिटिश सरकार की यह राजनीति थी कि किसी भी तरह भारत को आजादी नहीं मिले। "अंग्रेजों की राजनीति, अर्थहीन एवं शिक्षानीति आदि की नीतियों को देखने से यह स्पष्ट प्रतीत होता है कि उनमें इस देश को उन्नत बनाने के स्थान पर अपनी स्वार्थसाधना अधिक थी। उन्हें धन के अलावा यहाँ की कोई वस्तु प्रिय नहीं थी।"[16]

"भारत की राष्ट्रीय चेतना राजनीतिक क्षेत्र में एक क्रान्तिकारी और अभूतपूर्व बात थी। जिन कारणों से राष्ट्रीय चेतना का जन्म हुआ था उन्हीं अन्य कारणों से धार्मिक तथा सामाजिक सुधारवादी आन्दोलनों का जन्म हुआ। ज्यों-ज्यों अंग्रेज सरकार ने भारतीय प्रगति के मार्ग में बाधा डाली त्र्यों-त्यों राजनीतिक असंतोष बढ़ता ही गया।"[17] राष्ट्रीय चेतना की भावना मानसिक तथा आत्मिक है। सभी देशवासियों को अपना देश, अपनी संस्कृति, धर्म, समाज आदि से प्रेम होता है। यही प्रेम देश को विपत्ति में देखकर विभिन्न प्रकार के भेदभाव को समाप्त कर लगातार संघर्ष के लिए प्रेरित करता है। इसी राष्ट्रीय चेतना के अंतर्गत देश की भूमि, भूमि में रहने वाले लोग तथा उनकी संस्कृति के प्रति प्रत्यक्ष या अप्रत्यक्ष रूप से विकास का भाव दिखाई देता है।

1857 ई. के विद्रोह ने भारतीय जनता की राजनीतिक चेतना को जागृत किया था। ब्रिटिश साम्राज्यवाद भारत के अनेक राष्ट्रीय आन्दोलनों के विकास का प्रमुख आधारभूत कारण है। "यूरोप में 19वीं शताब्दी में राष्ट्रीयता तथा स्वतंत्रता की भावना चरम उत्कर्ष पर थी। यूरोपीय देशों के स्वतंत्रता संघर्ष के क्रियात्मक दृष्टान्तों से भारत में भी मुक्ति, स्वतंत्रता तथा अधिकारों के विचार क्रमशः जोर पकड़ने लगे।"[18] अंग्रेजी सरकार ने अपने लाभ के लिए जो भी परिस्थितियाँ उत्पन्न की उनसे राष्ट्रीय चेतना की भावना लोगों में बढ़ती गयी।

'सूखा पत्ता' उपन्यास 1945 के समय को प्रस्तुत करता है, जिस समय भारतीय स्वतंत्रता आन्दोलन पूरे उभार पर था। बलिया 1942 की क्रांति में पूरे भारत में सबसे आगे रहा और इस उपन्यास का मुख्य पात्र कृष्ण इसी क्षेत्र का है। वह भी इस आन्दोलन से अछूता न रह सका। वह कहता है– "उस समय की स्थिति में राजनीति ऐसा प्रशस्त पथ था, जिस पर चलने से मेरे मन के आदर्श को आकार मिलता था। सन् 1942 का आन्दोलन मेरी आँखों के सामने से गुजरा था और उस आंदोलन को जिस तरह दबाया गया था, उससे मैं भली-भाँति अवगत था। देश के

क्रान्तिकारियों के बलिदान के किस्सों को पढ़-सुनकर यौवन का गर्व और आत्मसम्मान सोये शेर की तरह जाग उठता था। दिल जोश और क्रोध से भर उठता था।"[19] वह ब्रिटिश शासन व्यवस्था एवं भारत के प्रति उसके : ख से अवगत था। इसलिए किशोरावस्था में ही कृष्ण अपने साथियों के साथ सेठ का चीनी का बोरा चुराता है। कृष्ण और उसके साथियों को लगता था कि सेठ ब्रिटिश सरकार से मुनाफा कमाकर उनकी मदद करता है– "कुछ समय से हमारे हृदय में अंग्रेजों और उनकी सरकार के खिलाफ जो घृणा और क्षोभ संचित होता जा रहा था उसका यह व्यावहारिक रूप था जो स्वतः ही प्रकट हो गया था। बोरे चुराने का अर्थ था कि जो सेठ बेहिसाब मुनाफा कमाने के नाते शोषण और सरकारपरस्ती का प्रतीक था, उसको नुकसान पहुँचाकर हमने ब्रिटिश सरकार पर आघात किया, हम देशभक्त व क्रान्तिकारी थे।"[20] इस प्रकार राष्ट्रीय चेतना का उदय शिक्षित वर्ग में होता दिखाई देता है। वे हर छोटी और बड़ी घटनाओं को देश से जोड़कर देखना आरंभ कर देते हैं।

'इन्हीं हथियारों से' उपन्यास स्वाधीनता आन्दोलन के एक ऐतिहासिक दौर, 1942 के भारत छोड़ो आन्दोलन की पृष्ठभूमि पर लिखा गया है। इसमें अमरकान्त अपने क्षेत्र बलिया की राजनीतिक-सामाजिक गतिविधियों को केन्द्र में रखते हैं। इस उपन्यास में बलिया के निम्न-मध्यवर्ग के लोग संगठित होकर विदेशियों से लोहा लेते हैं। इनमें स्कूलों में पढ़ने वाले विद्यार्थी तथा भावुक किशोर, मज़दूर, दलित, व्यापारी, वेश्याएँ, हिंदू-मुसलमान, डाकू आदि सभी शामिल है। इसमें सामान्यजन की भूमिका को प्रभावशाली ढंग से चित्रित किया गया है। उपन्यास के सभी प्रमुख पात्र किसी-न-किसी तरह राष्ट्रीय मुक्ति आन्दोलन से प्रभावित हैं। उपन्यास का राजीतिक संदर्भ 25 जून 1942 की जनसभा में बनारस से आए सुरंजन शास्त्री के भाषण से आरंभ होता है। इस सभा में वे अहिंसा, असहयोग, स्वावलम्ब, एकता, सत्याग्रह आदि उन सभी हथियारों की चर्चा करते हैं जिन्हें महात्मा गांधी के नेतृत्व में आधार बनाकर देश की दबी पिसी उत्पीड़ित जनता ने ब्रिटिश साम्राज्यवाद का मुकाबला किर्या "सुरंजन शास्त्री बलिया को पौराणिक राज बलिया आदिकवि वाल्मिकी से न जोड़कर क्षेत्रीय जनता की बलिदानी प्रकृति से जोड़कर उसी परंपरा के संवर्धन और विकास पर बल देते हैं। यह मंगल पांडे की धरती है, 1857 के प्रथम स्वाधीनता-संग्राम में जिसकी ऐतिहासिक भूमिका थी। इसी भोजपुर क्षेत्र से बाबू कुँवर सिंह का संबंध था जिनके शौर्य और प्रतिरोध-चेतना को आधार बनाकर गाये जाने वाले लोकगीत आज भी माताएँ अपने बच्चों को सुनाती हैं। शायद बलिया की इस पृष्ठभूमि के

कारण ही महात्मा गांधी ने उसे 'दूसरा बारदोली' कहा था।"[21] उनके भाषण के बाद जब लोग बाहर निकले तो यह स्पष्ट था कि लोगों के हृदय में देश भक्ति का जोश था। सामूहिक और जनता की व्यापक भागीदारी ही भारतीय राष्ट्रीय स्वतंत्रता आंदोलन की विशिष्टता थी जिसे अपने इस उपन्यास में अमरकान्त ने स्पष्टता एवं प्रमुखता से रेखांकित किया है।

'इन्हीं हथियारों से' उपन्यास में अमरकान्त नीलेश और नम्रता के प्रेम को केन्द्र में रखकर तथा युवाओं की सक्रियता को आधार बनाकर स्वाधीनता आन्दोलन में जनता की व्यापक भागीदारी की भूमिका तैयार करते हैं और कथानक को विकसित करते हैं और मध्यवर्गीय समाज के नवयुवकों द्वारा राष्ट्रीय स्वाधीनता आन्दोलन में भागीदारी को सामने लाते हैं।

'काले-उजले दिन' उपन्यास में नायक का जीवन पूर्ण रूप से राजनीतिक जीवन नहीं है। बचपन से ही उसे बहुत सारी पारिवारिक समस्याओं का सामना करना पड़ता हैं। इन समस्याओं से भागने के लिए वह क्रान्तिकारी बनना चाहता है। देश की स्वतंत्रता से ज्यादा उसे स्वयं की परिस्थितियों से स्वतंत्र होने की चिंता थी। नायक की मुलाकात बासुदेव सिंह नामक एक क्रान्तिकारी से होती है। वह अंग्रेजों को खत्म करने की बात करता है और यह भी कहता है कि स्वतंत्रता हेतु नौजवानों को घर-द्वार छोड़ने को तैयार रहना चाहिए। इससे नायक बहुत प्रभावित होता है। नायक अपनी घर की समस्याओं से दूर भागने के लिए क्रान्तिकारी बनना चाहता है। "इस क्रान्तिकारी दल में शामिल होने पर मुझे अपने घर और परिवार से मुक्ति मिल जाएगी। पढ़ाई से छुट्टी मिलेगी। डाँट-फटकार नहीं सुननी पड़ेगी। मैं और क्या चाहता हूँ?"[22] नायक घर छोड़कर भाग जाता है और क्रान्तिकारी दल में शामिल हो जाता है। "मैंने घर छोड़ दिया। मैं अब क्रान्तिकारी बन गया था। देश में क्रान्ति करने के लिए जा रहा था और आजादी के लिए अपना जीवन कुर्बान कर सकता था। मैं बड़े ही उत्साह में था पर सबसे अधिक खुशी मुझे इस बात की थी कि मुझे अपने घर से छुटकारा मिल गया था, जिसके लिए मैं सदा व्याकुल रहता था। घर पर रहना मेरे लिए कितना अपमानजनक था। मैं वहाँ एक नाली के कीड़े की तरह बिलबिलाया करता था, जिससे मुझे मुक्ति मिल गयी थी और अब किसी की परवाह नहीं करता था।"[23] नायक के क्रान्तिकारी बनने की चाहत तब समाप्त हुई जब वह क्रान्ति के नाम पर वासुदेव सिंह के साथ मिलकर सेठ सूरजमल के यहाँ डकैती करता है। उसे पता चलता है कि उसके क्रान्तिकारी साथी राजदेव सिंह के घर को चारों

तरफ से पुलिस ने घेर लिया है, तब वह बहुत घबरा जाता है। वह सोचने लगता है कि किस तरह अपने आप को बचाया जाय और यह भी सोचता है कि उसके क्रान्तिकारी साथी राजदेव सिंह यदि कमजोर पड़ गया तो उसका नाम भी जरूर लेगा। वह अपने साथियों से मिलना तथा उनके बारे में सोचना भी नहीं चाहता है। उसके दिमाग में केवल यही बात चल रही थी कि ऐसी जगह चला जाय जहाँ पुलिस उसे पकड़ न सके। इस उपन्यास में यह भी स्पष्ट किया गया है कि क्रान्तिकारियों के यहाँ भी शोषण होता है। नायक जब वासुदेव सिंह के यहाँ जाता है तो वहाँ भी उसका शोषण होता है। उसे खाना पकाना पड़ता था, रात को उनकी तेल से मालिश करनी पड़ती थी, वे उससे शिर पर तेल लगवाते थे, हाथ पैर में मुक्की मरवाते थे। यह काम उसने कभी नहीं किया था, इससे उसे बहुत तकलीफ होती थी।

(ङ) सांस्कृतिक पक्ष :

संस्कृति एक ऐसा वातावरण है, जिसमें रहकर व्यक्ति एक सामाजिक प्राणि बन जाता है और प्राकृतिक वातावरण को अपने अनुकूल बनाने की क्षमता प्राप्त करता है। संस्कृति की अवधारणा बहुत विस्तृत है। इसलिए इसे एक शब्द में परिभाषित करना संभव नहीं है। समाज के धार्मिक, दार्शनिक, खान-पान, वेशभूषा, भाषा, संस्कार, क्रियाकलापों, परंपरागत प्रथाओं आदि के समन्वय को संस्कृति कहते हैं। संस्कृति व्यक्ति और समाज को दूसरे व्यक्ति और समाज से अलग करती है। रामधारी सिंह दिनकर ने संस्कृति के बारे में कहा है– "संस्कृति जिन्दगी का एक तरीका है और यह तरीका सदियों से जमा होकर उस समाज में छाया रहता है, जिसमें हम जन्म लेते हैं। इसलिए जिस समाज में हम पैदा हुए हैं अथवा जिस समाज में मिलकर हम जी रहे हैं। उसकी संस्कृति हमारी संस्कृति है, यद्यपि अपने जीवन में हम जो संस्कार जमा करते हैं। वह भी हमारी संस्कृति का अंग बन जाता है और मरने के बाद हम अन्य वस्तुओं के साथ अपनी संस्कृति की विरासत भी अपनी संतानों के लिए छोड, जाते हैं। इसलिए संस्कृति वह चीज मानी जाती है, जो हमारे सारे जीवन को व्यापे हुए है तथा जिसकी रचना और विकास में अनेक सदियों के अनुभव का हाथ है। यही नहीं, बल्कि संस्कृति हमारा पीछा जन्म-जन्मातर तक करती है।"[24] संस्कृति का स्वरूप सामाजिक है इसलिए इसका जीवन से सीधा संबंध होता है। संस्कृति युग और परिस्थिति के अनुरूप अपने स्वरूप को परिवर्तित करती रहती है। अमरकान्त के उपन्यासों में संस्कृति के विविध पक्षों का चित्रिण हुआ है।

पारंपरिक प्रथा :

मनुष्य समाज में विश्वास, नियम, व्यवहार, मान्यताएँ आदि समयानुसार बदलते रहते हैं। यदि इन सभी में जो नहीं बदलते, वे परंपरा के क्षेत्र में आ जाते हैं। सामाजिक जीवन में अनेक प्रकार की परंपराएँ दिखाई देती हैं। अमरकान्त के उपन्यासों में भी विविध प्रकार की परंपराएँ देखने को मिलती हैं। भारतीय समाज में यह मान्यता है कि पति परमेश्वर होता है और उससे जीवनभर का संबंध होता है। पति कैसा भी हो पत्नी इसकी परवाह नहीं करती है तथा पति-पत्नी का संबंध सात जन्मों का होता है, ऐसा मानती है। 'सुखजीवी' उपन्यास में अहिल्या के माध्यम से पति के प्रति अगाध प्रेम तथा पारंपरिक मान्यताओं का चित्रण किया गया है। अहिल्या और दीपक पति-पत्नी हैं और एक साथ रहते हैं। दीपक रोज दफ्तर से देर से लौटता है, इससे उसकी पत्नी बहुत चिंतित रहती है। पत्नी के पूछने पर वह झूठ भी बोलता है। वह कहता है कि वह मरते-मरते बचा है क्योंकि उसकी साइकिल में ब्रेक नहीं है। उसकी पत्नी उस पर पूरा भरोसा करती है और बहुत डर जाती है। वह जमा किए हुए पैसे अपने पति को देती है साइकिल ठीक करने के लिए। इस प्रकार पति की बातों पर भरोसा और उसकी सुरक्षा की चिन्ता आदि परंपरागत प्रथा मानी जा सकती है।

'सुन्नर पांडे की पतोह' उपन्यास में राजलक्ष्मी पूरी जिन्दगी पति के इंतजार में बिता देती है। जब कोई उसके पति के बारे में पूछता है तो वह कहती है– "ए बचिया, कहीं-न-कहीं तो होंगे ही। न लौटें, मजे में तो रहे। किसी दूसरी की लेकर रहें, सुख से तो रहें।"[25] राजलक्ष्मी अपने पति के सुख में ही अपना सुख समझती है। अपने पति के न लौटने पर भी वह सिंदूर माथे में लगाती है, उसके लिए पहले सिन्दूर का मतलब पति था, अब पति का मतलब सिंदूर हो गया है– "वास्तव में अब सिंदूर ही उसका पति बन गया है। सिंदूर ही उसकी आशा, आकांक्षा, आत्मा और परमात्मा था। सिंदूर ही ऐसा तिनका भी था, जिसके सहारे वह भयावह तरंगों से भरपूर संसार रूपी महानदी में धारा के विपरीत तैरती रही।"[26] राजलक्ष्मी को अपने सिंदूर पर पूरा विश्वास था। इसी सिंदूर के विश्वास तथा सहारे पर अपनी सारी जिन्दगी काट लेती है। उसने बहुत दुख सहा किन्तु सिंदूर ही उसका सहारा बनता रहा। यह सिंदूर लगाना पारंपरिक हिंदू प्रथा है जो एक शादी-शुदा हिंदू स्त्री को यह याद दिलाता है कि उसका पति जीवित है और वे एक सफल शादी-शुदा जिन्दगी जी रहे हैं।

शादी की परंपरा :

मध्यवर्गीय हिंदू समाज में माता-पिता अपने बच्चों की शादी अपनी जाति में करना सामाजिक प्रतिष्ठा का अनिवार्य अंग मानते हैं। यदि वे अपने बच्चों की शादी ठीक समय पर अपनी ही जाति में नहीं करवा पाते तो वे अपनी सामजिक प्रतिष्ठा खतरे में समझते हैं। सभी लड़की और लड़के के माता-पिता शादी की चिन्ता करते हैं जिसमें लड़की की शादी की चिन्ता उन्हें अधिक सताती है। हिंदू समाज में लड़की की शादी को लेकर कई चिन्ता होती हैं दहेज की समस्या, लड़की की बदनामी का डर ताकि इसके चरित्र पर कोई दाग न लगे, यदि लड़की ज्यादा बड़ी हो गई तो उसके लिए उपयुक्त वर नहीं मिलेगा और लड़के वाले दहेज अधिक मांग सकते हैं। इस प्रकार लड़की की शादी को लेके कई समस्याएँ हैं। अमरकान्त ने समाज की इन समस्याओं को अपने उपन्यासों में चित्रित किया है।

'सूखा पत्ता' उपन्यास में कृष्ण को अपने पिता के मित्र गंगाधरी बाबू की बेटी उर्मिला से प्रेम है। कृष्ण और उर्मिला की शादी के बीच जाति की समस्या आती है। कृष्ण उर्मिला की माँ से अपने प्रेम के बारे में बताता हुआ कहता है "उर्मिला और मैंने एक दूसरे को प्यार किया है और हम शादी करना चाहते हैं। यही बात मैं पिछले कई दिनों से आप लागों से कहना चाहता था। चाचीजी, अब जमाना तेजी से आगे बढ़ रहा है। लड़के और लड़कियाँ एक-दूसरे को पसन्द कर शादी कर लेते हैं। यह जाति का बन्धन एक ढकोसला है, चाचीजी। इससे बुरी चीज कोई नहीं। यह इन्सान को इन्सान से अलग कर देती है। मैंने और उर्मिला ने शादी करने का निश्चय किया है और मैं आपके पैरों पर पड़कर प्रार्थना करता हूँ कि आप हमको अपना आशीर्वाद दें।"[27] इस प्रकार वह आधुनिक विचारों वाला पढ़ा-लिखा नवयुवक समाज की मान्यताओं में आ रहे परिवर्तन की सूचना देता है। किन्तु जो प्राचीन समय से समाज में चलता आ रह है समाज उसी को मान्यता देता है और उसी को करता है। इस कारण कृष्ण और उर्मिला को मजबूर होकर समाज की प्राचीन मान्यताओं के सामने झुकना पड़ता है।

'आकाश पक्षी' उपन्यास में हेमा और रवि के असफल प्रेम का चित्रण है। वे दोनों एक-दूसरे से बेहद प्रेम करते हैं। किन्तु जब यह बात हेमा की माँ रानी साइबा को पता चलती है तो वह रवि को खूब फटकारती है और उसे घर से निकाल देती हैं। वह हेमा को भी डंडे से पीटती हैं। जब रवि के इंजीनियर पिता हेमा के पिता बड़े सरकार के पास शादी का प्रस्ताव लेकर जाते हैं तो बड़े सरकार भड़क जाते हैं

और इंजीनियर साहब का बहुत अपमान करते हैं। दोनों परिवारों के बीच शत्रुता भी उत्पन्न हो जाती है। रवि हेमा को घर छोड़कर साथ चलने के लिए कहता है किन्तु परंपरागत संस्कारों में पली बड़ी हेमा स्वयं परिस्थिति से समझौता कर लेती है और रवि को पत्र भेज कर उसे भूल जाने के लिए कहती है। उनका प्रेम असफल हो जाता है और बाद में हेमा का विवाह उसकी उम्र के दुगुने व्यक्ति कुँवर युवराज सिंह से कर दिया जाता है।

अतः भारतीय समाज में विवाह से संबंधित अनेक सामाजिक समस्याएँ यथा- जाति भेद, दहेज प्रथा, अनमेल विवाह, प्रेम विवाह का विरोध आदि दिखाई देती हैं। सामाजिक जीवन में संस्कृति और परंपराओं की रूढ़ियों का पालन के ही प्रतिष्ठा माना जाता है। इसी प्रकार की परंपराओं का पालन करते हुए विवाह करना लोग अपना गौरव मानते हैं।

अंधविश्वास :

भारतीय मध्यवर्गीय समाज में दो प्रकार के व्यक्ति हैं अंधविश्वासों में आस्था रखने वाले और अंधविश्वासों में अनास्था रखनेवाले। इन दोनों में तुलनात्मक रूप से आस्था रखनेवालों की संख्या अधिक दिखाई पड़ती है। अंधविश्वासों में आस्था रखने वाले तथा परंपरागत धार्मिक रूढ़ियों के पालन में ग्रामीण समाज सबसे आगे है। अमरकान्त के उपन्यासों में इन अंधविश्वासों का चित्रण किया गया है।

'ग्रामसेविका' उपन्यास में ग्रामीण निम्न-मध्यवर्गीय समाज और उसकी धार्मिक कुरूपता को प्रमुख रूप से प्रस्तुत किया गया है। दमयन्ती नामक मुख्य स्त्री पात्र विशुनपुर गाँव में ग्रामसेविका की नौकरी करती है। विशुनपुर गाँव के प्रत्येक सदस्य में अंधविश्वास प्रमुख रूप से व्याप्त है। किसी बालक के जन्म, बीमारी आदि को ठीक करने तथा इसके इलाज के लिए आधुनिक चिकित्सा की जगह जादू में ही विश्वास किया जाता है। जमुना की बच्ची के बीमार होने पर रधिया मिसिराइन को बुलाया जाता है जिसको गाँव के लिए वरदान समझा जाता है। जादू-टोने, जिन्न, चुड़ैल आदि सभी की दवा मिसिराइन के पास रहती है। रधिया मिसिराइन के कार्यों से नवजात बच्ची की हालत और बिगड़ जाती है, तब झिंगुर सोखा को बुलाया गया। इस प्रकार लोग विभिन्न अंधविश्वासों के जाल में उलझे रहते हैं। अशिक्षा तथा अज्ञानता के कारण ग्रामों में रधिया मिसिराइन, झिंगुर सोखा जैसे लोगों की दुकानों पर भीड़ लगी रहती है। ग्रामीण लोग डर से इन जैसे लोगों के पास जाते हैं और ये

लोग भोले-भाले जनता को मूर्ख बनाते और ठगते हैं। सामाजिक जीवन में अशिक्षित जनता अंधविश्वास में पड़कर अपना नुकसान करवाती रहती है।

'सुन्नर पांडे की पतोह' उपन्यास में भी अंधविश्वास का उल्लेख किया गया है। सामाजिक जीवन में जन्म से लेकर मृत्यु तक लोग अंधविश्वासों के जाल में फँसे रहते हैं। यदि किसी का बच्चा जिन्दा नहीं रह पाता है या पैदा होते ही उसकी मृत्यु हो जाती है तो ऐसे में बच्चा पैदा होते ही उसे किसी और के हाथ में बेच देना चाहिए क्योंकि ऐसा करने से मृत्यु टल जाती है। 'सुन्नर पांडे की पतोह' उपन्यास का एक पात्र लछना की फूआ की मौत सांप के काटने से होती है। इसके लिए पंचौया के दिन दूध लावा चढ़ाकर उनकी पूजा की जाती है और कोई भी गलती से लछना को सांप कहता है तो पूरे परिवार वाले डर जाते हैं और क्षमा मांगते हैं।

अतः स्पष्ट है कि सामाजिक जीवन में धार्मिक विश्वास महत्त्वपूर्ण भूमिका निभाता है किन्तु यह विश्वास व्यक्ति में इतनी गहराई से रहता है कि कभी-कभी वह अंधविश्वास में परिवर्तित हो जाता है और इस प्रकार के अंधविश्वास जीवन भर लोगो का नुकसान करते रहते हैं। इन सबका मुख्य कारण अज्ञानता व अशिक्षा है।

खान-पान :

प्रत्येक क्षेत्र की खान-पान संबंधी संस्कृति अलग-अलग होती है। अमरकान्त ने अपने उपन्यासों में उत्तर भारतीय समाज के खान-पान संबंधी सामग्रियों का चित्रण किया है। 'इन्हीं हथियारों से' उपन्यास में नीलेश गोपालराम को खाने पर बुलाता है और खाने के लिए अलग-अलग सामग्रियों को परोसता है– "अलग कटोरियों में आलू-परवल और चने की रसेदार सब्जी और दो छिछली तश्तरियों में खड़ेरा (बेसन की बर्फीनुमा तली सब्जी), पापड़, तिलौड़ी, चटनी, हरी मिर्च और कटा प्याज तथा नींबू। गमकौआ चावल के दो कड़े, लघु स्तूपों पर दोंदो रोटियाँ भी रखी थीं। थाली की दाल में पड़े घी, सब्जी के शोरवे की प्याज-लहसुन-लौंग-तेजपत्ता की मिली तीखी गन्ध और फरहर श्वेत भात की मिश्रित खुशबू कमरे और बाहर के बरामदे में भर गई।"[28] नीलेश अपने छोटे भाई सुरेश की पसंद न पसंद की सामग्री के बारे में बताता हुआ कहता है कि "उसे गीली चीज पसंद नहीं थी, सिवाय पनिऔआ अधपकी, अरहर की दाल, बहुत कम मात्रा में फटे हुए विरल दानों के साथ। अपने इस खाने को वह जूस-भात कहता। खाते समय वह अधिक भात और बहुत कम दाल लेकर कौर सानता बेहद सूखा-साखा, जिसे वह बहुत पसंद से खाता। कोई औरत कभी

उसे आश्चर्य से देखकर कहती, "क्या स्वाद आता है, ए पूता, इस तरह खाने से?" जिसके उत्तर में उसके मुँह पर एक मौन मुस्कुराहट उभर आती। यदि उसकी थाली में भूल से गली हुई दाल या शोरवादार सब्जी परोस दी जाती तो भों-भों की आवाज शुरू। इसी तरह उसे सूखी चीजें बेहद पसंद आतीं। रसगुल्ला, जलेबी, इमरती तथा अन्य गीली-गीली मिठाइयों से उसे चिढ़ थी, लेकिन मगद का लड्डू, ढूँढा, ढूँढी, तीसी का लड्डू, तीखुर का लड्डू, सूखी पापड़ी, मेथी का लड्डू, भूजा, मकई का परमल आदि दुनिया की जितनी भी सूखी खाद्य पदार्थ वस्तुएँ थीं, उसे बेहद प्रिय थीं। जितने शौक से वह : खा-सूखा ठेकुआ खाता, उतनी ही चिढ़ होती उसे मालपूआ से। सत्तू वह गीला करके नहीं खा सकता था, लेकिन वही जब थोड़ा घी और चीनी मिलाकर पेश किया जाता तो उसका मुखड़ा खिल उठता। सेवड़ा (नमकपारे), सूखा सेव बेसन का और सादी, सूखी मूँगदाल मोंठ भी उसकी प्रिय खुराक थी।"[29]

इस प्रकार हम पाते है कि 'इन्हीं हथियारों से' उपन्यास में अमरकान्त ने उस समय के उत्तर भारतीय ग्रामीण समाज के खान-पान की सामग्री का वर्णन किया है, इसी से उस समय के उत्तर भारतीय ग्रामीण समाज के खान-पान संबंधी संस्कारों का ज्ञान होता है। जो देश, काल, वातावरण आदि की भिन्नता की वजह से प्रत्येक क्षेत्र और समाज का अलग-अलग होता है। अमरकान्त ने अपने उपन्यास में खान-पान की सामग्री, विभिन्न प्रकार के व्यंजन, पकवान तथा मिठाइयों का प्रमुख रूप से वर्णन किया है। खान-पान की इन विशिष्टताओं के वर्णन से वे बलिया और उसके आर्सपास के ग्रामीण क्षेत्रों की सांस्कृतिक विविधता का अहसास दिलाते हैं।

पहनावा :

पहनावा व वेश-भूषा संस्कृति का एक अभिन्न अंग है। अलग-अलग क्षेत्रों की अलग-अलग संस्कृति होती है और उसी प्रकार अलग-अलग संस्कृति का अपना अलग-अलग पहनावा होता है। आधुनिक समाज में व्यक्ति के पहनावे में तीव्र गति से परिवर्तन आ रहे हैं। स्त्रियों से लेकर पुरुषों के पहनावे में पाश्चात्य शिक्षा एवं संस्कृति के प्रभाव से व्यक्ति के दृष्टिकोण में परिवर्तन आ रहा है। सभी अपने कपड़ों पर विशेष ध्यान देने लगे हैं। अमरकान्त के उपन्यासों में पहनावा व वेश-भूषा का वर्णन मिलता है। 'बीच की दीवार' उपन्यास में अशोक हमेशा खूब बढ़िया कपड़ा पहनता है और उसके कपड़े से खूशबू आती है। पिकनिक के लिए जब अशोक, दीप्ति और अन्य मित्र जाते हैं तो वे खूब सजते हैं "दीप्ति भी खूब सजी-सँवरी थी।

वह एक चूड़ीदार पयजामा और चटक लाल रंग का स्वेटर पहने थी। आँखों में काजल की पतली रेखाएँ। वह उत्साह एवं उमंग की मूर्ति दिखाई देती थी। अन्य लोग भी सजे-धजे थे। अशोक गैबर्डीन का एक नया सूट पहने था और उसके कपड़ों से एक खुशबू निकलकर चारों ओर उड़ रही थी। उनमें सबसे सादी पोशाक मोहन की ही थी। वह एक मामूली कपड़े का पयजामा और कुर्ता पहने हुए था। ऊपर से काली सदरी।"[30]

'कटीली राह के फूल' उपन्यास में अनूप और मधू मार्केटिंग, रेस्तराँ में भोजन करने तथा सिनेमा देखने जाते हैं। मधू के पहनावा से पता चलता है समयानुसार पहनावे में कितना परिवर्तन हुआ है– "वह जब कुछ देर बाद नीचे आई, तो मैं तैयार हो गया था। वह बेहद बनी-ठनी थी। उसके शरीर पर बेशकीमती साड़ी और ब्लाउज था। ऊपर से चेस्टर। हाथ में कलाई घड़ी और सोने की चूड़ियाँ। कानों में बालियाँ झूम रही थीं। मुँह में पाउडर लगा था और होठों पर लिपस्टिक।"[31] इस प्रकार अमरकान्त ने मध्यवर्गीय समाज के पहनावे-ओढ़ावे का विस्तृत वर्णन किया है।

'सुन्नर पांडे की पतोह' उपन्यास में वृद्धा सुन्नर पांडे की पतोह के पहनावे का वर्णन किया गया है "मटमैली साड़ी पहने और वैसा ही चादर ओढ़े तथा दाहिने हाथ में एक छोटा-सा डंडा पकड़े, दाना चुगते हुए कबूतर की तरह, वह दो-चार कदम चलने पर सिर उठाकर आगे देखती, फिर सिर झुका लेती थी।"[32] इसमें सुन्नर पांडे की पतोह के पहनावे तथा चाल-चलन की चर्चा की गयी है। वह एक गरीब वृद्धा है जो मटमैली साड़ी पहन कर वैसा ही चादर ओढ़ती है। वह वृद्धा कबूतर की तरह दाना चुगती है और दो-चार कदम इधर-उधर चलती है और सिर कभी उठाती है और कभी झुकाती है।

'सुखजीवी' उपन्यास में उपन्यासकार ने आनंद कुमार टंडन नाम के एक पात्र के पहनावे का उल्लेख इस प्रकार किया है, "वह हल्के रंग के सर्ज की पैंट और भूरे रंग की ट्विट की कोट पहने हुए था। वह सांवले रंग और मँझले कद का नवयुवक था, जिसके मुँह पर चेचक के हल्के दाग थे। उसका ललाट चौड़ा, नाक नुकीली, दृष्टि पैनी और चेहरा हँसता हुआ था।"[33] इस कथन से स्पष्ट होता है कि उपन्यासकार ने शिक्षित संपन्न आनंद कुमार टंडन के कोर्टपैंट पहनने से उसके उच्चस्तरीय रहन-सहन का वर्णन किया है।

'बीच की दीवार' उपन्यास में अमरकान्त ने शिक्षित-फैशनपरस्त युर्वा युवतियों की वेशभूषा को चित्रित किया है। उपन्यासकार अशोक के बारें में कहते हैं "अशोक

गैबर्डीन का नया सूट पहने था और उसके कपड़ो से एक खुशबू निकल चारों और फैल रही है।"[34] युवक घर से निकलते ही लोगों का ध्यान आकर्षित करने के लिए ऐसे ही अंदाज़ में नजर आते हैं।

'कटीली राह के फूल' उपन्यास में मधु नामक युवती पश्चिमी सभ्यता से प्रभावित होकर पहनावे में भी दूसरों से अलग दिखना चाहती है। मधु के पहनावे के बारें में अनूप कहता है "उसके शरीर पर बेशकीमती साड़ी और ब्लाउज था। ऊपर से चेस्टर। हाथ में कलाई घड़ी और सोने की चूड़ियाँ। कानों में बालियाँ झूम रही थीं। मुँह में पाउडर लगा था और होंठों पर लिपस्टिक।"[35] पश्चिमी सभ्यता से प्रभावित युवती मधु घूमने-फिरने, सिनेमा देखने, सजने-सँवरने व खरीददारी करने आदि की भी शौकीन है।

अमरकान्त के उपन्यासों में भारतीय समाज के जीवन में आए पहनावे में परिवर्तन का वर्णन मिलता हैं। आधुनिक पहनावा का भी अमरकान्त के उपन्यास में वर्णन मिलता है। आधुनिक शिक्षित व्यक्तियों के नवीनतम पहनावे पर पाश्चात्य संस्कृति का प्रभाव स्पष्ट रूप से दिखाई देता है।

अशिक्षा :

समाज में लोगों को विभिन्न प्रकार की समस्याओं का सामना करना पड़ता है। इसका मुख्य कारण प्रायः अशिक्षा है। सामाजिक जीवन में अशिक्षा के कारण अनेक विसंगतियाँ उत्पन्न होती जा रही हैं। जिनमें गरीबी, शोषण, बीमारी, अंधविश्वास आदि समस्याएँ प्रमुख हैं। अमरकान्त ने 'ग्रामसेविका' उपन्यास में इसका वर्णन मुख्य रूप से किया है।

'ग्रामसेविका' उपन्यास में यह दिखाया गया है कि अशिक्षा के कारण कितनी विसंगतियाँ जन्म ले रही हैं। इस उपन्यास की मुख्य पात्र दमयन्ती विशुनपुर नामक गाँव में ग्रामसेविका की नौकरी करती है। विशुनपुर गाँव में हैजा फैलता है जिसे दैवीय प्रकोप माना जाता है। कोई भी टीका नहीं लगवाता है क्योंकि औरतों का मानना था कि टीके लगाने से देवी नाराज हो जाएँगी और कुछ लोगों का मानना था कि इससे धर्म चौपट हो जाएगा। यह केवल औरतों की ही स्थिति नहीं है बल्कि पुरुषों का भी यही हाल है और यह अशिक्षा का ही परिणाम है। गाँव के लोगों को सरकार द्वारा दी जा रही सुविधाओं का भी कुछ ज्ञान नहीं होता है। उस गाँव के प्रधान ही सभी योजनाओं का लाभ उठाते हैं। "गाँव की जनता के वास्तविक प्रतिनिधि थे

प्रधानजी क्योंकि वहाँ के अधिकतर लोग यह तो जानते नहीं थे कि विकास योजनाओं से दरअसल क्या फायदे हैं। दो-चार जो जानते भी थे उनको कायदा-कानून ठीक से मालूम नहीं था। वे लोग सरकारी अफसरों और बाबुओं से बचना भी चाहते थे।"[36] अशिक्षा के कारण गाँव के लोगों को सरकार की योजना के बारे में कुछ भी जानकारी नहीं होती है जिससे प्रधान जैसे लोग इसका भरपूर फायदा उठाते हैं।

विशुनपुर गाँव के लोगों का मानना है कि शिक्षा प्राप्त करने से व पढ़ाई करने से दिमाग खराब होता है और वे नहीं चाहते हैं कि उनके बच्चे पढ़ाई करें। उनका यह भी मानना है कि पढ़ाई करने से गरीबी आती है– "अजीब-अजीब विश्वास है। कोई कहता है कि पढ़ने-लिखने से गरीबी आती है। लड़के को भिखमंगा बनाना है क्या? घीसू की पतोह ने कहा कि पढ़ने से लड़के का दिमाग उल्टा-सीधा हो जाएगा और वह घर से भाग जाएगा। काली माई बनाए रखें, उसका एक ही तो लड़का है ले-देकर। भहोर की बहू को भी शंका है। उसकी आँखों में कोई धूल झोंक सकता है? वह शहर में भाई के पास जाकर सब कुछ देख चुकी है। उसके भाई का लड़का अनिलव दो अक्षर पढ़ गया कि दो पैसे की बुलबुली रखकर आवारे की तरह घूमता है, माँ-बाप को घुड़कता है और कोई भी काम-धाम नहीं करता"[37]

अशिक्षा के कारण विशुनपुर गाँव में गरीबी, अंधविश्वास आदि विसंगतियाँ फैली हैं। आधुनिक शिक्षा के प्रचार-प्रसार के बावजूद भी कई क्षेत्रों में मुख्य रूप से गाँवों में अशिक्षा के कारण विभिन्न प्रकार की समस्याओं का सामना लोगों को करना पड़ता है। अशिक्षा का मुख्य कारण निर्धनता है। गाँव के लोगों के पास पर्याप्त धन न होने के कारण वे अपने बच्चों को पढ़ा-लिखा नहीं सकते हैं "पढ़ाई रोटी-दाल तो नहीं है, बिटिया? भीम पासी ने सोच-सोचकर तथा एक-एक शब्द को चबा-चबाकर कहा, यह बड़े लोगों के चोंचले हैं। जिसके पास खाने भर को कोठिला भर अनाज है, वे अपने लड़कों को दिल्ली-कलकत्ता भिजवाएँ या घर बिठाएँ, उनका क्या बिगड़ने वाला है? पढ़ाई-लिखाई, सुख-आराम सब उन्हीं के लिए है। यहाँ तो यह हाल है कि लड़का मर-मजदूरी करके दो पैसा लाएगा तो कम-से-कम अपना गड्ढा तो भर लेगा।"[38]

शिक्षा का महत्त्व :

आधुनिक भारतीय सामाजिक जीवन में प्रत्येक व्यक्ति अब शिक्षा के महत्त्व को धीरे-धीरे समझने लगा है। ग्रामीण समाज में अशिक्षा के कारण जो विसंगतियाँ

तथा समस्याएँ उत्पन्न होती हैं। अब वे भी धीरे-धीरे समाप्त होती जा रही हैं। शिक्षा समाज को उन्नति के पथ पर ले जाने में अत्यंत महत्त्वपूर्ण भूमिका निभाती है। अमरकान्त ने अपने उपन्यास 'ग्रामसेविका' में स्पष्ट रूप से शिक्षा के महत्त्व को उद्घाटित किया है। दमयन्ती ग्रामसेविका की नौकरी करने विशुनपुर गाँव जाती है और वहाँ वह देखती है कि गाँव में अनेक प्रकार की समस्याएँ हैं जिसका मुख्य कारण अशिक्षा है। गरीबी, पिछड़ापन, शोषण, अंधविश्वास, शिक्षा से डर आदि गाँव में व्याप्त था। इसलिए दमयन्ती विशुनपुर गाँव में शिक्षा का प्रचार-प्रसार करती है। लोगों को उसका महत्त्व बताती है। विशेष रूप से बच्चों और औरतों को शिक्षा का महत्त्व समझाती है। जिसका परिणाम पूरे गाँव में देखने को मिलता है। दमयन्ती कहती है "इन लोगों की तरक्की को कोई नहीं रोक सकता क्योंकि वे धीरे-धीरे समझ रहे हैं कि उनके पिछड़ेपन के क्या कारण हैं। सदियों से उनको दबाया जाता रहा है इसलिए ऊपर उठने में भी समय लगेगा। इन्हीं गरीब, अशिक्षित और मजबूर लोगों के बीच जीने और मरने के लिए मैं आई हूँ। मेरी और गति नहीं है।"[39]

प्रारंभ में गाँव की औरतें स्कूल को अजीब शंका की नजर से देखती थीं, लेकिन अब धीरे-धीरे वे समझने लगी हैं कि शिक्षा से सबको हर प्रकार का फायदा होता है। वे बच्चों को भी स्कूल भेजने लगती हैं। दमयन्ती की बात सुनकर जमुना भी पढ़ाई करना चाहती है और वह पूरे लगन तथा मेहनत से पढ़ाई करती है। वह पढ़ाई के साथ सिलाई-बुनाई भी सीखती है और बाद में वह साफ-सफाई, सिलाई-बुनाई, भोजन बनाना आदि सभी कार्यों को सलीके से करती है। उसकी लगन और मेहनत का फल उसे मिलता है और उसे 'ग्रामलक्ष्मी' की उपाधि मिलती है। दमयन्ती गाँव में हैजा फैलने पर लोगों को साफ-सफाई के प्रति जागरूक करती है– "यह रोग है, यह देवी-देवता नहीं है। अगर इस रोग से लड़ा नहीं जाएगा तो वह सारे गाँव को खत्म कर देगा। अंधविश्वासों से कोई लाभ नहीं होता है। दुनिया बहुत तेजी से तरक्की कर रही है। विदेशों में तो लोगों ने पढ़-लिखकर तथा मेहनत करके ऐसी तरक्की कर ली है कि वहाँ हैजा, प्लेग, चेचक वगैरह का नाम भी खत्म होता जा रहा है।"[40] दमयन्ती के सद् प्रयासों से लोगों में धीरे-धीरे जागरूकता बढ़ती जाती है। गाँव की रधिया मिसिराइन जैसी अंधविश्वास में आस्था रखनेवाली को जब हैजा हुआ तो उनका जादू-टोना उन्हें ठीक नहीं कर सका। अंत में वे दमयन्ती को बुलाती है और इस प्रकार वे भी यह बात समझने लगती हैं कि ये महामारी झाड़-फूक, देवी-देवता

की पूजा आदि से ठीक नहीं होगीं बल्कि सही समय पर दवा करने से ही इनका इलाज किया जा सकता है।

अतः यह स्पष्ट है कि चाहे गाँव हो या शहर, शिक्षा के प्रति जन जागृति हर जगह फैल रही है। इसके कारण जीवन मूल्यों में परिवर्तन आ रहा है। शहर की तुलना में गाँव में यह परिवर्तन धीमी गति से हो रहा है क्योंकि उन्हें शिक्षा हेतु पर्याप्त सुविधा और संसाधन उपलब्ध नहीं हैं। फिर भी ग्रामीण जीवन के रुढ़िग्रस्त विचार और शिक्षा के विरोध का भाव मिटता जा रहा है और जन जागृति फैल रही है।

निष्कर्षतः यह कहा जा सकता है कि पूँजीवादी व्यवस्था ने आर्थिक स्तर पर समाज का पुनः वर्गीकरण किया जिसमें 'पूँजीपति बुर्जुवा वर्ग' एवं 'मजदूर-किसान सर्वहारा वर्ग' के अलावा तीसरे वर्ग 'मध्यवर्ग' का उदय हुआ। आर्थिक स्थिति के आधार पर मध्यवर्ग के भी तीन स्तर हैं उच्च मध्यवर्ग, मध्य-मध्यवर्ग और निम्न मध्यवर्ग। अमरकान्त ने अपने उपन्यासों में भारतीय मध्य वर्गीय जीवन के विविध परिदृश्यों को प्रमुखता से चित्रित किया है। उन्होंने मध्य वर्ग के विविध पक्षों सामाजिक पक्ष, आर्थिक पक्ष, पारिवारिक पक्ष, राजनीतिक पक्ष और सांस्कृतिक पक्ष का विस्तार से विवेचन किया है।

अमरकान्त ने अपने उपन्यासों में समाज की बदलती हुई स्थिति को पूर्णता के साथ प्रस्तुत किया है। उन्होंने अपने उपन्यासों में विशेष रूप से मध्यवर्गीय समाज के विसंगतियों को यथार्थपरक अभिव्यक्ति प्रदान की है। उनके कथा साहित्य में समाज में घटित हर तरह की छोटी-बड़ी घटनाओं का चित्रण हुआ है। मध्यवर्ग के सामाजिक पक्ष में जाति व्यवस्था, सामाजिक मर्यादा, ग्रामीण जीवन आदि का यथार्थ चित्रण हुआ है। ग्रामीण जीवन में अशिक्षा, अंधविश्वास, शोषण आदि सामाजिक समस्याएँ जटिलता पैदा कर रही हैं। इसी के चलते मध्यवर्ग विशेष रूप से निम्न-मध्यवर्ग की आर्थिक स्थिति चिंताजनक है। इसका मुख्य कारण अशिक्षा, बेरोजगारी, दिखावटी जीवन, एक मात्र कमाऊ का होना और उसकी असमय मृत्यु आदि हैं। अमरकान्त ने मध्यवर्गीय समाज का उलझता परिवार, उनकी दयनीय स्थिति, सामंती मानसिकता से ग्रस्त, रुढ़िवादिता आदि के बारे में विस्तार से चर्चा की है। मध्यवर्गीय समाज का व्यक्ति परिवार से खीझता है, उलझता है, किन्तु परिवार से संबंध कभी खत्म नहीं होने देता है। मध्यवर्गीय समाज के परिवार में विमाता का प्रवेश तथा उसका अत्याचार बच्चों के लिए समस्या बन जाती है। विमाता के आतंक से बच्चों में असुरक्षा की भावना समा जाती है और ये बच्चों में हीन भावना पैदा करती है।

अमरकान्त के उपन्यासों में मध्यवर्गीय समाज की वेशभूषा, खान-पान, शादी की परंपरा, अँधविश्वास, शिक्षा-अशिक्षा, परंपरागत प्रथाओं आदि का भी चित्रण हुआ है, जो स्वतंत्रता के पश्चात मध्यवर्गीय समाज की संस्कृति की अह्म पहचान है। पाश्चात्य भाषा, वेश-भूषा, खान-पान आदि का भी प्रभाव भारतीय समाज पर पड़ा है। स्वतंत्रता के बाद भारतीय समाज में परिवर्तन आया है। स्वतंत्रता प्राप्ति के लिए राजनीतिक चेतना का विकास, समाज सुधार, देश सेवा आदि के लिए संघर्षों की झलक अमरकान्त के उपन्यासों में दिखाई पड़ती है। मुख्य रूप से 'सूखा पत्ता' और 'इन्हीं हथियारों से' में राजनीति का चित्रण हुआ है क्योंकि ये स्वाधीनता संग्राम के दौरान तथा उसके प्रभाव में लिखे गये हैं।

संदर्भ सूची

1. डॉ. कुँवरपाल शर्मा, हिंदी उपन्यासः सामाजिक चेतना, पृ.सं. 92
2. हिंदी साहित्य कोश, पृ.सं. 564
3. डॉ. हेमराज 'निर्मम', हिंदी उपन्यासों में मध्यवर्ग, पृ.सं. 24
4. अमरकान्त, सूखा पत्ता, पृ.सं.
5. वही, पृ.सं. 206
6. वही, पृ.सं. 122
7. वही, पृ.सं. 176
8. अमरकान्त, आकाश पक्षी, पृ.सं. 64
9. अमरकान्त, इन्हीं हथियारों से, पृ.सं. 88
10. डॉ. हेमराज 'निर्मम', हिंदी उपन्यासों में मध्यवर्ग, पृ.सं. 159
11. अमरकान्त, काले उजले दिन, पृ.सं. 32
12. वही, पृ.सं. 35
13. अमरकान्त, सूखा पत्ता, पृ.सं. 27
14. वही, पृ.सं. 2627
15. चण्डीप्रसाद जोशी, हिंदी उपन्यास : समाजशास्त्रीय विवेचन, पृ.सं. 372
16. डॉ. गायत्री वेश्य, आधुनिक हिंदी काव्यों में समाज, पृ.सं. 14
17. केशवदेव शर्मा, आधुनिक हिंदी उपन्यास और वर्गसंघर्ष, पृ.सं. 180
18. लाल साहब सिंह, स्वातंत्र्योत्तर हिंदी उपन्यासों में सामाजिक चेतना, पृ.सं. 44
19. अमरकान्त, कुछ यादें कुछ बातें, पृ.सं. 130
20. अमरकान्त, सूखा पत्ता, पृ.सं. 52

21. मधुरेश, समय समाज और उपन्यास, 2013, पृ.सं. 60
22. अमरकान्त, काले-उजले दिन, पृ.सं. 13
23. वही, पृ.सं. 14
24. रामधारी सिंह दिनकर, संस्कृति के चार अध्याय, पृ.सं. 653
25. अमरकान्त, सुन्नर पांडे की पतोह, पृ.सं. 25
26. वही, पृ.सं. 25-26
27. अमरकान्त, सूखा पत्ता, पृ.सं. 157
28. अमरकान्त, इन्हीं हथियारों से, पृ.सं. 85-86
29. वही, पृ.सं. 149
30. अमरकान्त, बीच की दीवार, पृ.सं. 17
31. अमरकान्त, कटीली राह के फूल, पृ.सं. 72
32. अमरकान्त, सुन्नर पांडे की पतोह, पृ.सं. 7
33. अमरकान्त, सुखजीवी, पृ.सं. 23
34. अमरकान्त, बीच की दीवार, पृ.सं. 23
35. अमरकान्त, कटीली राह के फूल, पृ.सं. 72
36. अमरकान्त, ग्रामसेविका, पृ.सं. 59
37. वही, पृ.सं. 21
38. वही, पृ.सं. 21
39. वही, पृ.सं. 83
40. वही, पृ.सं. 123

तृतीय अध्याय

स्त्री-पुरुष संबंध

सृष्टि के विकास हेतु नर एवं मादा की उपस्थिति अनिवार्य है। इसलिए प्रकृति ने सभी जीवों में नर एवं मादा का सृजन किया है और उनके परस्पर मेल से ही नई संतति का जन्म होता है जिससे सृष्टि का विकास होता है। मानव-सृष्टि भी इसका अपवाद नहीं है। विपरीत लिंग के प्रति सहज आकर्षण सभी जीवों में पाया जाता है। कुछ जीव इस आकर्षण को केवल सेक्स एवं नई संतति तक सीमित रखते हैं तो कुछ जीव इससे भी आगे बढ़कर जोड़ा बनाते हैं और लंबे समय तक साथ रहते हैं। परन्तु जोड़ा बनाने का आधार शारीरिक जरूरत ही ज्यादा होती है कोई सामाजिक, धार्मिक या कानूनी नियम नहीं। लेकिन सभी जीवों में मानव एक विशिष्ट एवं विकसित जीव है। मानव समाज ने अपने विकास के क्रम में बहुत सारे सामाजिक, धार्मिक एवं कानूनी नियम बनाये हैं। ये नियम समाज के सुचारू विकास एवं संचालन में सहायक हैं। स्त्री पुरुष के आपसी संबंधों के भी कई रूप मानव समाज में दिखाई देते हैं यथा- व्यक्तिगत प्रेम संबंध, दाम्पत्य संबंध, विवाहेत्तर संबंध, सामाजिक एवं पारिवारिक संबंध आदि। मानव समाज के स्त्री-पुरुष के ये संबंध भी बहुत सारे कायदे-कानून, नियम, मान्यताओं, विश्वास और परंपराओं से संचालित होते हैं।

कोई भी जागरूक एवं सचेत रचनाकार अपने समाज और समाज के अंतर्गत विविध रूपा विकसित होते स्त्री पुरुष संबंधों का प्रयत्क्षदर्शी होता है। इसलिए अपने साहित्य में वह स्त्री पुरुष के परस्पर संबंधों के स्वरूप का चित्रण विविध रूपों में करता है। अमरकान्त ने भी अपने उपन्यासों में स्त्री-पुरुष के बनते बिगड़ते संबंधों के विविध रूपों का व्यापक चित्रण किया है। इनके साहित्य में व्यक्तिगत प्रेम,

दाम्पत्य संबंध, विवाहेत्तर संबंध तथा सामाजिक व पारिवारिक संबंधों आदि सबका चित्रण मिलता है।

(क) व्यक्तिगत प्रेम :

मानव समाज में स्त्री-पुरुष के आपसी सम्बन्धों का एक रूप व्यक्तिगत प्रेम भी होता है। प्रेम मानव जीवन में एक महत्त्वपूर्ण स्थान रखता है। मानवीय संबंधों का महत्त्वपूर्ण भावात्मक पक्ष प्रेम है। प्रेम के अभाव में मनुष्य का जीवन नीरस होता है। यह मानव जीवन का एक अनिवार्य तथा समर्थ भावात्मक अनुभूति है। प्रेम में त्याग, समर्पण, विश्वास तथा बलिदान जैसी क्रियाएँ अत्यंत महत्त्वपूर्ण है। सभी युवक या युवती अपने जीवन में एक-न-एक बार किसी विपरीत लिंग के प्रति आकर्षण का अनुभव अवश्य करते हैं या उनके प्रति कोई आकर्षित अवश्य होता है। प्रेम की विभिन्न प्रकार की स्थितियाँ होती हैं। ऐसा भी होता है कि एक युवक जिस युवती को मन-ही-मन चाहता है और अपनी बनाए बैठा रहता है किन्तु उस युवती को यह पता ही नहीं होता है कि कोई उसे चाहता है या उसके पीछे कोई दीवाना है। ऐसी भावना केवल युवकों में ही नहीं बल्कि युवतियों में भी हो सकती हैं, वह मन-ही-मन किसी युवक को चाहे और काल्पनिक आनन्द अनुभव करे।

दूसरी स्थिति में युवक युवती एक दूसरे के आकर्षण से परिचित होते हैं और किसी बहाने मिलने का अवसर प्राप्त करने की कोशिश करते हैं। अवसर प्राप्त होने पर स्पर्श-सुख भी अनुभव कर लेते हैं। इसके बाद की स्थिति बहुत महत्त्वपूर्ण होती है। ऐसा हो सकता है कि अवसर प्राप्त करने के बाद तथा कुछ अनुभवों के बाद वे अपने-अपने मार्ग पर चले जायें या ऐसा भी हो सकता है कि वे एक दूसरे को और अच्छी तरह समझने की कोशिश करने लगें। वे एक दूसरे के विचार, आदतें, रुचि आदि पर ध्यान देते हैं और एक दूसरे को स्थायी रूप से अपनाना चाहते हैं। अंत में वे अपने प्रेमी या प्रेमिका से विवाह करना चाहते हैं और उसके लिए प्रयत्नशील होते हैं। किन्तु ऐसे युवक और युवतियाँ बहुत ही कम निकले हैं जो परिवार तथा समाज के विरोध का सामना करके विवाह कर पाते हैं। कहीं प्रेमिका माता-पिता के समझाने पर तथा उनकी इज्जत, मान-सम्मान, प्रतिष्ठा आदि को ध्यान में रखकर अपनी खुशियों में स्वयं ही आग लगा लेती है। दूसरी तरफ प्रेमी भी अपने माता-पिता की धमकियों से भयभीत होकर तथा निराश होकर चुप-चाप बैठ जाता है। युवक-युवतियाँ इस प्रकार अपने संपूर्ण जीवन को नष्ट कर देते हैं।

कहीं अनमेल विवाह हो जाता है तो उनकी जिन्दगी एक जिन्दा लाश बनकर रह जाती है।

आधुनिक समाज में प्रणय के प्रसार एवं खुलेआम प्रदर्शन के अनुकुल कारणों को स्पष्ट करते हुए हेमराज निर्मम लिखते हैं– "आधुनिक युवक-युवतियों में प्रणय की लालसा का सर्वप्रथम कारण हमारी शिक्षा है, जिसके माध्यम से पाश्चात्य प्रभाव युवक-युवतियों तक पहुँचता है। सिनेमा भी इस प्रभाव को अधिक गहरा करने में बड़ा सहायक सिद्ध हुआ है। सिनेमा के माध्यम से ही भिन्न परिस्थितियों में भिन्न भाव-भंगिमाओं द्वारा अपने प्रणय को प्रकट करने का प्रशिक्षण मिलता है। विवाह को वैयक्तिक समस्या समझ कर प्रणय क्षेत्र में अधिक संख्या में युवक-युवतियाँ पदार्पण करती हैं। हाट-बाजार, होटल, कालेज के सांस्कृतिक कार्यक्रम तथा सामाजिक कार्यक्रमों में मिलने की सुविधा से प्रणय करना सुगम हो गया है।"[1] अमरकान्त के लगभग सभी उपन्यासों में प्रेम-प्रसंगों का वर्णन विस्तृत रूप में मिलता है। उपन्यासकार के रूप में अमरकान्त में 'रोमान्टिक ऐटीट्यूड' अधिक दिखाई देता है।

'सूखा पत्ता' उपन्यास में व्यक्तिगत प्रेम के दो रूप दिखाई देते हैं। पहला व्यक्तिगत प्रेम मनमोहन का है जो समलिंगी प्रेम का उदाहरण है। दूसरा इस उपन्यास के मुख्य पात्र कृष्ण का उर्मिला से प्रेम है। दोनों में से दूसरा वाला जो कृष्ण का उर्मिला के प्रति प्रेम है उसके चित्रण में उपन्यासकार ने अधिक दिलचस्पी दिखायी है। किन्तु मनमोहन का व्यक्तिगत प्रेम अपनी भिन्न प्रकृति के कारण उल्लेखनीय है। 'सूखा पत्ता' उपन्यास तीन खंडों में विभाजित है–'मनमोहन', 'तीन दोस्त' और 'उर्मिला'। पहला खण्ड 'मनमोहन' में कृष्ण के बाल्यकाल और उसके शुरू के स्कूल के दिनों की कथा कही गयी है। दूसरे खण्ड में नायक की किशोरावस्था का चित्रण किया गया है, जिसमें वह अपने कुछ स्कूली दोस्तों के साथ उभरती हुई राजनीतिक चेतना के प्रभाव के अर्तगत विभिन्न प्रकार के साहसिक कार्य करता हुआ देखा गया है। तीसरे खण्ड में वह जवान होकर उर्मिला नाम की एक विजातीय लड़की से प्रेम करता है जो असफल होता है। पहला खंड 'मनमोहन' में मनमोहन कृष्ण के बड़े भाई का मित्र है। जो बाद में कृष्ण का भी मित्र बन जाता है। मनमोहन की अपनी कुछ विशेष हरकतें है जैसै– अकड़कर चलना, पेड़ पर लटक कर अजीब हरकतें करना आदि जिसके कारण वह प्रसिद्ध है। मनमोहन में साहस तथा बल की कोई कमी नहीं थी और वह पढ़ने में भी तेज है। मनमोहन का प्रभाव कृष्ण पर इतना

पड़ता है कि वह उसका अनुकरण करने लगता है और वह इसमें गर्व महसूस करता है। कृष्ण का बड़ा भाई उसे मनमोहन के साथ न घूमने तथा उससे दूर रहने की सलाह देता है इसलिए कृष्ण कुछ समय तक उनसे बातें करना बंद कर देता है। कृष्ण को यह बात पता नहीं थी कि मनमोहन उसे समलिंगी प्रेम करता है। इस बात का उसे तभी पता चलता है जब मनमोहन उससे पत्र द्वारा अपने प्रेम का इजहार करता है– "कृष्ण, तुम्हारे कारण मेरा जीवन कितना मधुर हो उठा है, यह मैं कैसे बताऊँ। तुम्हारी छोटी-से-छोटी बात से मैं पागल हो उठता हूँ। तुम कितने अच्छे हो! तुम मेरे जीवन पर छा गए हो। तुमसे अलग होकर मैं अपनी जिन्दगी की कल्पना नहीं कर सकता। तुम सदा मेरे हृदय में हो। जब मैं जागता हूँ तो सबसे पहले तुम्हारी ही याद आती है और जब सोने लगता हूँ तो तुम्हारे ही ध्यान में खोकर मुझे नींद आ जाती है। ऐसा क्यों है, मेरे कृष्ण? मैं यह कभी नहीं जानता था कि तुमको मैं इतना प्यार करने लगूँगा। तुम्हारे हल्के-से इशारे पर मैं अपनी जान खुशी-खुशी से दे सकता हूँ। इसकी जब परीक्षा करना चाहो, कर लेना। मैं सदा तुम्हारा हूँ, भले ही तुम मेरे हो या न हो।"[2] कृष्ण ने मनमोहन को जिस आदर्श रूप में देखा था वह रूप धराशायी हो जाता है। उसके मन में मनमोहन के प्रति घृणा उत्पन्न हो जाती है और वह उससे बातें करना भी बंद कर देता है।

'सूखा पत्ता' उपन्यास के तीसरे खंड 'उर्मिला' में प्रेम का वर्णन है जिसके वर्णन में उपन्यासकार ने ज्यादा दिलचस्पी दिखाई है। उपन्यास के मुख्य पात्र कृष्ण को उर्मिला नामक लड़की से प्रेम हो जाता है। यह प्रेम कृष्ण के युवावस्था में होता है। वर्षा के दिनों में कृष्ण के पिता के विजातीय मित्र गंगाधरी बाबू का मकान नष्ट हो जाता है इसलिए उनका परिवार कृष्ण के घर में रहने आ जाता है। गंगाधरी बाबू के परिवार में पाँच सदस्य हैं– गंगाधरी बाबू, उनकी पत्नी और उनकी तीन बेटियाँ- उर्मिला, गीता और निर्मला। उर्मिला सत्रह वर्ष की एक सुंदर और सुशील लड़की थी जिससे कृष्ण प्रेम करने लगता है। धीरे-धीरे वे दोनों एक-दूसरे को चाहने लगते हैं। किन्तु एक दिन उर्मिला की माँ कृष्ण और उर्मिला को प्रेम की बातें करते देख लेती हैं तो वे उर्मिला को खूब डाँटती हैं और उसकी पिटाई भी करती हैं। वह बच्चों को लेकर कृष्ण के घर से चली जाती हैं। कृष्ण उर्मिला से ही शादी करना चाहता है। परन्तु जाति बंधन तथा परिवार की मर्यादा और प्रतिष्ठा के कारण उसके माता-पिता को यह संबंध स्वीकार नहीं है। उनको डर था कि यदि वे शादी की अनुमति देते हैं तो कहीं समाज में उनकी प्रतिष्ठा नष्ट न हो जाए। उर्मिला के पिता गंगाधरी बाबू

कृष्ण से कहते हैं– "कृष्ण बेटा, सोच लो। तुम अपने सुख की खातिर मेरे सारे खानदान को बरबाद कर दोगे। इस बूढ़े पर दया करो, बेटा। आज जितना मैं दुखी हूँ उतना कोई नहीं। क्या तुम समझते हो कि उर्मिला की दूसरे से शादी करके मैं सुखी रह सकूँगा? जिन्दगींभर यह बात मेरे दिल में काँटे की तरह चुभती रहेगी कि मैंने अपनी बेटी की जिन्दगी बरबाद कर दी। पर इसके सिवाय कोई चारा नहीं। इस समाज में तुम्हारे जैसे बहादुर लड़के कितने हैं, कृष्ण? मेरी दो छोटी लड़कियाँ नरक में पड़ जाएँगी। इसीलिए तुमसे त्याग करने को कहता हूँ। मुझको पूरा विश्वास है कि अगर तुम उर्मिला को समझा दोगे तो वह मान जाएगी। मैं तुम्हारे पैरों पड़ता हूँ, कृष्ण बेटा।"[3] इसलिए वह उर्मिला के परिवार वालों से मिलता है, और उर्मिला को समझाता है "नहीं उर्मिला, तुमसे यही प्रार्थना है कि तुम मुझे भूल जाओ। तुम्हारे माता-पिता जैसा कहें वैसा ही करो। तुम्हारे खानदान और तुम्हारी बहनों की इसी में भलाई है। मैंने आखिरी फैसला कर लिया है। यह तुम मेरी प्रार्थना समझो या आज्ञा। मैं तुमसे यही कहने आया था।"[4] यह सुनकर उर्मिला फफककर रोती है और घर के अंदर भाग जाती है। इसके बाद उर्मिला की शादी तय कर दी जाती है और उसकी शादी हो जाती है। परिणामस्वरूप कृष्ण पागल सा हो जाता है। इस प्रकार कृष्ण और उर्मिला का प्रेम जातिवाद, झूठे सामाजिक प्रतिष्ठा और बड़ों के अविवेक एवं जिद के भेंट चढ़ जाता है।

'आकाश पक्षी' उपन्यास में रवि एक पात्र है जो अपने प्यार को पाने के लिए संघर्ष करता है। रवि आधुनिक परिवेश से युक्त सामाजिक मान-मर्यादा की सीमा में रहते हुए जाति-पाति के बंधनों को तोड़ना चाहता है। उसे विजाति लड़की हेमा से प्रेम हो जाता है। हेमा बड़े सरकार की अत्यंत संवेदनशील बेटी है जो जाति-पाँति के बंधनों से दूर रहने वाली युवती है। रवि चाहता है कि समाज जाति-पाति के बंधनों से मुक्त हो। उसका मानना है कि जब समाज की विभिन्न सामाजिक मान्यताएँ बदल रही हैं तो इसको भी बदलना चाहिए। वह हेमा की माँ से कहता है "हेमा और मैं एक-दूसरे को प्यार करते हैं। हम एक-दूसरे से शादी करना चाहते हैं। आप जानती हैं कि यह जमाना तेजी से बदल रहा है। अब वह समय बहुत जल्दी आ रहा है, जब हमारे देश में जाति और धर्म की दीवारें ढह जाएँगी।"[5] हेमा का परिवार सामंती परंपराओं में उलझा है। भारत से सामंतवाद के लुप्त होने के बावजूद भी उसकी मान्यताओं का पालन हेमा का परिवार करता आ रहा है। वे हेमा को भी राजकुमारी की तरह देखते हैं। उनकी आर्थिक स्थिति अत्यन्त दयनीय हो जाती है

इसके बावजूद भी वे घमंड करना नहीं छोड़ते। रवि अपना प्यार पाने के लिए तथा समाज में जाति-पाति जैसे बंधनों को तोड़ने के लिए प्रयत्न करता है। वह हेमा की माँ से कहता है "जिस चीज को आप खानदान की इज्जत समझ रही हैं, वह एक खोखली चीज रह गयी है। उसमें कोई दम नहीं है। एक जमाना था, जब लोग पढ़े लिखे नहीं होते थे, जब उनकी बुद्धि खुली नहीं होती थी तो इस किस्म की बातें वे किया करते थे। लेकिन आज वे बातें नहीं चलेंगी। जब लड़के-लड़कियाँ पढ़-लिखकर यह समझ लेंगे कि हमारे बाप-माँ झूठे ही अपनी जाति और खानदान के घमंड में चूर रहते हैं तो आपकी बातों को मानने से इनकार कर देंगे। तब वे न आपकी जाति को मानेंगे, न धर्म को। इसीलिए मैं कहता हूँ कि हमने बहुत सोच-समझकर यह कदम उठाया है...।"[6] रवि एक पढ़ा-लिखा आधुनिक विचार वाला युवक है जो समाज को बदलना चाहता है। वह हेमा से बेहद प्रेम करता है और उसे पाने के लिए उसके परिवार वालों को समझाने की पूरी कोशिश करता है। वह अपने प्यार और फैसले पर एकदम अडिग है। वह कहता है "यह बात मैं आपको साफ-साफ बता रहा हूँ कि आप उसे मुझसे अलग नहीं कर पाएँगी! हेमा और मैंने एक-दूसरे से शादी करने का फैसला किया है। हमारा यह फैसला अडिग है। मेरा पूरा विश्वास है कि जब आप ठंडे दिल से इस पर विचार करेंगी तब आपको सारी बातें समझ में आ जाएँगी और आप उनको स्वीकार कर लेंगीं।"[7] लेकिन उसकी बातों का असर कुछ भी नहीं पड़ा। हेमा को उसकी माँ खूब डाँटती है और उसकी पिटाई भी करती है। हेमा खूब रोती है और कुछ नहीं खाती है। उसकी माँ उसे बाद में प्यार से समझाती है और भोजन खिलाती है। उसकी माँ की बातों में डर भी है और प्यार भी। वह बड़े सरकार को हेमा और रवि के बारे में कुछ नहीं बताती है क्योंकि वह शांति से समस्या का हल चाहती है। किन्तु इसके बाद रवि के पिता इंजीनियर साहब बड़े सरकार से मिलने आते हैं जिसका वास्तविक कारण रवि की शादी का प्रस्ताव होता है। जब बड़े सरकार को पता चलता है तो वे भड़क उठते हैं। वह कहते हैं "क्या कहा आपने? रवि से मैं हेमवती की शादी कर दूँ? कैसे हिम्मत हुई आपको ऐसी बात करने की? क्या हम लोग इतने गिर गए कि अपनी जाति को छोड़कर जिस-तिस से शादी करते फिरें? क्या हैसियत है आपकी? माना कि आप इंजीनियर हो गए हैं, पर कौआ कौआ रहेगा और कोयल कोयल। हम हैं सूर्यवंशी। सैकड़ों-हजारों वर्षों से हमारे पुरखे राज-पाट करते आए हैं, हम शादी क्या अपने से नीची जाति में कर सकते हैं?"[8] इस प्रकार वह इंजीनियर साहब को अपमानित करते हैं।

परिणामस्वरूप दोनों परिवारों के बीच शत्रुता उत्पन्न हो जाती है। रवि पत्र के द्वारा हेमा को घर से विद्रोह करने के लिए कहता है, किन्तु परंपरागत संस्कारों में पली बड़ी हेमा स्वयं परिस्थिति से समझौता कर लेती है और रवि को पत्र भेज कर उसे भूल जाने के लिए कहती है– "मेरे सबसे प्यारे, आपका पत्र मिला। मैं पढ़कर खूब रोयी। मैं बेकार ही आपके जीवन में आयी। मैं आपके पैरों पर पड़कर माफी चाहती हूँ। भगवान जानता है कि मैं आपको सबसे अधिक प्यार करती हूँ। यह प्यार सदा ही मेरे दिल में रहेगा। लेकिन इससे अधिक मैं कुछ नहीं कर सकती। मुझमें हिम्मत नहीं है। आप समझिएगा कि किसी धोखेबाज लड़की ने आपको धोखा दिया है। मैं जहाँ रहूँगी, आपकी खुशी की कामना करूँगी। आप मुझे भूल जाइएगा। मैं पुराने जीवन को छोड़ नहीं पा रही हूँ क्योंकि मैं खुद पुरानी और सड़ींगली हूँ। आप मुझे माफ न कीजिएगा और घृणा कीजिएगा। मेरे नाम पर आप थूकिएगा। सदा के लिए विदा... ।"[9] इस प्रकार हेमा रवि से जुदा हो जाती है और उसकी शादी उसकी उम्र से दुगुने व्यक्ति कुँवर युवराज सिंह से कर दी जाती है। वह कुछ नहीं कर सकती है और असहाय होकर सब कुछ स्वीकार कर लेती है और जिन्दा लाश बनकर अपना शरीर उसे सौंप देती है। इस प्रकार एक मासूम प्यार जातिवाद की रूढ़ियों की भेंट चढ़ जाता है।

'ग्रामसेविका' उपन्यास की नायिका दमयन्ती को उसके पड़ोस में रहने वाला युवक अतुल अपने प्रेमजाल में फँसाकर उसकी भावनाओं के साथ खिलवाड़ करता है। उस समय दमयन्ती आठवीं कक्षा में थी और वह लगभग सोलह वर्ष की थी। इसी समय दमयन्ती के जीवन में एक अजीब घटना घटी। "उसने गौर किया कि पड़ोसी का लड़का अतुल उसको बुरी तरह घूरता और उसको देखकर मुस्काने लगता। वह बहुत सुन्दर था-लम्बा, तगड़ा और बड़ी-बड़ी आँख- । अतुल रुड़की में ओवरसियरी पढ़ता था और पूरे एक वर्ष के बाद आया था।"[10] पहले दमयन्ती अतुल को पसंद नहीं करती है। लेकिन अतुल उसका पीछा नहीं छोड़ता है। वह उसके छोटे भाई विनय को खिलौना खरीद कर देता है। दमयन्ती विनय को मना भी करती है कि वह अतुल की दी हुई कुछ भी चीजें न ले किन्तु विनय छोटा है, मुश्किल से ग्यारह वर्ष का है। अतुल दमयन्ती के हाथ में एक कागज का टुकड़ा जबरदस्ती पकड़ाता है। दमयन्ती को बहुत शर्म आती है और साथ-ही-साथ डर भी लगता है क्योंकि गतवर्ष उसके स्कूल की एक लड़की से एक पत्र पकड़ा गया था जिस पर उसे खूब फटकारा जाता है और स्कूल जाना भी बंद करवा दिया जाता है। वह पत्र को फाड़कर

फेंक देने की बात सोचती है लेकिन वह पत्र को पढ़ने के लिए उत्सुकता से मरी भी जा रही है। रात को सभी के सोने के बाद वह कागज खोलकर पढती है। "एक लम्बा प्रेम पत्र था, जिसमें अतुल ने लिखा था कि वह दमयन्ती को प्यार करता है, जिससे उसको खाना-पीना अच्छा नहीं लगता और रात में उसको नींद नहीं आती। वह जानता है कि उसमें कोई गुण नहीं, लेकिन यदि दमयन्ती उसका प्यार स्वीकार करेगी तो वह उसके लायक बनेगा, वह दमयन्ती की तरह ही अपने को पवित्र बनाएगा, ऊँचा उठेगा और बड़ा आदमी बनेगा तथा दमयन्ती से शादी करेगा। दमयन्ती उसके हृदय की देवी है। यदि वह उसको प्यार नहीं करती तो वह पत्र के टुकडें-टुकड़े कर दे। दमयन्ती अपने हाथ से उसको जहर भी दे देगी तो वह खाने से नहीं हिचकेगा। वह पवित्र प्यार करता है, वह दमयन्ती से कुछ नहीं, सिर्फ उसका प्यार चाहता है, दमयन्ती के बिना उसको जीने की इच्छा नहीं।"[11] पत्र पढ़ने के बाद दमयन्ती शर्म और भय से रोने लगती है। वह पत्र का जवाब नहीं देती है। अतुल उसके घर जाता है और दमयन्ती से कहता है "मैं तुमसे एक बार पूछने आया हूँ। तुमने मेरे पत्र का जवाब नहीं दिया। तुम नहीं जानती हो कि मैं तुम्हारे कहने पर इसी क्षण जान भी दे सकता हूँ। तुम्हारे लिए इस दुनिया में कुछ भी कर सकता हूँ। मुझसे कोई गलती हुई तो माफ करो। बस मैं यही जानना चाहता हूँ कि तुम मुझसे घृणा करती हो या नहीं... ।"[12] उसके बार-बार पूछने पर दमयन्ती के मुँह से आवाज निकालती है 'नहीं'। कुछ ही दिनों के बाद अतुल रुड़की वापस चला जाता है। धीरे-धीरे दमयन्ती अतुल के बारे में तरह-तरह की बातें सोचने लगती है। बाद में दमयन्ती को अतुल की हर बात अच्छी लगने लगती है। "उसकी छाती कितनी चौड़ी है। उसकी आँखें कितनी अच्छी है। उसकी बोली कितनी मिठी है। उसकी बातें सोचकर वह अपने हृदय में अजीब मीठा दर्द महसूस करने लगी। कभी उसको गर्व होता कि अतुल जैसा लड़का उसके लिए अपना सब-कुछ कुर्बान करने को तैयार है। कभी उसकी आँखें अनायास भर आतीं। वह सोचती कि दशहरा कब आएगा? उसका एक-एक दिन कठिनता से बीतने लगा। कभी-कभी वह निराश हो जाती और उसको लगता कि यह सब सपना है। अतुल उसके दिल में सदा बना रहता। वह उसके रोम-रोम में बस गया था।"[13] इस प्रकार दमयन्ती भी अतुल से प्रेम करने लगती है। जब अतुल वापस आता है तो धीरे-धीरे दोनों के बीच प्रेमपरक बातें होने लगती हैं और उनका आकर्षण एक-दूसरे के प्रति इस हद तक बढ़ जाता है कि वे शारीरिक सम्बन्ध बनाने से भी नहीं चूकते। लेकिन कुछ समय बाद अतुल के

व्यवहार में धीरे-धीरे बदलाव आने लगता है। बाद में दमयन्ती को खबर मिलती है कि अतुल का विवाह होने वाला है। कुछ दिनों बाद अतुल की शादी हो जाती है। दमयन्ती की हालत पागलों जैसी हो जाती है। शादी के कुछ दिनों बाद अतुल दमयन्ती को एक पत्र लिखता है "मैंने तुम्हारे साथ जो अन्याय किया है, उसकी माफी मैं नहीं मागूँगा। मैं तुमसे यही प्रार्थना करूँगा कि तुम किसी अच्छे लड़के से शादी कर लेना और मुझे भूल जाना... ।"[14] इस प्रकार अतुल का प्यार एक धोखा और छलावा साबित होता है जो सिर्फ दमयन्ती के शारीरिक शोषण के लिए था। शारीरिक संबंध बनते ही वह प्यार गायब हो जाता है।

'बीच की दीवार' उपन्यास में मोहन और दीप्ति की एक सफल प्रेम कथा का चित्रण हुआ है। मोहन अपने मामा के यहाँ रहता है जो दीप्ति के घर से सटा हुआ है। उसके मामा गोपाल बाबू की बड़ी लड़की सुधा की शादी तय कर दी जाती है। मोहन उसकी तैयारी में लग जाता है। दीप्ति उसके पड़ोस में रहती है। वे दोनों पहले से एक दूसरे को जानते है क्योंकि मोहन दीप्ति के बड़े भाई शंकर का दोस्त है। सुधा की शादी के दौरान घर के छोटे होने के कारण समस्याएँ उत्पन्न होती हैं। इसलिए मोहन सुझाव देता है कि आंगन की दीवार तोड़कर दरवाजा बना लिया जाए और पड़ोसी मुन्नीलाल के मकान का प्रयोग कर लिया जाए। इस प्रस्ताव से सभी सहमत होते हैं। दरवाजा बनने के बाद मुन्नीलाल के मकान के दो कमरों में शादी के सामान का भंडार बना दिया जाता है और इस भंडार गृह का प्रभारी दीप्ति को बनाया जाता है। दीप्ति भी इस प्रकार काम में लगी रहती है। इस दौरान मोहन और दीप्ति एक दूसरे के निकट आने लगते हैं। मोहन सोचता है कि जिस तरह आंगन की दीवार तोड़ दी गई है उसी तरह दीप्ति और उसके बीच की दीवार भी काफी हद तक टूट गई है। सुधा की शादी और विदाई के बाद दीप्ति और मोहन का प्यार भी गहरा होता जाता है। मोहन दीप्ति से अपना प्यार प्रकट करता है और इसके बाद वे दोनों एक दूसरे से नजरें चुराने लगते हैं। मेहमानों के चले जाने के बाद मोहन के मामा गोपाल बाबू जो आर्य समाज के सक्रिय कार्यकर्ता हैं। शहर में आर्य समाज का जलसा आयोजित करते है जिसमें मोहन, गोपाल बाबू तथा मुन्नीलाल के परिवार वाले सब भाग लेने चले जाते हैं। इसमें दीप्ति पेट दर्द का बहाना बनाकर नहीं जाती है। मोहन जलसा जैसे ही प्रारंभ होता है वहाँ से दीप्ति के पास चला आता है। दीप्ति घर में अकेली है। दोनों अपने प्यार का इजहार करते हैं और शादी करने का निश्चय करते हैं। किन्तु मोहन कोई नौकरी नहीं करता है इसलिए वह नौकरी की तालाश

करता है। बाद में वह एक कॉलेज में अध्यापक बन जाता है और अलग मकान में रहने लगता है। इसके बाद दोनों आर्य समाज मन्दिर में कॉलेज के प्राचार्य तथा अन्य मित्रों की उपस्थिति में शादी कर लेते हैं।

'कटीली राह के फूल' उपन्यास में अनूप का मधु और कामिनी नाम की दो स्त्रियों को लेकर प्रेम संघर्ष चित्रित है। अनूप गाँव से शहर पढ़ने के लिए आता है। वहाँ उसकी दोस्ती धीरेन्द्र से होती है। फिर बाद में जब वह धीरेन्द्र के घर जाता है तो वहाँ उसकी मुलाकात कामिनी से होती है। अनूप जिस मकान में रहता है उस मकान मालिक की भतीजी मधु है, जिससे अनूप का परिचय होता है। मधु अमीर माँ-बाप की लाड़ली पुत्री है उसकी जिंदगी केवल मस्ती, रोमांस और शान-शौकत ही है। अनूप कुछ समय के लिए मधु के प्यार और दिखावे में फंस जाता है। वह अपना समय मधु के साथ बिताता है और उसके साथ घूमता है तथा फिल्म देखता है। किन्तु अनूप ने जो कामिनी में देखा है गंभीर एवं समझदार स्वभाव, वह मधु में नहीं है। मधु में केवल स्वार्थ, दुर्बलता और संकीर्णता है। कामिनी का अनूप के लिए प्रेम में कोई दिखावा नहीं है, उसका प्रेम दिल से है। अनूप कामिनी को पाने की कोशिश करता है, कामिनी से अपने प्यार का इजहार करता है, किन्तु वह अनूप को ठुकरा देती है। जिससे अनूप को लगता है कि सब कुछ समाप्त हो गया है। परन्तु कुछ ही देर बाद उसके दरवाजे पर दस्तक होती है और वह कामिनी को अपने सामने पाता है। कामिनी अनूप से अपने प्यार का इजहार करती है। इस प्रकार अनूप कामिनी का हो जाता है और कामिनी अनूप की हो जाती है।

इस प्रकार अमरकान्त के लगभग सभी उपन्यासों में व्यक्तिगत प्रेम का चित्रण मिलता है। किसी-किसी उपन्यास में सफल प्रेम कथा भी मिलती है जहाँ विभिन्न प्रकार की समस्याएँ तथा बाधाएँ होते हुए भी अंत में प्रेमी और प्रेमिका की शादी हो जाती है। किन्तु अमरकान्त के अधिकांश उपन्यास में असफल प्रेम का चित्रण मिलता है। जहाँ निम्न-मध्यवर्ग तथा मध्यर्गीय परिवार की अनेक समस्याएँ, रूढ़ियाँ, मान्यताएँ आदि प्रेम का रास्ता रोकती हैं। जाति-पाँति की समस्या उनमें से एक बड़ी बाधा है जिसके कारण युवक-युवती तथा प्रेमी-प्रेमिका के प्यार असफल हो जाते हैं। पारिवारिक एवं सामाजिक दबाव में उन्हें समझौता करना पड़ता है। वे मजबूर हो जाते हैं और अंततः सब कुछ मान लेते हैं। जिससे उनका संपूर्ण जीवन दुखी हो जाता है तथा वे एक जिन्दा लाश बनकर रह जाते हैं। यह भारतीय सामाजिक जीवन का यथार्थ है जिसका वर्णन अमरकान्त ने विस्तार से किया है।

(ख) दाम्पत्य संबंध :

सामाजिक जीवन में परिवार एक अनिवार्य व महत्त्वपूर्ण भूमिका निभाता है। मूलतः परिवार दो लोगों के मेल से बनता है– एक स्त्री और एक पुरुष। युवक-युवती शादी के बाद एक दम्पत्ति बन जाते हैं। उनको पूरा जीवन साथ-साथ रहते हुए सामाजिक उत्तरदायित्वों को निभाना पड़ता है। इस दाम्पत्य जीवन की सफलता के लिए पति-पत्नी को सामंजस्य के साथ रहना परमावश्यक होता है। सामंजस्य न होने पर पति-पत्नी के बीच कई प्रकार की समस्याएँ उत्पन्न हो जाती हैं। छोटी-छोटी बातों एवं एक दूसरे को न समझ पाने के कारण कई बार पति-पत्नी में झगड़े होते हैं। इस समस्या के लिए कभी पति पत्नी को दोषी मानता है तो कभी पत्नी-पति को दोषी मानती है।

'इन्हीं हथियारों से' उपन्यास में आनन्दी और सीताराम दोनों पति-पत्नी के बीच प्यार एवं सहयोग का वर्णन किया गया है। आनन्दी अपने पति सीताराम का सहयोग हर परिस्थिति में करती है। उनके परिवार में आर्थिक संकट भी आता है किन्तु इन सब परिस्थिति में भी वह परिवार को अच्छे से सम्भालती है। दोनों में तनाव भी आता है लेकिन वह समय के अनुसार अनुकूलित होते हैं। इसी उपन्यास में नीलेश के फूफाजी (बेनी प्रसाद) की शादी होती है, किन्तु उनकी कोई संतान न होने के कारण संतान के लिए वे दूसरी शादी करते हैं। वे एक ऐसी लड़की से शादी करते हैं जिसकी उम्र केवल बारह वर्ष है। उनकी पत्नी हुलासो देवी का परिवार बहुत गरीब है। आर्थिक विपन्नता के कारण पिता अपनी पुत्री की शादी उम्र में पिता समान व्यक्ति के साथ कर देते हैं। आर्थिक विपन्नता व गरीबी सामाजिक जीवन में बहुत बड़ी समस्या है। आज भी भारतीय समाज में गरीबी के कारण अनमेल विवाह होते रहते हैं जिससे लड़कियों के सपने टूट जाते हैं और सफल तथा सुखी दाम्पत्य जीवन जीने में वे सक्षम नहीं हो पाती हैं। जिन स्त्रियों का असमय विवाह हो जाता है उनकी जिन्दगी कई तरह से बरबाद हो जाती है। 'सुन्नर पांडे की पतोह' उपन्यास एक साधारण निम्न-मध्यवर्गीय ग्रामीण नारी राजलक्ष्मी की करूण कथा है। राजलक्ष्मी अपने माता-पिता की इकलौती बेटी है जो बचपन से लाड़ प्यार में पली बड़ी है। उसकी शादी सुन्नर पांडे के बेटे झुल्लन पांडे के साथ होती है। ससुराल में राजलक्ष्मी को सास-ससुर द्वारा बहुत परेशान किया जाता है। दोनों पति-पत्नी को एक दूसरे के साथ रहने का भी अवसर नहीं मिलता है। उन्हें इतना परेशान तथा तंग किया जाता है कि एक दिन उसका पति झुल्लन पांडे घर से भाग जाता है। सुन्नर पांडे की

पतोह राजलक्ष्मी पूरे जीवन अपने पति झुल्लन पांडे के वापस लौट आने का इंतजार करती है। उसे पूरा विश्वास है कि उसका पति एक न एक दिन जरूर घर वापस लौट आएगा। वह हर सुबह एक नये उत्साह के साथ उठती है कि उसके पति आज अवश्य आएँगे, किन्तु शाम होने तक भी उसके पति घर नही लौटते। राजलक्ष्मी अपने पति के बिना भी पतिव्रत धर्म का पूरा पालन करती है। पति के नाम पर अब उसके पास सिन्दूर के अलावा कुछ भी नहीं है लेकिन उसे वह गर्व के साथ माथे पर लगाती है। केवल उसका सिन्दूर ही उसे जीवन में हार मानने से रोकता है।

'बीच की दीवार' उपन्यास में मुंशी मुन्नीलाल एक खूबसूरत पत्नी पाने का सपना देखता है किन्तु उनकी शादी सांवली बासन्ती से होती है, जिसके कारण वह तनाव में रहता है। पत्नी के सुन्दर नहीं होने के कारण वह अपनी पत्नी से असंतुष्ट रहता है और अपनी पत्नी के प्रति उपेक्षापूर्ण व्यवहार करने लगता है– "स्वयं सुंदर न होते हुए भी वह सौन्दर्य के प्रेमी थे। शादी के पूर्व उनकी बहुत बड़ी तमन्ना थी कि उनकी पत्नी पढ़ी-लिखी और खूबसूरत मिले, पर वह आकांक्षा पूरी न हुई। वह बहुत दिनों तक अपनी पत्नी से मुँह फुलाए रहे। वह उससे ठीक से न बोलते। उससे भूल कर भी नहीं पूछते कि उसे क्या तकलीफ है। बासन्ती अपनी किस्मत को रोती रहती।"15 अनमेल विवाह से दाम्पत्य जीवन में उत्पन्न इस प्रकार का तनावों को 'काले उजले दिन' उपन्यास में भी से चित्रित किया गया है। उपन्यास का नायक अपनी पत्नी के रूप में पढ़ी-लिखी और सुंदर लड़की चाहता है, लेकिन उसकी शादी कान्ति से होती है। कान्ति खूबसूरत नहीं है जिससे उसके सपने तथा सारी उम्मीदें टूट जाती हैं– "मेरे सपने चकनाचूर होकर बिखर गए। कान्ति को देखकर मुझे बहुत ही चोट पहुँची। कान्ति बदसूरत तो नहीं थी, लेकिन उसको खूबसूरत भी नहीं कहा जा सकता। वह बहुत गोरी भी नहीं थी नीलम की तरह। उसकी आँखें छोटी-छोटी थीं और नाक कुछ चपटी-सी। निस्सन्देह उसके चेहरे पर सज्जनता, सलज्जता एवं शिष्टता थी, लेकिन इसकी मुझे आवश्यकता नहीं थी। मैं चाहता था जवानी और सौन्दर्य। मेरी आँखों के सामने अंधकार छा गया। संसार में इतना सुख है, इतना सौन्दर्य है, परन्तु क्या मैं ही ऐसा हूँ जिसको यह सब नहीं मिलता? मैं किस नियति के भँवर-जाल में फँसा हूँ?"[16] शादी के बाद नायक की पत्नी कान्ति अपने पति को खुश रखना चाहती है। वह चाहती है कि उनका दाम्पत्य जीवन खुशहाल हो। इसलिए वह हर जगह समझौता करने की कोशिश करती है। वह नायक को आगे की पढ़ाई जारी रखने के लिए भी प्रोत्साहित करती है। अपनी पत्नी के दम पर नायक

अपनी पढ़ाई पूरा करता है और उसे नौकरी भी मिल जाती है। वे दोनों खुशहाल जिन्दगी जीने लगते हैं। किन्तु नायक को अपनी पत्नी कान्ति से प्रेम नहीं है। वह कान्ति तथा अपने दाम्पत्य संबंध के बारे में कहता है "मैंने देखा है कि प्यार, समर्पण एवं विश्वास ही कान्ति का जीवन था। वह मेरे प्रति या किसी और के प्रति दुर्भावना रख ही नहीं सकती थी। लेकिन मेरे मन में एक घोर निराशा दिन-पर-दिन बढ़ती जा रही थी। दिन-पर-दिन बीतते जा रहे थे और घर की कोई भी घटना मुझे उत्साहित नहीं कर पाती थी। मेरा मन प्यार के लिए छटपटाता रहता था। मैं कान्ति की कद्र करता था लेकिन उसको मैं प्यार नहीं कर सकता था। मेरे सामने घोर अंधकार था।"[17] इस प्रकार नौकरी मिलने के बाद भी वह खुशहाल जिंदगी जी न सका। पत्नी के लाख प्रयासों एवं समझौते के बावजूद वह उसे हृदय से अपना नहीं पाता है। इसलिए उसका दाम्पत्य जीवन तनाव भरा रहता है।

'सुखजीवी' उपन्यास का नायक दीपक अपने दाम्पत्य जीवन के प्रति बहुत गंभीर नहीं है। उसकी पत्नी सुंदर और गुणवती है लेकिन वह अपनी पत्नी को अच्छी नहीं मानता है, वह अवसर मिलने पर हमेशा उसकी आलोचना करता है। दीपक अपने मित्र टंडन की पत्नी निर्मला से कहता है– "मेरी तो भाभी जिंदगी बरबाद हो गई। मैंने सोचा था कि शादी-ब्याह करके कुछ सुख-शान्ति मिलेगी, लेकिन वह न होता था। मैंने शुरू से ही उसके सुख-दुःख का इतना ख्याल रखा, लेकिन वह तो सोचती है जैसे मैं उसका नौकर हूँ। जब तक घर में रहता हूँ, सारा काम करता हूँ, दम लेने की फुर्सत नहीं। तिस पर न समय पर खाना, न समय पर नाश्ता। लड़के हमेशा गन्दे रहते हैं। मकान में सामान इधर-उधर रहते हैं। आखिर मैं ही सब काम करूँगा तो दफ्तर कौन जायेगा? आप लोग हैं मौका जरूरत पड़ने पर बाजार हाट चली जाती हैं, बाहरी मर्दों से बोल-बतिया लेती हैं, कहीं भी अकेले जा सकती हैं।"[18] इसी प्रकार दीपक अपने दाम्पत्य जीवन की स्थिति को बद से बदतर बनाता चला जाता है। उसकी पत्नी अहिल्या को भी अपने पति दीपक से शिकायत है कि वह उसे किसी से मिलने नहीं देता है, न ही उसे घर की किसी काम-धाम की चिन्ता है, वह तो बस अपनी लम्पटता में ही मस्त तथा व्यस्त रहता है। उसकी लम्पटता का एक परिणाम यह है कि वह अपनी पत्नी अहिल्या को दूसरों के सामने गलत साबित करता है। जब टंडन दीपक के घर आता है तो दीपक अपनी पत्नी को टंडन के सामने आने से मना करता है। किन्तु जब वह स्वयं टंडन के घर जाता है तो वह उसकी पत्नी के पास बैठकर उनसे बातें करता है तथा समय बिताता है। स्वयं

दीपक की वजह से उसका दाम्पत्य जीवन अव्यवस्थित होता चला जाता है। इसलिए टंडन की पत्नी निर्मला दीपक को दाम्पत्य जीवन पर ध्यान देने तथा उससे सुचारू रूप से चलाने के लिए कहती है– "मैं तो लाला जी, इतना जानती हूँ कि स्त्री वह सब कुछ बन सकती है, जो मर्द चाहता है, लेकिन शर्त यह है कि मर्द उसके साथ प्रेम और सहानुभूति का व्यवहार करे। जो सीख वह स्त्री को देना चाहता है वह उस पर खुद चले।"[19] इस बात को सुनकर दीपक को बुरा लगता है। वह पूछने लगता है कि टंडन जी कब आएँगे? पहले वह निर्मला के कहने पर बहुत कुछ करता था और उसके साथ रसोई घर में बैठता था, किन्तु अब वही निर्मला से ऊबने लगता है। उसकी पत्नी अहिल्या अपने पति से हमेशा चाहती है कि वह उससे प्यार से बात करें, हाल-चाल पूछें आदि, लेकिन दीपक अपने दाम्पत्य जीवन के प्रति बिल्कुल गंभीर नहीं है। इस उपन्यास में दीपक दाम्पत्य जीवन के किसी भी जिम्मेदारी को निभाने के लिए तैयार नहीं है। वह अपनी पत्नी को विवाह करके लाई हुई स्त्री नहीं मानता बल्कि उसे बाजार से खरीदी हुई लौंडी-बांदी समझता है। अमरकान्त ने इस उपन्यास में जिन समस्याओं को प्रस्तुत किया है वह समस्या प्रायः निम्न-मध्यवर्गीय परिवार से संबंधित हैं। निम्न-मध्यवर्ग में दो तरह के लोग मिलते हैं। एक जो किसी भी प्रकार की परिस्थितियों से समझौता कर लेते हैं, उन्हें केवल अपने सीमित दायरे में रहने की आदत होती है और वे परंपरागत सामाजिक व्यवस्था का पालन करने में विश्वास रखते हैं। दूसरी तरफ ऐसे लोग हैं जो बाल्यकाल से ही सपने देखते हैं, किन्तु उनके अधिकतर सपने पूरे नहीं हो पाते हैं। उनके सपने शिक्षा, रोजगार, प्रेम, दाम्पत्य जीवन, पत्नी आदि से भी संबंधित हो सकते हैं। ऐसे लोग परिवार एवं समाज के लिए खतरनाक साबित हो सकते हैं। उपन्यासकार ने ऐसे लोगो के बारें में इस उपन्यास में चित्रण किया है ताकि समाज इस उपन्यास के पात्र दीपक जैसे लोगों के चरित्रों को समझे और उनसे बचें।

'आकाश पक्षी' उपन्यास में बड़े सरकार की बेटी हेमा का दाम्पत्य जीवन अनमेल विवाह के कारण सुखी नहीं है। हेमा को अपने पड़ोस में रहने वाले रवि से प्रेम होता है। वे एक दूसरे से प्रेम करते हैं। रवि हेमा को पढ़ाता है लेकिन पढ़ाई से अधिक वे प्रेमालाप करते हैं। हेमा की माँ एक दिन उन दोनों को विवाह के बारे में बातें करते देखती है। वह रवि को फटकार कर घर से निकाल देती है और हेमा की पिटाई करती है। जिससे हेमा और रवि के विवाह करने की चाहत असफल हो जाती है। वे दोनों बिछड़ जाते हैं। बडे, सरकार सामाजिक मान्यताओं की आड़ लेकर

अपने स्वार्थ सिद्धि और धन के लालच में हेमा का विवाह उसकी उम्र के दुगुने व्यक्ति कुँवर युवराज सिंह से कर देते हैं, जो उससे लगभग बीस वर्ष बड़ा है। हेमा की इच्छाओं और अरमानों का गला घोंट दिया जाता है। वह कुछ नहीं कर पाती है और मजबूर होकर सब कुछ स्वीकार कर लेती है और जिन्दा लाश बनकर अपना शरीर कुँवर युवराज को सौंप देती है। हेमा कहती है– "अब खुश हों मेरे माता-पिता। उनकी छाती अब ठंडी होगी। उनको चाहिए धन, उनको चाहिए झूठी प्रतिष्ठा, उनको चाहिए झूठी शान-शौकत। मैं आजाद चिड़िया नहीं बल्कि एक मशीन का पुर्जा हूँ जिसका दिल नहीं है, जिसके मन में आकांक्षाएँ नहीं हैं, जिसमें रंगीन भविष्य की उमंगे नहीं है।"[20] हेमा आकाश पक्षी की तरह उड़ना चाहती है किन्तु वह एक पिंजड़े के कैद से निकलकर दूसरे पिंजड़े में कैद होने से उसका संपूर्ण जीवन दुख दायी हो जाता है। उपन्यासकार ने अपने इस उपन्यास के माध्यम से दाम्पत्य के बंधनों में जकड़ी और घुटती मध्यवर्गीय स्त्री पात्रों की नियति एवं मुक्ति की चाह को रेखांकित किया है। परन्तु पारिवारिक, सामाजिक एवं धार्मिक परिस्थितियाँ उसकी मुक्ति के राह में रोड़े अटकाती हैं। आधुनिक ज्ञान-विज्ञान एवं शिक्षा के प्रसार, आर्थिक स्वावलंबिता, राजनीतिक चेतना के विकास आदि के कारण अब स्त्रियों की स्थिति बदल रही है और परिवार एवं समाज कुछ हद तक उनके महत्त्व को स्वीकार कर रहे हैं।

'काले-उजले दिन' उपन्यास में नायक ऐसी लड़की से शादी करना चाहता है जो खूबसूरत हो। वह कहता है "मैं भावी पत्नी की कल्पना करने लगा और शीघ्र ही मैंने अपने मन में उसकी एक काल्पनिक मूर्ति बना ली। लम्बी, पतली, तन्दुरुस्त, कोमल, तीखे नक्शवाली, भरे-भरे होंठ, बड़ी-बड़ी आँखें, मीठी बोली।...यह मेरे मन की एक आदर्श मूर्ति थी।"[21] नायक अपनी साली नीलम से मिलता है। "उम्र उसकी मात्रा तेरह वर्ष की थी, पर उसका शरीर पूर्ण रूप से विकसित हो गया था। चम्पा की तरह देह। सुडौल छातियाँ। लम्बी गर्दन, जिसको वह बहुत गर्व से घुमाती थी। वह दप-दप गोरी थी। वह कितनी खुशी से मेरी ओर देखती थी। वह बहुत चंचल थी। यथावसर की महत्ता ने उसको चंचल जो बना दिया था। कभी एक जगह खड़ी रहती, कभी दूसरी जगह चली जाती, कभी हँसती और कभी गंभीर हो जाती। आँखें भी उसकी चारों ओर घूमती रहती थी। उसकी वाणी से फूल झड़ते थे। मेरा हृदय उछलने लगा। ऐसी खूबसूरत लड़की मैंने देखी भी नहीं थी आज तक। उसको देखकर मेरी उम्मीदें बहुत बढ़ गयीं। अगर नीलम इतनी खूबसूरत है तो उसकी बड़ी

बहन क्यों नहीं खूबसूरत होगी? वह कम-से-कम इतनी तो खूबसूरत होगी ही।"[22] नायक बड़ी उम्मीदों के साथ शादी कर लेता है। पर जब उसने शादी के बाद अपनी पत्नी को देखा तो उसके सारे सपने पानी में मिल गए। "मेरे सपने चकनाचूर होकर बिखर गए। कान्ति को देखकर मुझे बहुत ही चोट पहुँची। कान्ति बदसूरत तो नहीं थी, लेकिन उसको खूबसूरत भी नहीं कहा जा सकता।"[23]

कान्ति भारतीय मध्यवर्गीय समाज में रहने वाली वह पत्नी है जो अपने पति को जीवन का सब कुछ मानती है और उन पर अपना सब कुछ न्यौछावर कर देती है। घर में नायक के पिता तथा विमाता उसको बहुत तंग करते हैं। कान्ति चुपचाप सहती है और अपने पति को प्रोत्साहित करती है। उसे अपने पति पर पूरा विश्वास है वह अपने पति को पढ़ाई पूरी करने के लिए कहती है ताकि वह नौकरी कर सके और अपने बल पर खड़ा हो सके। नायक कान्ति के प्रोत्साहित करने पर पढ़ाई करता है और परीक्षा में उत्तीर्ण हो जाता है। वह नौकरी की तालाश करता है और उसे नौकरी भी मिल जाती है। यह उसकी पत्नी कान्ति का प्यार ही है जिसके परिणामस्वरूप वह नायक को प्रोत्साहित करती रहती है और उसका मार्ग प्रशस्त करती है। वह अब शहर में नौकरी करता है और कान्ति को भी साथ ले जाता है। नायक के मन में कान्ति के लिए उतना प्यार नहीं है जितना कान्ति नायक से करती है। नायक कहता है "मेरा हृदय एक आधुनिक लड़की के लिए पागल रहने लगा, जो पढ़ी-लिखी हो, सुन्दर हो, जिसमें नाज-नखरे हों। यह सब सोचकर मैं बहुत ही दुःखी हो जाता। जब मैं बाजार से सुंदर जोड़ों को हँसते हुए जाते देखता तो मेरा हृदय एक हसरत से भर जाता। मैं कितना अभागा हूँ? जीवन का कोई सुख मुझे नहीं मिला। लड़कपन में मैं माँ-बाप के प्यार से वंचित रहा और अब मुझे एक ऐसी स्त्री मिली है। जिसको मैं प्यार नहीं कर सकता-इज्जत मैं इसकी भले ही करूँ।"[24] इस प्रकार नायक कथा के अंत तक अपना प्यार नहीं पा सका। किन्तु इस उपन्यास में एक पत्नी के कर्तव्य, परंपरागत संस्कार आदि गुणों का वर्णन है। कान्ति के माध्यम से अमरकान्त ने इस उपन्यास में एक भारतीय स्त्री तथा मध्यवर्गीय स्त्री की दयनीय दशा और उसके संघर्ष आदि को दिखलाया है।

मध्यवर्गीय जीवन में विवाह अत्यंत महत्त्वपूर्ण होता है। प्रायः प्रत्येक माँ-बाप की यही इच्छा होती है कि वे अपने बच्चों का सही समय पर और अच्छे परिवार में विवाह करें। लड़के की अपेक्षा लड़की के विवाह के लिए माँ-बाप अधिक चिंतित रहते हैं। इसलिए लड़की का पहले से ही इस ढंग से पालन पोषण किया जाता है

ताकि उनका वैवाहिक जीवन सफल हो सके। मध्यवर्गीय समाज में शादी को लेकर कई तरह की समस्याएँ होती हैं। लड़की वालों को वर खोजना पड़ता है जिसमें लड़की वालों को कठिनाइयों का सामना करना पड़ता है। इसके बाद दहेज की समस्या आरंभ होती है। यदि बच्चों की शादी ठीक समय पर न हो तो लोग सवाल-पर-सवाल पूछने लगते हैं जिससे परिवार वाले दबाव महसूस करने लगते हैं। देर से विवाह करने पर भी कई समस्याएँ खड़ी हो जाती हैं किन्तु देर से शादी करने या शादी न करने की इच्छा के भी कुछ कारण होते हैं। कुछ तो मानते हैं कि विवाह नारी के लिए बंधन और पुरुष की पराधीनता है। इसलिए वे किसी भी प्रकार की पराधीनता से बचने के लिए विवाह नहीं करना चाहते हैं। बच्चों की इच्छा के विरुद्ध विवाह भी एक बड़ी सामाजिक समस्या है। मध्यवर्गीय समाज में केवल लड़कियों की इच्छा के विरुद्ध ही उनका विवाह नहीं किया जाता है बल्कि लड़के भी इसके शिकार होते हैं। अनमेल विवाह भी मध्यवर्गीय समाज में होता रहता है। इसमें ऐसा भी होता है कि एक स्कूल में पढ़ने वाली कम उम्र की किशोरी का विवाह उससे दुगुने या तिगुने उम्र में बड़े व्यक्ति से कर दिया जाता है। कुछ अनमेल विवाह धोखे से भी होते हैं और कुछ आर्थिक स्थिति खराब होने के कारण पैसों की लालच में भी होते हैं।

हिंदी के दूसरे उपन्यासकारों ने भी दाम्पत्य संबंध को केन्द्र में रखकर कई महत्त्वपूर्ण उपन्यासों की रचना की है। उपेन्द्रनाथ अश्क ने अपने उपन्यास 'गर्मराख' में साधारण काम-काज को लेकर दाम्पत्य जीवन में होने वाले झगड़ों को सुंदर ढंग से चित्रण किया है। इस उपन्यास में भगतराम और शान्ताजी में घरेलू काम-काज के कारण झगड़ा होता है। कवि चातक जब शान्ताजी से मिलने के लिए जाते हैं तो उस समय उनके पति भगतराम नाराज होकर बैठे हुए थे। "प्रकट था कि कुछ ही क्षण पहले पति-पत्नी में विचार-विनिमय हो चुका था, जिनके फलस्वरूप एक बच्चा उनके हाथ से प्रसाद भी पा चुका था।"[25] धन के अभाव के कारण भी पति-पत्नी के बीच झगड़े होते हैं। इस प्रकार की समस्या को जैनेन्द्र ने भी अपने उपन्यास 'सुखदा' में चित्रित किया है। सुखदा के पति की आय कम है, इसलिए जब वे अपनी आय से खर्च करते हैं तो उनकी पत्नी चिल्लाती है। अमृतलाल नागर के उपन्यास 'बूंद और समुद्र' में भी धनाभाव के कारण पति-पत्नी में झगडे, का वर्णन हुआ है। इसी प्रकार राजेन्द्र यादव के 'प्रेत और समुद्र' उपन्यास में भी समर और प्रभा का जीवन धनाभाव के कारण कभी कटु हो जाता है।

पति और पत्नी दृष्टिकोण की असमानता के कारण भी अशान्तिपूर्ण जीवन

जीते हैं। रजनी पनिकर के 'पानी की दीवार' उपन्यास तथा विष्णु प्रभाकर के 'तट के बंधन' उपन्यास में ऐसे दाम्पत्य जीवन को चित्रित किया गया है। इस प्रकार कई कारणों से पति-पत्नी के बीच झगड़े तथा समस्याएँ उत्पन्न होती हैं। स्पष्ट है कि मध्यवर्गीय पति-पत्नी दोनों झगड़ा करते हैं किन्तु उनमें किसी एक को दोषी मानना उचित नहीं है। उनके झगड़े का सबसे प्रमुख कारण अहम् होता है दोनों एक दूसरे से स्वयं को श्रेष्ठ समझते हैं। दोनों के व्यक्तित्व, रुचि, दृष्टिकोण आदि पृथक-पृथक होते हैं। कभी उनके इस विवाद और झगड़े में दोष पति-पत्नी में से किसी एक का स्पष्ट रूप से भी दिखाई देता है। कभी पति गलती करता है और पत्नी फल भोगती है और कभी पत्नी गलती करती है और पति को भोगना पड़ता है। अमरकान्त के उपन्यासों में भी इस प्रकार के दाम्पत्य संबंध का चित्रण हुआ है।

(ग) विवाहेतर संबंध :

प्रेम और सेक्स की भावना किसी भी जीव की मूलभूत प्रवृत्तियों में से एक है। प्रकृति ने इस भावना को लेकर किसी भी प्रजाति पर कोई बंधन या रोक टोक नहीं लगाया है। परन्तु मानव समाज ने अपने विकास के क्रम में इस भाव को नियंत्रित किया है जिसके अंतर्गत एक युवक और युवती शादी कर पति और पत्नी बन जाते हैं और उन्हें एक दूसरे को प्यार करने और अपनी शारीरिक जरूरतों की पूर्ति की छूट रहती है जिसे समाज स्वीकार करता है और कानूनी मान्यता प्रदान करता है। समाज में एक व्यवस्था बनाये रखने और उसके सुचारू संचालन के लिए इसकी आवश्यकता भी है। परन्तु अपने जैविक प्रकृति के तहत अन्य प्रजातियों की तरह मानव भी पूरी तरह इस सामाजिक और कानूनी नियम का पालन नहीं कर पाता है, उसकी जैविक प्रकृति इन सामाजिक मान्यताओं के उल्लंघन के लिए बेचौन रहती है और समय मिलते ही विवाह नामक सामाजिक कटघरे के बंधन को तोड़कर निकल भागना चाहती है। और अपने जैविक प्रवृत्ति के अनुसार प्रेम और शारीरिक जरूरतों की पूर्ति हेतु नये साथी की तलाश करती है जिससे विवाहेतर संबंधों का जन्म होता है। विवाहेतर संबंधों की यह प्रवृत्ति आजकल की दुनिया तथा आधुनिककाल में बढ़ती हुई दिखाई देती है। परिवर्तन प्रकृति का नियम है लेकिन यह परिर्वतन कुछ चीजों तक सीमित होती है। आज की युवा पीढ़ी हर चीज में परिवर्तन चाहने लगी है। यहाँ तक कि उसे अपने जीवनसाथी पति या पत्नी को छोड़कर किसी और के साथ नया जीवन शुरू करने में भी हिचक नहीं है। ऐसी स्थिति लगातार बढ़ती जा

रही है। विवाहेतर संबंध मध्यवर्गीय समाज की एक बहुत बड़ी समस्या बन गई है। इस वर्ग का नवयुवक प्रायः विवाहेतर संबंध में कई कारणों से फँस जाता है। अमरकान्त के उपन्यासों में भी विवाहेतर संबंध का वर्णन हुआ है। मुख्य रूप से 'काले उजले दिन' और 'सुखजीवी' उपन्यासों में विवाहेतर संबंधों का यथार्थ चित्रण मिलता है।

'काले-उजले दिन' उपन्यास में विवाहेतर संबंध का स्पष्ट रूप से वर्णन मिलता है। उपन्यास के नायक का विवाह धोखे से करवा दिया जाता है। विवाह के बाद भी उसका मन अपनी पत्नी में नहीं लगता है। इस उपन्यास में नायक स्वयं अपनी कहानी सुनाता चलता है। उसके बाल्यकाल में ही उसकी माँ का निधन हो जाता है। उसके पिता अपनी पत्नी और पुत्र से बहुत प्यार करते थे लेकिन कुछ ही दिनों बाद वह दूसरी शादी कर लेते हैं। नायक की विमाता आती है जो शुरू में बहुत अच्छी है, किन्तु उसके व्यवहार में परिर्वतन होता चला जाता है। अशोक नामक पुत्र के जन्म के बाद तो नायक को उपेक्षित जीवन जीना पड़ता है। विमाता उसे बहुत तंग करती हैं और उसकी झूठी शिकायत करके उसे पिता जी से डांट लगवाती है। इस प्रकार कई तरह से नायक को विमाता तथा पिता द्वारा सताया जाता है। इसका उसके शिक्षा पर भी असर पड़ता है। नायक बचपन से ही अपने ही घर में दुख सहता है। वह भाग जाता है और उसकी मुलाकात एक क्रान्तिकारी वासुदेव सिंह से होती है। वह विभिन्न प्रकार के गलत काम करने लगता है। बाद में वह घर वापस आता है और देखता है कि विमाता और पिता के व्यवहार में कोई परिवर्तन नहीं आया है बल्कि स्थिति पहले से भी ज्यादा खराब हो गयी है। वे लोग पैसे की लालच में नायक को शादी करने के लिए कहते हैं। उसके माता-पिता उसे समझाते हैं और नायक भी खुद पत्नी की कल्पना करने लगता है। किन्तु उसके साथ धोखा होता है। उसे उसकी साली नीलम से मिलवाया जाता है जो काफी खूबसूरत है। नीलम तेरह वर्ष की है पर उसका शरीर पूर्ण रूप से विकसित हो गया है। वह गोरी, सुडौल छातियाँ, लम्बे गर्दन, चंचल आदि है। "ऐसी खूबसरत लड़की मैंने देखी भी नहीं थी आज तक। उसको देखकर मेरी उम्मीदें बहुत बढ़ गयीं। अगर नीलम इतनी खूबसूरत है तो उसकी बड़ी बहन क्यों नहीं खूबसूरत होगी?"[26] वह नीलम से खूब बात करता है और वह सोचता रहता है कि उसकी होने वाली पत्नी कैसी होगी? नीलम की तरह खूबसूरत या उससे कम या उसकी जैसी। "कुछ ही देर में सब कुछ फैसला हो गया। मेरे सपने चकनाचूर होकर बिखर गए। कान्ति को देखकर मुझे बहुत ही चोट

पहुँची। कान्ति बदसूरत तो नहीं थी, लेकिन उसको खूबसूरत भी नहीं कहा जा सकता। वह बहुत गोरी भी नहीं थी नीलम की तरह। उसकी आँखे छोटी-छोटी थीं और नाक कुछ चपटी सी। निस्संदेह उसके चेहरे पर सज्जनता, सलज्जता एवं शिष्टता थी, लेकिन इसकी मुझे आवश्यकता नहीं थी। मैं चाहता था जवानी और सौंदर्य। मेरी आँखों के सामने अन्धकार छा गया। संसार में इतना सुख है, इतना सौंदर्य है, परन्तु क्या मैं ही ऐसा हूँ जिसको यह सब नहीं मिलता? मैं किस नियति के भँवर-जाल में फँसा हूँ?"[27] इस प्रकार नायक की शादी एक ऐसी लड़की से होती है जिसे वह बिल्कुल पसंद नहीं करता है। इस लिए न तो वह अपनी पत्नी के बारे में सोचता है न ही वह अपनी पत्नी से प्रेम करता है। उसको तो ऐसी लड़की पसंद है जिसमें जवानी का जोश हो और खूबसूरत हो। "मेरा हृदय एक आधुनिक लड़की के लिए पागल रहने लगा, जो पढ़ी-लिखी हो, सुन्दर हो, जिसमें नाज-नखरे हों। यह सब सोचकर मैं बहुत ही दुःखी हो जाता। जब मैं बाजार से सुंदर जोड़ों को हँसते हुए जाते देखता तो मेरा हृदय एक हसरत से भर जाता। मैं कितना अभागा हूँ? जीवन का कोई सुख मुझे नहीं मिला। लड़कपन में मैं माँ-बाप के प्यार से वंचित रहा और अब मुझे एक ऐसी स्त्री मिली है। जिसको मैं प्यार नहीं कर सकता-इज्जत मैं इसकी भले ही करूँ।"[28]

नायक अपने काम के साथ-साथ यूनियन में भी सक्रिय है। "ऐसे ही काम के सिलसिले में मुझे रजनी नामक एक लड़की के सम्पर्क में आने का मौका मिला। रजनी एक खूबसूरत लड़की थी। वह काफी तगड़ी और फैशन-परस्त लड़की थी। मुझे लगता कि उसकी आँखों में महत्वकांक्षाओं की चमक है। मुझे ऐसा लगता कि वह मेरी ओर देख रही है, लेकिन जब मैं उसकी ओर देखता तो वह तेजी से अपना सिर दूसरी ओर घुमा लेती। यह सत्य है कि यदि मुझे मन-मुताबिक पत्नी मिली होती तो मैं रजनी की ओर देखता भी नहीं। लेकिन मैं उन दिनों अपने को इतना हीन, दुःखी एवं अपमानित समझता था कि मुझे रजनी के सम्पर्क में आकर खुशी ही हुई।"[29] नायक रजनी की ओर आकर्षित होता है और उससे प्यार करने लगता है। वह देर-देर तक रजनी से बातें करने लगा। जब उसकी शिफ्ट में रजनी होती है तो दोनों की एक साथ छुट्टी होती है। वे साथ-साथ चलते हैं और प्रारंभ में ही रजनी ने उसे अपने दुःख की कहानी बता दी। वह बहुत ही गरीबी और संघर्ष से निकलकर आयी है। एक दिन रजनी नायक को अपने घर ले जाती है और वहाँ अपनी माँ से मिलवाती है और नाश्ता भी कराती है। रजनी भी नायक के घर आती है और कान्ति

से मिलती है। कान्ति गर्भवती रहती है और बाद में एक बच्ची को जन्म देती है। रजनी अस्पताल और घर में कान्ति का पूरा सहयोग करती है। नायक रजनी के घर जाता है और अपना प्यार प्रकट करता है। पहले रजनी कहती है कि वह कान्ति को धोखा नहीं दे सकती परन्तु बाद में वह उसे प्यार करने लगती है और नायक के सीने पर सिर रखकर रोती है।

अस्पताल से आने के एक वर्ष बाद तक नायक और रजनी के बीच प्रेमालाप चलता रहता है। नायक कान्ति को धोखे में रखता है। किन्तु इस दौरान कान्ति स्वयं के प्रति लापरवाह हो जाती है। वह न ढंग से कुछ खाती है, न ढंग से कपड़े पहनती है। इसका परिणाम यह हुआ कि कान्ति बहुत कमजोर हो जाती है और उसके पेट में दर्द होने लगता है। कान्ति रजनी को अपनी बहन की तरह मानती है किन्तु रजनी के मन में ईर्ष्या पैदा होती है और वह कान्ति से नाराज हो जाती है। रजनी रोती हुई उसके घर से अपने घर जाती है। इस पर नायक कान्ति से क्रोधित होता है और उसे भला बुरा कहता है। इसके बाद नायक घर से निकलता है और रजनी के घर पहुँचता है और देखता है कि रजनी की तबीयत खराब हो गई है। वहाँ रजनी की माँ रजनी के लिए वर खोजने के लिए नायक को कहती हैं। नायक जब रजनी से बातें करता है तो रजनी उसे फटकारती है। "तुम मेरा अपमान करने आए हो? मेरी तबीयत का हाल पूछनवाले तुम कौन होते हो? मेरी नाराजगी या खुशी से तुमको क्या लेना-देना? रजनी, मैं तुम्हारा हूँ। यह सब धोखा है। झूठी बात है। ऐसी ही धोखा-धड़ी की बातें तुमने अपनी पत्नी से भी कई बार कही होंगी। जिस तरह तुम उस बेचारी को धोखा देना चाहते हो, उसी तरह मुझको भी धोखा देना चाहते हो। मैं ऐसी मूर्ख नहीं हूँ कि यह सब नहीं समझ सकती। कान्ति तो सचमुच देवी है। उसकी तरह निर्मल और पवित्र दिल मैंने किसी का नहीं देखा। उसके दिल में केवल प्यार है, ममता है, करुणा है। वह ऊँचे-से-ऊँचा उठ सकती है, पर तुम उस स्त्री की कद्र नहीं समझी। उसके साथ तुम चौबीसों घंटे धोखा करते हो। मुझे अफसोस है कि मैंने इस धोखे में तुम्हारा साथ दिया, पर अब मुझसे ऐसी आशा न करना। मैं इस धोखे का विरोध करूँगी। तुम्हारा एक क्षण के लिए भी मैं साथ नहीं दे सकती। तुम्हारी चिकनी-चुपड़ी बातों में नहीं आ सकती।"[30] रजनी के इस फटकार के बाद नायक घर लौटता है। दूसरी तरफ कान्ति खुद को दोषी मानती है और रजनी से माफी मांगने के लिए तैयार है। "मुझसे बड़ा अपराध हो गया है। मैं चलकर रजनी से भी क्षमा माँग लूँगी। वह मुझसे नाराज हो गयी है, मैं उसको मनाकर ले

आऊँगी।"[31] नायक रजनी का नाम लेने से मना करता है। कान्ति अपने पति को प्रसन्न रखने के लिए उसकी खूब सेवा करने लगती है। लेकिन लगातार काम करने तथा खाना कम खाने के कारण कान्ति बीमार रहने लगती है। उसके पेट में लगातार दर्द होने लगता है। उसका पति जब डॉक्टर को बुलाने की बात करता है तो वह मना कर देती है।

एक दिन कान्ति घर के सारे काम करने के बाद सत्यनारायण व्रत की कथा सुनी और निर्जला व्रत रखा। इसके कारण उसके पेट में भयानक दर्द होने लगा। वह डॉक्टर के यहाँ से दवाई मँगवाती है। इस दौरान ऑफिस में नायक और रजनी की मुलाकात होती है, रजनी उसे देखती तक नहीं। किन्तु नायक उसे रोकता है और उसे बताता है कि वह अभी भी उसे प्यार करता है। लेकिन रजनी उसको भूल जाने के लिए कहती है। इसके बाद से दोनों के संबंध टूट जाते हैं। कान्ति की हालत प्रतिदिन बिगड़ती जाती है। वह घर और बच्ची को संभालती है लेकिन अपना ध्यान नहीं रखती है। उसे दस्त होने लगा और दर्द बढ़ता ही गया। नायक कान्ति को अस्पताल चलने को कहता है किन्तु कान्ति पहले रजनी को बुलाने के लिए कहती है, वह उसका ख्याल अच्छे से रखती है। नायक रजनी के घर जाता है सब कुछ बताता है। रजनी उसके साथ आती है। रजनी कान्ति के साथ अस्पताल चलना चाहती है लेकिन कान्ति उसे घर में रहने के लिए कहती है। अस्पताल पहुँचने के बाद कुछ देर डॉक्टर का इंतजार करना पड़ता है इसी बीच नायक कान्ति को बेंच पर लिटा कर मित्र से मिलने का बहाना बना कर तुरंत घर लौटता है और रजनी से मिलता है। वह रजनी से रुपये भूलने का बहाना बनाता है। इसमें दोनों के बीच लंबी बात-चीत होती है। रजनी अपने जीवन की कहानी सुनाती है, वह कान्ति की स्थिति की तुलना अपनी माँ की स्थिति से करती है। कान्ति दो माह तक दवाई लेती रही लेकिन उसके स्वास्थ्य में कोई सुधार नहीं होता है। बल्कि उसकी हालत बिगड़ती गई और वह चारपाई पर पड़ गयी। बाद में रजनी की सलाह से उसे अस्पताल में दाखिल करा दिया गया। अस्पताल में दाखिल कराने के बाद पता चला कि उसके पेट में ट्यूमर है। रजनी दिन-रात कान्ति की सेवा करती रहती है। कान्ति एक दिन रजनी से कहती है तुम मेरे न रहने पर इनका और बच्ची का ख्याल रखना। कान्ति का ऑपरेशन सफल रहता है और उसकी हालत में सुधार होने लगता है। उसकी माँ और उसके बड़े भाई भी आते हैं। एक दिन जब बड़े भाई खान लेने घर जाते हैं, तब कान्ति रजनी से डॉक्टर के मना करने के बावजूद भी पानी माँगती है। रजनी

उसे बर्फ का टुकड़ा देती है। वह पुनः पानी माँगती है और रजनी से कहती है कि वह बच्ची का ध्यान रखे और नायक से शादी कर ले। इसके कुछ समय बाद कान्ति की तबीयत अचानक खराब हो जाती है और उसे डॉक्टर द्वारा मृत घोषित कर दिया जाता है। बाद में नायक कान्ति के बारे में सोचता रहता है तथा स्वयं के द्वारा कान्ति के साथ किए गए अन्याय व उपेक्षापूर्ण व्यवहार की आलोचना करता है और आत्मग्लानि महसूस करता है। वह अपने आप को कान्ति का हत्यारा मानने लगता है। रजनी नायक का हाथ पकड़कर कहती है "आपको ऐसा नहीं सोचना चाहिए। पुरानी बातों को भूलकर नयी जिन्दगी आरंभ करनी चाहिए। जो बीत गया, उस पर आँसू बहाना बेकार है। इसमें आपका दोष नहीं है हमारी सामाजिक व्यवस्था का, जिसमें स्त्री को मनपसन्द पति और पुरुष को मनपसन्द पत्नी चुनने का अधिकार नहीं। कान्ति जीजी का दिल हीरे के समान था। वह बहुत ऊँची किस्म की स्त्री थीं, लेकिन जब आपका मन उनसे पटा नहीं तो किसको दोष दिया जाय?"[32] कुछ दिनों बाद अलग जाति के होते हुए भी दोनों की शादी हो जाती है। नायक के पिता और ससुराल वाले बहुत नाराज होते हैं। वे शादी में भी नहीं आते हैं। वह रजनी और स्वयं के बारें में कहता है "रजनी ने मुझे सुख दिया, उसका वर्णन नहीं कर सकता। पर हम कभी-कभी कान्ति को याद कर लेते हैं। रजनी की आँखों में आँसू आ जाते हैं। मेरा जी भर आता है। रजनी ने अपने कमरे में कान्ति का एक बड़ा फोटो टाँग रखा था। वह सवेरे उस फोटो को सिर झुकाकर प्रणाम करती तथा ताजा पुष्पहार पहनाती है।"[33] इस प्रकार इस उपन्यास में सौन्दर्य, रोमान्स और आधुनिकता के चक्कर में नायक अपनी पत्नी कान्ति को धोखा देते हुए रजनी से विवाहेतर संबंध रखता है। पर बाद में बदलती हुई परिस्थिति में रजनी उसकी पत्नी बन जाती है।

'सुखजीवी' उपन्यास का प्रमुख पात्र दीपक है जो अपनी पत्नी के साथ रहता है। उसकी पत्नी सीधी-सादी है और उसका नाम अहिल्या है। उपन्यासकार ने इस उपन्यास में दीपक को अपनी पत्नी अहिल्या को छोड़कर किसी अन्य लड़की के प्रति आकर्षित होते हुए दिखाया है। दीपक प्रतिदिन ऑफिस से देर से लौटता है जिससे उसकी पत्नी बहुत चिंतित रहती है। रात को देर से घर लौटने के बाद घरेलू काम चुपचाप करने लगता है। दीपक अपनी पत्नी को काल्पनिक दुर्घटना के बारे में बताता है कि वह मरते-मरते बचा है क्योंकि उसकी साइकिल में ब्रेक नहीं है। इससे अहिल्या बहुत डर जाती है और उसे साइकिल ठीक करने के लिए उन पैसों को दे देती है जिसको उसने पाई-पाई जोड़कर संचित किया है। दीपक अपनी दोस्त की

शादी में जाने का बहाना बनाता है किन्तु वह अपने दोस्त की बेटी के जन्मदिन में चला जाता है, उसके लिए उपहार में गुड़िया खरीदता है और मित्र सक्सेना को चाय पिलाता है तथा सिगरेट का क्रय भी करता है। इससे पता चलता है कि दीपक को घर में तथा अपनी पत्नी अहिल्या में कोई रुचि नहीं है। वह अपने स्वयं की जिन्दगी तथा ऑफिस में मस्त है। घर जाने की उसे इच्छा नहीं होती है, उसे घर में कोई मजा नहीं आता है।

एक दिन अहिल्या के घर के पास बब्बू की माँ के साथ अरुन्धती और उसकी बेटी रेखा आती है। रेखा यूनिवर्सिटी में पढ़ती है। उसके पिता हरिहर द्विवेदी फौजी डिपो में क्लर्क हैं। उन्होंने बचपन गरीबी में गुजारा है इसलिए बच्चों को बहुत लाड़ प्यार देते हैं। इसका नतीजा यह है कि रेखा को अपने जीवन में किसी भी चीज की कमी नहीं होती है और वह घमंडी हो जाती है। वह फिल्में देखकर तथा घटिया किताबें पढ़कर बिगड़ती जाती है। अरुन्धती अहिल्या के नल से पानी भरने की इजाजत मांगती है। और रेखा दीपक का एक उपन्यास अहिल्या से पढ़ने के लिए मांगती है। दीपक जब रात को घर वापस आता है तो अहिल्या उसे रेखा तथा उसकी माँ अरुन्धती के आने की खबर उसे देती है। वह नाराजगी प्रकट करते हुए रेखा के बारे में पूछता है। रेखा उपन्यास पढ़ने के बाद रात में उपन्यास वापस करने दीपक के घर आती है और अहिल्या के पास बैठती है। दीपक अहिल्या के बारें में सोचता रहता है। उसका व्यवहार भी अहिल्या के प्रति अच्छा हो जाता है। वह ऑफिस में अपने मित्रों से बातें कम करने लगता है और वह समय से घर वापस आने लगता है। वह बच्चों को पढ़ाने की कोशिश भी करता है। दीपक शाम को उसके नल से पानी लेने वालों के बारे में जानकारी प्राप्त करता है और विभिन्न प्रकार से रेखा के बारे में जानकारी हासिल करता रहता है। रेखा को जब वह अहिल्या के पास बैठी देखा तो वह भी वहाँ चला गया। तब अहिल्या रेखा का परिचय दीपक से कराती है। दीपक रेखा के सामने आत्मप्रशंसा करता है। अहिल्या उसे चाय पिलाती है और बात चीत होती रहती है। इसी बीच दीपक रेखा से पूछता है कि वह यूनिवर्सिटी किस समय तथा किस साधन से जाती है। इस प्रकार धीरे-धीरे रेखा और अहिल्या के परिवार में घनिष्टता बढ़ती जाती है। रेखा की माँ प्रतिदिन एक-दो बार अहिल्या के घर आती हैं और रेखा भी शाम को आकर अहिल्या के काम में हाथ बँटाती है। दीपक भी रोज समय से घर आता है और घर के कामों में हाथ बँटाता है। रेखा अहिल्या की बेटी मुन्नी को खिलाती है। दीपक हर बार रेखा को घटिया उपन्यास पढ़ने के

लिए देता है और नारी की स्वातंत्रता की बात कहता है। इस प्रकार धीरे-धीरे रेखा दीपक को चाहने लगती है। उसे पता नहीं है कि वह दीपक से प्यार करके अहिल्या के साथ अन्याय कर रही है। वह दीपक के प्यार में डूबने लगती है। वह दिन-रात दीपक के बारे में सोचने लगती है। इसी प्रकार दीपक भी रेखा के बारे में सोचता रहता है। एक दिन दीपक रेखा को लेकर घूमने बाहर जाता है। वे रेस्टोरेंट में नाश्ता करके रात को देर तक एक पार्क में घूमते रहते हैं। रेखा घर में सहेली से मिलने का बहाना बनाती है। दीपक और रेखा बार-बार मिलते रहते हैं। इस बात से अहिल्या के मन में शंकाएँ उत्पन्न होती हैं और वह उदास रहने लगती है। एक दिन वह दीपक से सीधा कह देती है कि वह देख रही है जीजा-साली में काफी पट रही है। जिससे दीपक नाराज हो जाता है। और बाद में अहिल्या अपने को गुनाहगार समझने लगती है।

दीपक एक दिन एक योजना बनाता है कि वह अहिल्या को आनंद के घर छोड़ देगा और दिन में घर पर ही वह रेखा से मिलेगा। वह अहिल्या आदि को आनंद के घर ले जाता है फिर आनंद और दीपक ऑफिस के लिए निकल जाते हैं। वहाँ अहिल्या और निर्मला तरह-तरह की बातें करती हैं। वे दोनों काफी घुल-मिल जाती हैं। अहिल्या की सादगी से निर्मला काफी प्रभावित होती है। अहिल्या सब कुछ निर्मला को बता देती है यहाँ तक की मजाक में रेखा और दीपक के बारें में भी बताती है। निर्मला को दीपक पर शक होने लगता है। दीपक ऑफिस से बहाना बनाकर तुरंत घर वापस लौटता है और रेखा भी सिर दर्द का बहाना बनाती है और यूनिवर्सिटी नहीं जाती है। पानी भरने और किताब माँगने के बहाने दीपक के घर आती है। योजना के अनुसार सफल होकर वे दोनों मिलते हैं। दीपक सिर दर्द का बहाना बनाकर रेखा को सिर दबाने को कहता है और धीरे-धीरे उसे उत्तेजित करके आत्म-समर्पण को विवश कर देता है। दीपक रेखा के सामने विवाह का प्रस्ताव भी रखता है। दोनों काफी देर तक साथ रहते हैं। बब्बू की माँ ने रेखा को दीपक के घर से निकलते देखा। इसके बाद दोनों के जीवन में परिवर्तन आने लगा। दोनों प्रसन्न रहते हैं। दीपक फिर से एक योजना बनाता है कि उसे ऑफिस के काम से बाहर जाना है। इसलिए अहिल्या आदि मायके चले जाएँ। इस प्रकार वह अहिल्या और बच्चों को मायके में छोड़कर घर वापस लौटता है। यहाँ बहाना बनाया कि अहिल्या मायके चली गई है दस-पन्द्रह दिन में वापस आ जाएगी। रेखा की माँ रेखा को खाना बनाने तथा काम-काज करने के लिए दीपक के घर भेजती हैं। दोनों के

बीच प्रेमालाप शुरू हो जाता है और दीपक और रेखा के बीच शारीरिक संबंध स्थापित होता है। अहिल्या के मायके से वापस आने के बाद बब्बू की माँ ने उसे सब कुछ बताया। जिससे अहिल्या उदास हो जाती है। वह पहले सोचती थी कि उसने अपने पति पर गलत शक किया है, लेकिन अब उसे पूरा विश्वास हो जाता है। अगले दिन जब दीपक ऑफिस के लिए निकलता है तो अहिल्या भी निर्मला के पास जाती है। निर्मला उसे धैर्य से काम करने की सलाह देती है। अहिल्या वापस घर आती है और रेखा पर टूट पड़ती है। रेखा अहिल्या की बुराई करने लगती है और अहिल्या को खरी-खोटी सुनाती है। "ठीक है मैं बदमाश हूँ, बदचलन हूँ, मैं तुम्हारे पति को तुम से हड़पना चाहती हूँ। अपने घर में तुम मेरी बेइज्जती कर रही हो, जो झूठा लान्छन लगा रही हो, उसका फल तुम भुगतोगी।"[34] अहिल्या ने उसे अपने घर आने से मना कर दिया और कहती है "मैं सब कुछ समझती हूँ। जीजी तुम्हारी सीधी-साधी जरूर है पर वह कुछ बोलती नहीं तो यह न समझना कि कुछ देखती भी नहीं। मैं सब कुछ जानती हूँ। मेरी नजर हर जगह पहुँचती है। मैं तो उड़ती चिड़िया के पैर में हल्दी लगा सकती हूँ। मैं उल्टे पल्ले की साड़ी नहीं पहनती, पर मैं जिस पत्तल में खाती हूँ उसमें छेद नहीं करती!"[35] इसके बाद रेखा और उसके घरवालों का दीपक के घर में आना बंद हो जाता है। जब अहिल्या रेखा के साथ दीपक के संबंध के बारे में पूछती है तो दीपक अपने पुत्र अशोक की झूठी कसम खाता है। एक रात दीपक आंगन में सोता है बाकी परिवार वाले कमरे में सोते हैं। रात को रेखा दीपक के पास आती है दोनों अंधेरे में चिपट जाते हैं और धीरे-धीरे रति क्रिया हेतु आगे बढ़ रहे थे कि अहिल्या वहाँ आ पहुँची और चिल्लाने लगी। रेखा वहाँ से भाग जाती है। दीपक अहिल्या के पैर छूकर क्षमा मांगता है और कहता है कि वह रेखा से छुटकारा चाहता है। रेखा ने उसे फंसा लिया है। अहिल्या दीपक को क्षमा कर देती है परन्तु दीपक रेखा के शरीर से पूरी तरह संतुष्ट नहीं हो पाता है। इसीलिए वह रेखा से मिलने के लिए उसके यूनिवर्सिटी भी पहुँच जाता है। लेकिन रेखा उसे खूब फटकारती है क्योंकि उस रात वह दीपक की सारी बातें सुन लेती है। रेखा की फटकार से दीपक उदास होकर लौट जाता है।

इस उपन्यास में दीपक शादी-शुदा होते हुए भी छिप-छिप कर प्यार करने विवाहेतर संबंध रखने और पत्नी के अलावा दूसरी स्त्री से शारीरिक संबंध बनाने की कोशिश करता है। उसे लगता था कि उसके इस विवाहेतर संबंध का पता किसी को नहीं चलेगा। वह अपने को बहुत होशियार समझता था। किन्तु उसके प्यार और

विवाहेतर संबंध का भांडाफोड़ हो जाने पर वह पूरा दोष रेखा पर मढ़ देता है। वह रेखा को आचरणहीन लड़की कहता है और खुद को पूर्ण रूप से निर्दोष बताता है। इससे स्पष्ट हो जाता है कि उसे अपनी पत्नी से प्यार नहीं था और न ही रेखा से। दीपक को वास्तव में किसी से प्यार नहीं है वह केवल अपना स्वार्थ सिद्ध कर रहा है और अपनी शारीरिक जरूरतों की पूर्ति करता है।

इस प्रकार हम देखते हैं कि प्यार, रोमान्स, आधुनिकता, नयापन और शारीरिक जरूरतों की पूर्ति की चाह में व्यक्ति वैवाहिक सीमाओं का उल्लंघन कर विवाहेतर संबंध बनाता है। यह प्रवृति केवल पुरुषों में ही नहीं महिलाओं में भी बढ़ रही है। और जैसे-जैसे भारतीय समाज में आधुनिक जीवन शैली और पाश्चात्य संस्कृति का प्रभाव बढ़ता जा रहा है वैसे-वैसे दाम्पत्य संबंधों बिखराव बढ़ता जा रहा है साथ ही आपसी सम्बन्धों में विश्वसनीयता की कमी होती जा रही है। जिसके परिणामस्वरूप विवाहेतर संबंध की चाह और प्रवृत्ति बलबती होती जा रही है। और उस राह पर भारतीय नगरीय समाज तेजी से आगे बढ़ रहा है। आधुनिक भारतीय नगरीय समाज में बढ़ रही विवाहेतर संबंध की इस प्रवृत्ति और उससे उत्पन्न स्थितियों का चित्रण अमरकान्त अपने उपन्यासों में विस्तार से यथार्थवादी शैली में करते हैं।

(घ) सामाजिक व पारिवारिक संबंध :

व्यक्ति, परिवार और समाज परस्पर एक-दूसरे पर आश्रित और संबंधित हैं। इनके मध्य के घनिष्ठतम संबंध बहुत समय से चले आ रहे हैं। इनमें किसी एक के बिना दूसरे के स्वरूप की कल्पना कठिन ही नहीं असंभव है। व्यक्ति के बिना परिवार नहीं बन सकता, उसी प्रकार व्यक्ति और परिवार के बिना समाज नहीं बन सकता है। व्यक्तियों के समूह से परिवार बनता है, परिवारों के सम्मिलन से समाज। परिवार समाज की मूलभूत इकाई कही जा सकती है। समाज परिवारों के ही संगठन का नाम है। समाज को प्रगतिशील तथा समयानुकूल बनाने के लिए पारिवारिक व्यवस्था को व्यवस्थित करना उचित होता है। परिवार और समाज व्यक्ति के लिए उतना ही महत्त्वपूर्ण होता है जितने कि व्यक्ति स्वयं उनके लिए होता है। सभी व्यक्ति समाज में समान रूप से इसके सदस्य होते हैं किन्तु स्त्री की स्थिति कुछ अलग देखी गयी है। परिवार या समाज में स्त्री की भूमिका पुरुष से बहुत भिन्न है। इसलिए समाज एवं परिवार के स्तर पर स्त्री एवं पुरुष का संबंध विविध रूपा होता है। स्त्री एवं पुरुष संबंध परिवार में माँ एवं बच्चों का, पुत्री एवं पिता का, पत्नी और पति

का, बहन और भाई का आदि विविध रूपों में होता है। विगत समय की तुलना में आधुनिक काल में स्त्री एवं पुरुष के आपसी सामाजिक एवं पारिवारिक संबंध तेजी से बदल रहे हैं। स्वातंत्र्योत्तर युग में स्त्री का स्वरूप, उसकी समस्याएँ और चुनौतियाँ स्वतंत्रता पूर्व की तुलना में पूरी तरह से भिन्न हैं। पिछले युग से पति की दासता से पीड़ित स्त्री आजाद होकर समाज एवं राष्ट्र में अपना स्वतंत्र अस्तित्व बनाने के लिए उतावली रहने लगी है। स्त्री के कई रूप होते हैं– माँ के रूप में, बेटी के रूप में, बहन के रूप में, प्रेमिका के रूप में, पत्नी के रूप में आदि। अमरकान्त के उपन्यासों में भी स्त्री के कई रूप पाये जाते हैं।

भारतीय समाज में स्त्री अपना कर्तव्य पति, बच्चों, परिवार आदि के प्रति पूर्ण रूप से निभाने का प्रयत्न करती है। वह अपनी पूरी जिन्दगी केवल अपने परिवार के लिए ही जीती है। इसके लिए उसे विभिन्न प्रकार की समस्याओं का सामना करना पड़ता है। अमरकान्त ने अपने उपन्यासों में स्त्री के कई रूप दर्शाये हैं। जिसमें स्त्री के कुछ खराब पक्ष भी चित्रित किए गए हैं। अमरकान्त के उपन्यासों में स्त्री के विविध रूप इस प्रकार देखे जा सकते हैं-

माँ के रूप में :

माँ को बच्चों के लालन-पालन, शिक्षा, खाने-पीने, वर्तमान और भविष्य के निर्माण आदि की जितनी चिंता होती है, शायद उतनी चिंता पिता को नहीं होती है। माँ की यह भावना समाज के सभी वर्गों उच्चवर्ग, मध्यवर्ग तथा निम्नवर्ग में पायी जाती है पर मध्यवर्गीय माँ के अन्दर यह प्रवृत्ति अधिक देखी जाती है। इसका एक कारण यह हो सकता है कि उच्चवर्ग की माँ केवल बच्चे को जन्म देती है और इसके बाद बच्चे की देखभाल सेवक या नौकरों द्वारा किया जाता है। निम्नवर्ग की माँ न तो शिक्षित होती है और न ही उसके पास समय व आवश्यकताओं को पूर्ण करने के लिए धन होता है। इन सभी कारणों से वह अपने बच्चे की चिंता उतना नहीं कर पाती है जितना समय मध्यवर्ग की माँ देती है। निम्नवर्ग की माँ प्रति दिन की अनिवार्य आवश्यकताओं की पूर्ति में ही व्यस्त रहती है। किन्तु मध्यवर्ग की माँ इस विषय में चेतनशील होती है। उसे ज्ञात होता है कि बच्चे के भविष्य का प्रभाव उसके वृद्धावस्था में पड़ता है। मध्यवर्ग के मन में अपनी वर्तमान सामाजिक या आर्थिक स्थिति से ऊपर उठने की इच्छा सदैव बनी रहती है।

अमरकान्त के उपन्यासों में माँ के रूप में किसी पात्र का अधिक चित्रण नहीं

हुआ है। 'सूखा पत्ता' उपन्यास में उर्मिला और कृष्ण एक दूसरे से प्यार करते है किन्तु उर्मिला की माँ को उनके प्यार के बारे में पता चलता है। वह उर्मिला को बहुत डाँटती हैं और उसकी पिटाई भी करती हैं। अंत में दोनों की शादी नहीं हो पाती है। उर्मिला की शादी कहीं और करवा दी जाती है। इससे उर्मिला और कृष्ण की जिन्दगी बर्बाद हो जाती है। इसी प्रकार 'आकाश पक्षी' उपन्यास में हेमा और रवि के बीच में प्यार होता है। हेमा की माँ रानी साहिबा को हेमा पर संदेह होता है और वे उस पर नजर रखना शुरू करती हैं। एक दिन वे रवि और हेमा को विवाह की बात करते देखती हैं और वे रवि को बहुत फटकारती हैं और उसे घर से बाहर निकाल देती हैं। वे हेमा की भी डंडे से बहुत पिटाई करती हैं। वे हेमा के पिता बडे, सरकार से हेमा के लिए वर खोजने का आग्रह करती हैं और हेमा को घर में कैद कर देती हैं। बाद में हेमा के दुगुने उम्र के व्यक्ति से उसकी शादी करवा दी जाती है। इस प्रकार हेमा और रवि की जिन्दगी तबाह हो जाती है। 'सुन्नर पांडे की पतोह' उपन्यास में झुल्लन पांडे की माँ झुल्लन पांडे को बहुत तंग करती हैं और उसे बहुत सताती है। वे शादी के बाद भी झुल्लन पांडे और उसकी पत्नी राजलक्ष्मी को इतना सताती और तंग करती हैं कि झुल्लन पांडे घर छोड़कर भाग जाता है। राजलक्ष्मी को अकेली अनेक समस्याओं का सामना करना पड़ता है।

अमरकान्त के 'काले-उजले दिन' उपन्यास में कथानायक के बचपन में ही उसकी माँ का निधन हो जाता है। उसके पिता दूसरी शादी करते हैं और कथानायक विमाता द्वारा उपेक्षा का शिकार बनता है। वह कहता है "स्कूल से आने पर जब मैं खाने के लिए जिद करता या पैसे के लिए हठ करता तो माँ मुझे डाँटती थी, गालियाँ देती थीं और मुझ पर हाथ छोड़ती थीं। शाम को पिता जी आते थे तो उनसे शिकायत करती थीं। पिताजी पहले उनकी शिकायतों पर ध्यान नहीं देते तो माता जी मुँह फुला लेतीं। इसके बाद धीरे-धीरे पिता जी ने मेरे प्रति कड़ाई का रुख अख्तियार करना शुरू कर दिया। वह मुझको डाँट देते। कभी कान गरम करते। उनका डाँटना या कान गरम करना ही बहुत था, क्योंकि पहले उन्होंने कभी मेरे साथ ऐसे व्यवहार नहीं किया था। मैं देर तक सिसकता था लेकिन मुझे मनानेवाला कोई नहीं था। पिता जी बाहर चले जाते थे और माता जी अशोक को अपनी गोद में लेकर कमरे के अन्दर।"[36] माँ-बाप की उपेक्षा का शिकार होने से नायक की मनःस्थिति पर बुरा असर पड़ता है जिसके कारण वह अपनी पढ़ाई ठीक ढंग से नहीं कर पाता और वह नवीं कक्षा में दो बार फेल हो जाता है। इस प्रकार विमाता के बुरे व्यवहार का असर बच्चे पर

पड़ता रहा। बाद में जब कथानायक बड़ा हो जाता है तो उसकी शादी पैसे के लालच में उसके माता-पिता धोखे से कान्ति नामक एक लड़की से करवा देते हैं। जिससे कथानायक की जिन्दगी बर्बाद हो जाती है। कथानायक की विमाता उसी को नहीं बल्कि उसकी पत्नी कान्ति को भी सताती है। उन दोनों को चौन से रहने नहीं देती है। इस उपन्यास में माँ के विमाता रूप को प्रस्तुत किया गया है। उसका व्यवहार ऐसा होता है कि बच्चे की जिन्दगी तबाह हो जाती है।

इस प्रकार अमरकान्त ने अपने उपन्यासों में मध्यवर्गीय समाज की माँओं के विविध रूपों का चित्रण किया है परन्तु इसमें से ज्यादा रूप उन माँओं का है जो परंपरा एवं संस्कारों से जकड़ी हुई हैं और रूढ़ियों को ढो रही हैं। वे अपने परिवार की उत्तरदायित्वों का निर्वहण तो करती हैं परन्तु अपने रूढ़ियों की वजह से अपने बच्चों की खुशियों की राह में रोड़े बन जाती है। अमरकान्त ने अपने उपन्यासों में मध्यवर्गीय समाज में घटित पारिवारिक समस्या जो माँ को लेकर होती है, उसको चित्रित किया है। इसमें विमाता का दुर्व्यवहार का चित्रण मिलता है जिसके कारण बच्चों की जिन्दगी तबाह हो जाती है। यहाँ तक कि वे शादी के बाद अपनी बहू को भी सताना शुरू कर देती हैं। अमरकान्त ने ऐसी माँओं का भी चित्रण किया है जो अपनी पुत्री की शादी के संबंध में बहुत सख्त हैं। अन्तर्जातीय विवाह के विरुद्ध होने वाली माँओं तथा समाज में झूठी प्रतिष्ठा की रक्षा के लिए प्रयत्नशील माँओं का भी चित्रण करते हैं।

बेटी के रूप में :

स्त्री और पुरुष के संबंधों का एक रूप बेटी और बाप का भी होता है। भारतीय समाज में यह रिश्ता बहुत पवित्र माना जाता है। भारतीय सामाजिक संस्कारों की वजह से बेटियाँ सामान्यतः आज्ञाकारिणी और मेहनती होती हैं जो अपने माता-पिता की भावनाओं और दुख-दर्द को समझती हैं। उनकी सेवा करती हैं और कई बार उनकी इच्छा और झूठी प्रतिष्ठा के लिए अपनी भावनाओं और जिन्दगी को भी कुर्बान कर देती हैं।

'ग्रामसेविका' उपन्यास की नायिका दमयन्ती ग्रामसेविका की नौकरी करती है। "लम्बा, पतला शरीर, साँवला रंग और बड़ी-बड़ी आँखें। वह सीधे पल्ले की सफेद साड़ी पहने थी और उसके पैरों में चप्पल थी। उसकी उम्र लगभग बीस वर्ष की होगी।"[37] दमयन्ती के बचपन में ही उसकी माँ का निधन हो जाता है। दमयन्ती

बचपन से ही अनेक दुखों का सामना करती है। उसके घर में उसके पिता जी के अलावा उसका छोटा भाई विनय और उसकी दादी भी रहती हैं। युवावस्था में उसको अतुल से प्रेम होता है किन्तु अतुल उसका शारीरिक शोषण करता है धोखा देता है। उसका दुख इतना गहरा है कि उसकी अनुभूति-शक्ति ही समाप्त हो जाती है। उसके बाद उस पर एक और विपत्ति आती है। "उसके पिता जी के दाहिने पैर पर फालिज गिर गई थी। उन्होंने चारपाई पकड़ ली। उनकी चिकित्सा में बड़ा खर्च हुआ, परन्तु कोई लाभ नहीं हुआ।"[38] दमयन्ती अपने पिता की सेवा में दिन-रात जुटी रहती है। वह अपने पिता जी से कहती है "बाबूजी, आप फिक्र न करें, एक दिन दमयन्ती ने पिता जी के चिंतित चेहरे को देखकर कहा, मैं नौकरी करूँगी। आप जरूर अच्छे हो जाएँगे। मैं विनय को अधिक-से-अधिक पढ़ाऊँगी।"[39] यह सुनकर उसके पिताजी रोने लगते हैं। वह साहस, संघर्ष और कर्मठता का जीवन अपना कर अपने दुख, निराशा और अपमान का बदला चुकाना चाहती है। पिता की मृत्यु के बाद उसके सिर पर अपनी दादी और छोटे भाई की जिम्मेदारी आ जाती है। वह खूब पढ़ाई करती है और हाई स्कूल पास करने के बाद वह नौकरी की तलाश करती है और उसको 'ग्रामसेविका' के पद पर विशुनपुर गाँव में नियुक्त कर दिया जाता है। वह विभिन्न प्रकार की समस्याओं का सामना करती है और उन पर विजय प्राप्त करती है। वह अपने भाई और दादी को पैसे भेजती है तथा उनकी देखभाल करती है। वह विशुनपुर गाँव जो हर मामले में पिछड़ा हुआ गाँव था वहाँ भी शिक्षा का प्रचार-प्रसार करती है। उसके सद् प्रयासों के कारण बाद में वह गाँव भी उन्नति के पथ पर चलने लगा और प्रगति करने लगा।

मध्यवर्गीय समाज में स्त्री बेटी के रूप में बहुत ही शांत और आज्ञा मानने वाली होती है। अमरकान्त के उपन्यासों में भी बेटी अपने माता-पिता की बातों को कभी नहीं टालती हैं। यदि उनकी बातें उसकी मर्जी के खिलाफ हों या उनको बिल्कुल भी पसंद न आती हो तब भी वे उसे मजबूरन मान लेती हैं। 'आकाश पक्षी' उपन्यास में हेमा रवि से प्यार करती है। वे एक-दूसरे से बहुत प्यार करते हैं, वे शादी भी करना चाहते हैं। किन्तु परंपरागत संस्कारों में पली बड़ी हेमा अपने माता-पिता के मना करने के बाद समझौता कर लेती है और रवि को पत्र भेज कर उसे भूल जाने के लिए कहती है। बाद में उसकी शादी उसकी उम्र के दुगुने व्यक्ति कुंवर युवराज सिंह से कर दिया जाता है। वह चुपचाप अपने माता-पिता के कहने पर इसे स्वीकार कर लेती है। किन्तु वह अपनी पीड़ा को अभिव्यक्त करते हुए कहती है

"आज मेरी उम्र चालीस से कम नहीं है। मैं एक दिन ऐसी हवा में आजाद चिड़िया की तरह पंख फैलाकर आकाश में उड़ जाना चाहती थी। लेकिन हुआ क्या? मैं एक पिंजडे, में से दूसरे पिंजड़े में आ गयी।"[40] इस प्रकार अमरकान्त ने अपने उपन्यासों में भारतीय मध्यवर्गीय समाज के आज्ञाकारिणी, समझौतावादी, संघर्षशील, कर्मठ, दुखी बेटियों का चित्रांकन किया है।

पत्नी के रूप में :

स्त्री के जीवन में पत्नी रूप सबसे महत्त्वपूर्ण माना जाता है। इस रूप के लिए युवतियाँ शिक्षा ग्रहण करती हैं, घर का काम सीखती हैं तथा सामाजिक आचार-विचारों का ज्ञान प्राप्त करती हैं। स्वतंत्रता के बाद पत्नी की स्थिति में काफी बदलाव आया है। वैसे तो प्रेमचंद के युग से आधुनिक स्त्री के दर्शन होने लगते हैं। उसी का विकसित रूप आज कई उपन्यासों में देखने को मिलता है। पहले शिक्षा का प्रचार-प्रसार कम होने और भारतीय रूढ़ि ग्रस्त संस्कारों एवं मान्यताओं के कारण पत्नी से संबंधित नवीन दृष्टिकोण का अभाव रहता था। आज स्त्री की स्थिति में विकास होता जा रहा है। उनमें आत्मविश्वास बढ़ता जा रहा है और अन्याय का विरोध करने की क्षमता तथा ज्ञान भी उनमें उत्पन्न हो गया है। अमरकान्त ने अपने उपन्यासों में स्त्री के पत्नी रूप को कई प्रकार से प्रस्तुत किया है। 'सुन्नर पांडे की पतोह', 'इन्हीं हथियारों से', 'काले उजले दिन', 'सुखजीवी' आदि उपन्यासों में पत्नी के विविध रूपों का चित्रण हुआ है। इन रूपों में मध्यवर्गीय समाज का विविध रूप ही निहित है परन्तु उनकी स्थिति अग्रसर होते हुए भी दिखाई गयी है। परन्तु कुछ जगह पत्नी की स्थिति दयनीय भी है।

'सुन्नर पांडे की पतोह' उपन्यास में एक साधारण निम्न मध्यवर्गीय ग्रामीण स्त्री को पत्नी रूप की करूण गाथा का चित्रण किया गया है, जिसका नाम है राजलक्ष्मी। वह अपने माता-पिता की इकलौती पुत्री है जिसे बचपन में सुख और प्यार मिला। उसकी शादी झुल्लन पांडे से होती है। राजलक्ष्मी के सास-ससुर उसे परेशान करते रहते हैं। सास को इस बात का डर रहता है कि अगर राजलक्ष्मी और झुल्लन पांडे के बीच मेल हो गया तो लड़का हाथ से निकल जाएगा। इसलिए वे उन दोनों को एक साथ रहने का अवसर भी नहीं देते हैं। जब दोनों किसी तरह से एक साथ रहते हैं तो सास उन्हें हर बात पर ताना सुनाती रहती थी। इससे झुल्लन पांडे बहुत परेशान हो जाता है। "झुल्लन पांडे घर-गृहस्थी में मन लगाने की कोशिश भी

करना चाहते थे, पर अतिराजी ने घर को एक स्थायी रणस्थल में बदल दिया। सबेरे से शाम तक वह पतोह पर बड़बड़ाती रहती। पतोह की चाल-ढाल, रच-रचकर खाना बनाना, प्यार व मिठास से सबसे बोलना-बतियाना जरा भी अच्छा नहीं लगता था।"[41] झुल्लन पांडे इन सभी से तंग आकर एक दिन घर से भाग जाता है। उसके गैरमौजूदगी में राजलक्ष्मी को और ज्यादा यातनाओं को सहना पड़ता है। किन्तु वह चुपचाप सहती रहती है। वह प्रतिदिन अपने पति के लौटने की प्रतीक्षा करती है लेकिन ऐसा नहीं होता है। राजलक्ष्मी हर सुबह एक नए उत्साह के साथ उठती है कि उसके पति आज अवश्य आएँगे, लेकिन शाम होने तक भी उसके पति घर नहीं लौटते हैं और वह बहुत दुखी हो जाती है। वह गर्व के साथ अपने माथे पर सिन्दूर लगाती है और उसके अलावा अब राजलक्ष्मी के पास उनकी कुछ भी निशानी नहीं है। उसका सिन्दूर ही उसे हार मानने से रोकती है। बाद में उसे अपना घर भी छोड़ना पड़ता है और वह अनजान रास्ते पर चल पड़ती है। वह गाँव से शहर रहने आ जाती है और अलग-अलग घर में जाकर भोजन बनाने का काम करती है। वह अपना हर काम पूरी मेहनत और ईमानदारी के साथ करती है। जब वह घर-घर काम करने जाती है तो उसे औरतों की दयनीय स्थिती के बारे में पता चलता है। उसके माथे पर चमकता सिन्दूर ही उसकी जिन्दगी का एकमात्र सहारा बन जाता है। पहले उसके माथे पर लगे सिन्दूर का मतलब पति था और अब पति का मतलब उसका सिन्दूर बन गया है। एक दिन उसे अपने पति झुल्लन पांडे के बारे में रामलाल से खबर मिलती है कि वह अब इस दुनिया में नहीं रहे। राजलक्ष्मी को विश्वास नहीं होता है। रामलाल कहता है "मैं एकदम सच कह रहा हूँ, ए महाराजिनजी। मैं गया था। पता नहीं क्या हुआ कि एक दिन मन्दिर से आने के बाद बाबा कुटी में लेट गए चुपचाप। उनकी छाती में तेज दर्द था। उन्होंने अपने शिष्य को बुलाया, उससे कुछ जरूरी बातें कीं, फिर शिवेंशिव कहते हुए उन्होंने प्राण त्याग दिए।"[42] राजलक्ष्मी को विश्वास नहीं होता है कि उसके पति अब इस दुनिया में नहीं रहे। गुस्से और दुख में वह रामलाल को मक्कार, बदमाश, झूठा आदि कहने लगती है। किन्तु बाद में वह सचमुच विश्वास कर लेती है। खूब रोने लगती है और अपने हाथ की चूड़ियाँ फोड़ डालती है और माँग का सिन्दूर धो डालती है। और वह बीमार पड़ जाती है। पति की मृत्यु के एक दिन बाद ही सुन्नर पांडे की पतोह राजलक्ष्मी अपने प्राण त्याग देती है। सभी मिलकर उसका अन्तिम संस्कार करते हैं। वह जिन्दगी भर अपने पति का इंतजार करती रही और जीवन से संघर्ष करती रही परन्तु जब उसे अपने पति की

मृत्यु की सूचना मिलती है तो इसके एक दिन बाद ही वह अपना प्राण त्याग देती है। इस प्रकार वह एक पतिव्रता भारतीय स्त्री का साकार रूप है।

'इन्हीं हथियारों से' उपन्यास में भगजोगिनी एक ऐसी असहाय और विवश पत्नी है जिसे उसके पति बनवारी ने असमय इस दुनिया में अकेला छोड़ दिया। वह अपने पति से बहुत संतुष्ट तथा खुश रहती थी। वह कहती थीं "लम्बा, तगड़ा और सुन्दर मर्द किस काम का अगर वह कामचोर, झूठा तथा विश्वासघाती हों मर्द वह है जो हिम्मती, समझदार, मेहनती, विश्वासी, संकल्पी और समस्याओं का सामना करके उन पर विजय प्राप्त करने वाला हो। वह रोज ईश्वर से प्रार्थना करती, हे प्रभु, मेरे शिवजी को मजे में रखना, उनकी रक्षा करना, उनको काम-धन्धों में तरक्की देना।"[43] वह दूसरे मर्द को ठीक से देखती भी नहीं थी और अनेक सुन्दर मर्दों के सामने भी उसका मर्द उसे सबसे खूबसूरत लगता था। बनवारी भी उसे खूब चाहते थे। मरने से पहले उन्होंने अपनी माँ से कहा था- "माई, भगजोगिनी से कहना।. ..किसी का हाथ पकड़ ले, बच्चे पल जाएँगे...तुम्हारी जिंदगी भी कट जाएगी... ।।"[44] यद्यपि भगजोगिनी बहुत समझदार थी किन्तु अपने पति की मृत्यु के बाद उसकी आर्थिक स्थिति अत्यंत दयनीय हो जाती है। उसकी सास भी खूब काम करती है क्योंकि उनके ऊपर जिम्मेदारियाँ बढ़ गयी हैं। दामोदर भगजोगिनी के घर की आर्थिक स्थिति और संकट का सही समय पर फायदा उठाता है। वह उनकी छोटी-छोटी आर्थिक मदद भी करने लगता है। उनके घर में राशन भिजवा देता है और हफ्ते भर का पैसा उनको हाथ में दे देता है। जिससे उनको बहुत सहारा मिलता है। किन्तु इन सब के पीछे उसका मूल उद्देश्य भगजोगिनी की शरीरकी चाहत थी। वह भगजोगिनी की सास से कहता है "मैं सबको खूब सुख दूँगा चाची, तुम्हारे लिए नाइन लगा दूँगा, रोज तुमको उबटन, तेल लगाएगी। दोनों जून खाना बनाने के लिए किसी गरीब होशियार खाना बनाने वाली रख दूँगा। तुम्हारी बहू को साड़ी-गहने से लाद दूँगा। बच्ची को पढ़ाकर शादी करूँगा, बच्चे को पढ़ाकर सरकारी नौकरी दिला दूँगा। सब चुपचाप, शान्ति से होगा, जाति-बिरादरी का सवाल नहीं उठेगा, सबकी इज्जत बची रहेगी।"[45] उसकी सास भी चाहती है कि भगजोगिनी मान जाए। वह कहती है "दामोदर तो उसके पति के गाँव का है, भगजोगिनी से उम्र में जरूर बड़ा है, फिर भी लम्बा है, टाँठ है। खूब खेत-जमीन है, बाप भी उसके लिए खूब पैसा छोड़ गया है। खुद स्कूल का मास्टर है, जाना-पहचाना है, संकट में काम आया है, आ रहा है। ऐसा नेक मर्द भगजोगिनी का हाथ थाम ले, तो क्या बुरा है! सबको

सुख देगा। सबका कष्ट दूर हो जाएगा।"[46] घर की स्थिति को देखते हुए तथा सास की इच्छा को स्वीकार करके भगजोजिनी दामोदर से विवाह करने को मजबूर हो जाती है। वह असहाय और विवश होकर दामोदर को अपना शरीर सौंप दोती है। भगजोगिनी मजबूरी और विवशता के कारण अपने स्वाभिमान का गल घोंट देती है। वह दामोदर जैसे चरित्रहीन व्यक्ति को अपना हाथ और शरीर सौंप देती है।

'काले उजले दिन' उपन्यास में कान्ति एक ऐसी पात्र है जो अपने पति से बेहद प्रेम करती है, किन्तु उसको अपने जीवन में अपने पति तथा सास के कारण कई प्रकार की समस्याओं का सामना करना पड़ता है। शादी के बाद उसकी सास उसे और उसके पति को बहुत तंग करती रहती है। उसका पति कान्ति से माफी मांगता है कि उसकी वजह से कान्ति को काफी तकलीफ उठानी पड़ती है। किन्तु कान्ति कहती है कि उसे कोई तकलीफ नहीं है, आप परेशान न हों। उसका पति कहता है "नहीं, इससे अधिक तकलीफ भी क्या हो सकती है? मैंने आज वे सभी बातें सुनीं, जो माता जी ने तुमसे कही थीं। यहाँ मैं चुपचाप बैठा रहा। मैं एक शब्द भी नहीं बोल सका, क्योंकि न मेरे पास पैसा है और न मैं किसी काबिल हूँ। मेरी इच्छा हुई कि मैं जाकर कहीं मजदूरी कर लूँ, रिक्शा चलाने लगूँ, और इस घर का एक दाना भी अपने मुँह में न डालूँ, पर मजदूरी बहुत बड़ी चीज होती है, कान्ति। मैं बचपन से ही कष्ट भुगतता रहा हूँ।"[47] यह सब बातें सुनकर कान्ति अपने पति के पैर पकड़ लेती है और सिसकती हुई कहती है "आप ऐसा न कहिए। मुझे कुछ भी तकलीफ नहीं है। आपकी खुशी में ही मेरी खुशी है। मेरा जीवन अब आपके साथ ही बँधा है। आप जो चाहेंगे, वैसा ही होगा। आप जो चाहेंगे, वैसा ही करूँगी। आपको कष्ट है तो सुख लेकर मैं क्या करूँगी? मुझे ऐसा सुख चाहिए भी नहीं।"[48] कान्ति पूर्ण रूप से अपने पति पर भरोसा करती है और स्वयं को न्यौछावर करती है। वह अपने पति को हिम्मत न हारने के लिए तथा फिर से पढ़ाई करने के लिए प्रोत्साहित करती है। "अभी कुछ भी नहीं बिगड़ा है। आपकी उम्र ही क्या है? आप फिर से पढ़ सकते हैं। कम-से-कम आपको टेन्थ तो पास कर लेना चाहिए। टेन्थ पास करने से आपको नौकरी भी मिल जाएगी। एक साल या दो साल में आप टेन्थ पास कर सकते हैं। फिर नौकरी भी मिल जाएगी। मेरी चिंता आप न कीजिए। मैं हर दुःख-कष्ट बर्दाश्त कर सकती हूँ। मैं हर हालत में प्रसन्न रहूँगी। मैं तब तक प्रतीक्षा कर सकती हूँ। मैं नहीं चाहती कि आप किसी से हीन-दीन रहें। आप क्यों मजदूरी करेंगे? क्यों रिक्शॉ चलाएँगे? आप पढ़-लिखकर कोई अच्छी नौकरी करें?"[49] इस

प्रकार कान्ति अपने पति को प्रोत्साहित करती है और समझाती है। किन्तु उसके पति के पास पैसे नहीं हैं और उसके पिता उसकी मदद नहीं करते हैं। और वह नहीं चाहते कि उनको ससुराल से कोई मदद मिलें। उस पर कान्ति कहती है कि उसके पास कुछ गहने हैं जो उसकी माँ ने उसे दिये थे। इस प्रकार कान्ति अपनी माँ के दिए हुए गहने बेचकर अपने पति को आगे पढ़ाना चाहती है। इसके बाद भी उसके पति को स्वयं पर भरोसा नहीं है कि वह सच में पढ़ाई कर सकेगा। "पर कान्ति, क्या मैं पढ़ पाऊँगा? पास हो सकूँगा? मुझमें तो जरा भी हिम्मत नहीं। आप जरूर पास होंगे...मुझे पूरा विश्वास है। हिम्मत रखिए। मेहनत करेंगे तो पास क्यों नहीं होंगे?"[50] अंत में कान्ति अपने पति को पढ़ाई करने के लिए सहमत कर लेती है। कान्ति अपने गहने बेचती है और कई प्रकार की कठिनाई सहती है। उसका पति पढ़ाई करता है। धीरे-धीरे पढ़ाई से संबंधित उसकी कठिनाइयाँ हल होती गयी, उसका उत्साह बढ़ता गया और उसमें आत्मविश्वास का भाव उत्पन्न हुआ जो उसने बहुत पहले खो दिया था। बाद में उसका नतीजा निकला और वह दूसरे श्रेणी में पास हो जाता है। इसके बाद वह नौकरी के लिए कई जगह अर्जियाँ भेजता है और इंटरव्यू भी देता है। एक दिन उसके घर एक पत्र आता है, जिसे उसके पिता जी ने उसे दिया। उसने उसे खोला और पढ़ा। "मैंने पत्र डरते-डरते उठा लिया। उसको पढ़ते ही मेरी खुशी का अन्त न रहा। मुझे तार-विभाग में नौकरी मिल गयी थी। दो महीने पहले जो मैंने इम्तहान दिया था, उसके सफल परिणाम की यह सूचना थी।"[51] इस प्रकार वह नौकरी पाने में सफल हो गया और अपनी पत्नी कान्ति को लेकर शहर चला जाता है। अंततः उन्हें अपने परिवार से आजाद होने का अवसर प्राप्त हो जाता है। पति के इस कामयाबी में कान्ति का सबसे बड़ा हाथ था। वह अपने पति पर भरोसा करना नहीं छोड़ती बल्कि उन्हें प्रोत्साहित करती रही और स्वयं अनेक प्रकार के दुख सहती रही। यह एक आदर्श मध्यवर्गीय समाज की पत्नी का चरित्र है जो शादी के बाद अपना सब कुछ अपने पति पर न्यौछावर कर देती है। अपनी खुशी पति के सुख में ही मानती है।

'सुखजीवी' उपन्यास में एक निम्न मध्यवर्गीय पुरुष की दुष्टता तथा स्वार्थपरता को उसकी पत्नी सहती है। यह निम्न-मध्यवर्गीय पुरुष दीपक है और उसकी पत्नी अहिल्या है। अहिल्या एक सीधी-सादी लड़की है। अपने पति के कारण उसे कई प्रकार की समस्याएँ तथा दुख सहना पड़ता है। दीपक रोज ऑफिस से घर देर से आता है। वह अपने घर तथा अपनी पत्नी की किसी भी प्रकार की चिंता या परवाह

नहीं करता है। वह स्वयं की जिन्दगी में मस्त रहता है। वह अहिल्या को झूठी कहानी सुनाता है कि साइकिल में ब्रेक न होने की वजह से वह मरते-मरते बचा है। इससे अहिल्या बहुत डर जाती है और उसे साइकिल ठीक करवाने के लिए पैसे देती है जो उसने पाई-पाई जमा किया था। दीपक अहिल्या से झूठ बोलता रहता है। कभी दोस्त की शादी में जाने का बहाना बनाता है और वह अपने दोस्त की बेटी के जन्मदिन में चला जाता है। अहिल्या के दिए हुए पैसों से उसके लिए गुड़िया खरीदता है और मित्र सक्सेना को चाय पिलाता है तथा सिगरेट भी खरीदता है। वह रात को देर से घर लौटता है। किन्तु अहिल्या सब कुछ चुपचाप देखती और सहती रहती है। बाद में उनके पड़ोस में एक परिवार रहने आता है जिसकी बेटी रेखा से दीपक का चक्कर चलता है। रेखा यूनिवर्सिटी में पढ़ती है। रेखा और उसकी माँ अहिल्या के काम में मदद करने आती रहती हैं किन्तु दीपक की नजर रेखा पर पड़ जाता है और वह उस पर डोरे डालने की सोचता है। बाद में वे एक-दूसरे को पसंद करने लगते है और प्रेम करने लगते हैं। दीपक कई प्रकार की झूठी योजना बनाता है और अपनी पत्नी को कहीं भेज देता है। अहिल्या की गैरमौजूदगी का फायदा रेखा के साथ अपने घर में उठाता है। कभी-कभी अहिल्या को शक भी हो जाता है किन्तु दीपक अपने बच्चे की झूठी कसम तक खा लेता है। अहिल्या उसपर विश्वास करने लगती है। किन्तु उनके पड़ोस में रहने वाली बब्बू की माँ दीपक और रेखा की सभी हरकतों के बारे में उसे बताती हैं। अहिल्या को बहुत दुख होता है। एक रात अहिल्या दीपक और रेखा को अपने घर के आंगन में देखती है। किन्तु इस पर भी वह दीपक को क्षमा कर देती है। इस उपन्यास में दीपक एक ऐसा पात्र है जिसको किसी से प्यार नहीं है वह केवल अपने से ही प्यार करता है। वह अपनी खुशी और स्वार्थ के लिए कुछ भी बोलने और करने को तैयार है। यह सब उसकी पत्नी अहिल्या को सहना पड़ता है। इस प्रकार अहिल्या जैसी निम्न-मध्यवर्गीय पत्नी अपने पति के सभी प्रकार के अन्याय, जुल्म और शोषण को सहती रहती हैं। वह विवश तथा असहाय होती है। वह अपने पति पर पूरा भरोसा करती है और उसके लिए कुछ भी सहने को तैयार हो जाती है जबकि उसका पति उसे सच्चा प्यार भी नहीं करता है।

निष्कर्षतः अमरकान्त के उपन्यासों में स्त्री-पुरुष के विविध प्रकार के संबंधों को यथार्थता से प्रस्तुत किया गया है– व्यक्तिगत प्रेम, दाम्पत्य संबंध, विवाहेतर संबंध आदि। अमरकान्त के लगभग सभी उपन्यासों में प्रेम-प्रसंगों का वर्णन विस्तृत

रूप में हुआ है। 'सूखा पत्ता' में मनमोहन द्वारा कृष्ण के प्रति समलिंगी प्रेम, कृष्ण और उर्मिला के बीच विपरीत लिंगी प्रेम, 'आकाश पक्षी' में रवि और हेमा के बीच का प्रेम, 'ग्रामसेविका' में दमयन्ती और अतुल के बीच के प्रेम का चित्रण हुआ है। इसके अलावा 'बीच की दीवार', 'कटीली राह के फूल' आदि में भी व्यक्तिगत प्रेम-प्रसंगों का वर्णन है। शादी के बाद स्त्री-पुरुष दम्पत्ति बन जाते हैं और इस दाम्पत्य जीवन की सफलता के लिए पति-पत्नी के बीच आपसी प्रेम, विश्वास, सहयोग एवं सामंजस्य की भावना आवश्यक है। और पति-पत्नी के मध्य इन भावनाओं के अभाव में ही स्त्री-पुरुष संबंधों का एक नया रूप विवाहेतर संबंध देखने को मिलता है। अमरकान्त के उपन्यासों में 'काले-उजले दिन', 'सुखजीवी' आदि में विवाहेतर संबंधों का चित्रण हुआ है।

अमरकान्त के लगभग सभी उपन्यासों में प्रेम-प्रसंगों का वर्णन है। उनके कुछ उपन्यासों में सफल प्रेम का चित्रण मिलता है जहाँ प्रेमी और प्रेमिका का विवाह हो जाता है। लेकिन अमरकान्त के अधिकांश उपन्यासों में असफल प्रेम का ही चित्रण हुआ है। जिसका मुख्य कारण जाति-पाँति की समस्या देखने को मिलती है। जिसके कारण युवक-युवती या प्रेमी-प्रेमिका का प्यार असफल हो जाता है और दोनो का विवाह नहीं हो पाता है। अमरकान्त का स्त्री संबंधी दृष्टिकोण प्रगतिशील है। उनके उपन्यासों में स्त्री के अन्य रूप को भी देखा गया है, यथा- माँ के रूप में, पत्नी के रूप में और बेटी के रूप में। अतः उपन्यासकार के रूप में अमरकान्त में 'रोमन्टिक एटीट्यूट' अधिक दिखाई देता है। कहा जा सकता है कि अमरकान्त के सभी उपन्यासों में भारतीय मध्यवर्गीय प्रेम-प्रसंगों का चित्रण हुआ है। जिसमें असफल प्रेम अधिकांश देखा गया है। अमरकान्त ने प्रेम कथा को केन्द्र बनाकर इससे संबंधित मध्यवर्ग की छोटी-बड़ी सभी स्थितियों का यथार्थ वर्णन किया है।

संदर्भ सूची

1. डॉ. हेमराज निर्मम, हिंदी उपन्यासों में मध्यम वर्ग, पृ.सं. 136
2. अमरकान्त, सूखा पत्ता, पृ.सं. 32
3. वही, पृ.सं. 171
4. वही, पृ.सं. 174
5. अमरकान्त, आकाश पक्षी, पृ.सं. 199

6. वही, पृ.सं. 200
7. वही, पृ.सं. 200
8. वही, पृ.सं. 204
9. वही, पृ.सं. 211
10. अमरकान्त, ग्रामसेविका, पृ.सं. 12
11. वही, पृ.सं. 13
12. वही, पृ.सं. 14
13. वही, पृ.सं. 15
14. वही, पृ.सं. 19
15. अमरकान्त, बीच की दीवार, पृ.सं. 6
16. अमरकान्त, काले-उजले दिन, पृ.सं. 30
17. वही, पृ.सं. 55
18. अमरकान्त, सुखजीवी, पृ.सं. 15
19. वही, पृ.सं. 71
20. अमरकान्त, आकाश पक्षी, पृ.सं. 218
21. अमरकान्त, काले-उजले दिन, पृ.सं. 26
22. वही, पृ.सं. 27
23. वही, पृ.सं. 30
24. वही, पृ.सं. 51
25. राजकृष्ण मिश्र, दारूलशफा, पृ.सं. 316
26. अमरकान्त, काले-उजले दिन, पृ.सं. 27
27. वही, पृ.सं. 30
28. वही, पृ.सं. 51
29. वही, पृ.सं. 57
30. वही, पृ.सं. 8889
31. वही, पृ.सं. 91
32. वही, पृ.सं. 162
33. वही, पृ.सं. 163
34. अमरकान्त, सुखजीवी, पृ.सं. 32
35. वही, पृ.सं. 6
36. अमरकान्त, काले-उजले दिन, पृ.सं. 10
37. अमरकान्त, ग्रामसेविका, पृ.सं. 5
38. वही, पृ.सं. 19

39. वही, पृ.सं. 19
40. अमरकान्त, आकाश पक्षी, पृ.सं. 7
41. अमरकान्त, सुन्नर पांडे की पतोह, पृ.सं. 57
42. वही, पृ.सं. 110
43. अमरकान्त, इन्हीं हथियारों से, पृ.सं. 225
44. वही, पृ.सं. 244
45. वही, पृ.सं. 248
46. वही, पृ.सं. 249
47. अमरकान्त, काले-उजले दिन, पृ.सं. 35
48. वही, पृ.सं. 35
49. वही, पृ.सं. 35-36
50. वही, पृ.सं. 36
51. वही, पृ.सं. 45

चतुर्थ अध्याय

प्रतिरोध के स्वर

उपन्यास व्यक्ति के चरित्र का चित्र है। इसमें व्यक्ति के कई पक्षों का चित्रण होता है। व्यक्ति परिवार का एक सदस्य होता है और परिवार समाज का एक हिस्सा है। समाज में तीन वर्ग होते हैं— निम्नवर्ग, मध्यवर्ग और उच्चवर्ग। अमरकान्त ने अपने उपन्यासों में मुख्य रूप से मध्यवर्ग तथा मध्यवर्गीय जीवन और समाज का यथार्थपरक चित्रण किया है। उन्होंने अपने उपन्यासों में स्वातंत्र्योत्तर भारत के मध्यवर्गीय समाज में विकास और परिवर्तन का चित्रण किया है। उन्होंने अपने उपन्यासों का कथ्य मध्यवर्गीय समाज एवं जीवन से लिया है। जिसमें उन्होंने मध्यवर्गीय एवं निम्न-मध्यवर्गीय जीवनयापन करने वाले व्यक्तियों की आशा-आकाँक्षाओं, स्थितियों-परिस्थितियों, रीति-रिवाजों, परंपरागत मूल्यों, मान्यताओं, नैतिक वर्जनाओं, सामाजिक रूढ़ियों, अंधविश्वासों व शोषण के विविधोन्मुखी रूपों का यथार्थपरक वर्णन विस्तार से किया है।

अमरकान्त ने अपने उपन्यासों में अधिकांशतः युवा पात्रों के माध्यम से व्यवस्था की विद्रूपताओं और विसंगतियों को उजागर किया है। उन्होंने मध्यवर्गीय तथा निम्न-मध्यवर्गीय जीवन के रीति-रिवाजों, स्वभाव-संस्कारों, विचार-पद्धतियों तथा इनके प्रभावों को अपने उपन्यासों में रेंखांकित किया है। उपन्यास के पात्रों का जीवन निम्न-मध्यवर्गीय समाज की मानसिक कुण्ठाओं, नैतिक वर्जनाओं तथा आर्थिक विषमताओं के परिवेश में विकसित होता है। अमरकान्त अपने उपन्यासों के पात्रों के माध्यम से निम्न-मध्यवर्ग तथा मध्यवर्गीय समाज का यथार्थ चित्रण किया है। उन्होंने स्वयं के अनुभूतियों के आधार पर अपने उपन्यासों का सृजन किया है। उनके उपन्यासों में मध्यवर्गीय जीवन के विविध पक्ष देखने को मिलते हैं, जैसें

सामाजिक पक्ष, आर्थिक पक्ष, पारिवारिक पक्ष, राजनीतिक पक्ष, सांस्कृतिक पक्ष आदि। इस अध्याय में इनके अतिरिक्त अन्य पक्षों- शोषक-शोषित संघर्ष, समवर्गीय संघर्ष, पीढ़ियों का संघर्ष, मानसिक विकृतियों आदि का अध्ययन किया गया है। समाज में जातिभेद, वर्गभेद व लिंगभेद आदि के आधार पर शोषण होते देखा गया है। इतना ही नहीं एक ही वर्ग में रहते हुए भी परस्पर कई समस्याएँ उत्पन्न होती हैं। जिसके परिणामस्वरूप समवर्गीय संघर्ष का उदय होता है। समय चलता जाता है पीढ़ी बदलती जाती है और हर पीढ़ी में कहीं-न-कहीं बदलाव होता रहता है चाहे रहन सहन के रूप में हो या सोच-विचार के रूप में। इस पीढ़ीगत संघर्ष को भी अमरकान्त ने अपने उपन्यासों में स्थान दिया है। अमरकान्त के उपन्यासों में मानसिक विकृतियों का भी चित्रण हुआ है जिसमें असाधारण घटनाएँ घटित होती हैं।

(क) शोषक-शोषित संघर्ष :

शोषक-शोषितों का संघर्ष समाज के सभी स्तर पर हो रहा है। प्रत्येक व्यक्ति अपने आप को अपनी स्थिति से ऊपर उठाना चाहता है। किन्तु इसके लिए उसे कई प्रकार की समस्याओं का सामना करना पड़ता है। मध्यवर्ग के कई लोग समझते हैं कि लिंग, वर्ग, जाति आदि के मतभेद के कारण वह जिस स्थिति में है उससे आगे नहीं बढ़ सकता। वे समझते हैं कि जो है वही उसके लिए बना है और मजबूरन उसे सब कुछ सहना है। किन्तु यह भी देखा गया है कि कुछ मध्यवर्गीय लोग इस सोच से निकलना चाहते हैं और आगे बढ़ना चाहते है। वे संघर्ष करते हैं। अमरकान्त ने अपने साहित्य में इस तरह की समस्याओं को उजागर किया है साथ ही समाज के निरीह, प्रताड़ित जन समुदायों के प्रति अपनी संवेदना भी व्यक्त की है।

भारतीय समाज में शोषण की जड़े बहुत गहरी हैं। व्यक्ति अपने हित के लिए दूसरों का शोषण करते रहते हैं। यह शोषण जातिवाद के कारण भी होता है और इस जातिगत शोषण का शिकार अधिकतर निम्न-मध्यवर्गीय समाज होता है। निम्न-मध्यवर्गीय समाज की शोषित दशा की अभिव्यक्ति अमरकान्त के उपन्यासों में देखी जा सकती है और जिसका संघर्ष नारी तथा पुरुष दोनों ही करते हैं।

'सूखा पत्ता' एक ऐसा उपन्यास है जिसमें प्रेमी और प्रेमिका एक दूसरे से बेहद प्यार करते हुए भी अंतर्जातीय होने के कारण दोनों को बिछड़ जाना पड़ता है। 'सूखा पत्ता' उपन्यास को तीन भागों में विभाजित किया गया है जिसमें तीसरा भाग

'उर्मिला' है। उर्मिला 'सूखा पत्ता' उपन्यास के तीसरे भाग की मुख्य पात्र मानी जा सकती है जिससे उपन्यास का नायक कृष्ण प्रेम करता है। उर्मिला के परिवार में पाँच सदस्य हैं– उसके पिता जी, उसकी माता जी, वह और उसकी दो बहनें। उर्मिला के पिता गंगाधरी बाबू कृष्ण के पिता के विजातीय मित्र है। बरसात के दिनों में उनके मकान के नष्ट हो जाने के कारण वे कृष्ण के घर में रहने लगते हैं। जहाँ कृष्ण को उर्मिला से प्रेम होता है और विजातीय होने के कारण कई प्रकार की समस्याएँ उत्पन्न होती है जिसके परणिामस्वरूप उन्हें अपने व्यक्तिगत भावनाओं की कुर्बानी देनी पड़ती है। छुआ-छूत के चलते कृष्ण का परिवार उर्मिला के हाथ से बनी हुई रसोई नहीं खाता है। किन्तु कृष्ण जाति को नहीं मानता और कहता है, "जाति एक सामाजिक ढकोसला है, अपने झूठे अहंकार का कमजोर किला। कुछ साधन-सम्पन्न लोगों ने कमजोरों को दबाना चाहा और इसके लिए उनकी सीमाएँ निश्चित कर दीं। इस संसार में दो ही जातियाँ हैं, एक अच्छे लोगों की और दूसरी बुरे लोगों की, एक साधन-सम्पन्न लोगों की और दूसरी साधन-विहीन लोगों की। क्या ब्राह्मण जाति में एक-से-एक कमीने बदमाश, व्यभिचारी और लुच्चे नहीं भरें हैं? क्या और दूसरी जातियों में अच्छे लोग नहीं हैं? क्या यह सच नहीं है कि ऊँची कही जानेवाली जातियों के लोग छिपकर कुकर्म करते हैं और फिर भी अपने को श्रेष्ठ समझते हैं?"[1] इस प्रकार कृष्ण ने जातिगत श्रेष्ठता के संबंध में टिप्पणी प्रस्तुत की है। उसका मानना है कि जातिगत श्रेष्ठता केवल दिखावा है, सबसे महत्त्वपूर्ण है मन की शुद्धता। आज कल के शिक्षित युवा-युवती इस बात को समझने लगे हैं। इस उपन्यास में उर्मिला जातिगत शोषण का शिकार होती है। उर्मिला अपने माता-पिता तथा बहनों के साथ रहती है। उसके पिता और कृष्ण के पिता मित्र है। वर्षा के कारण उनका घर नष्ट हो जाता है और वे कृष्ण के घर में रहने लगते हैं। वहीं कृष्ण को उर्मिला से प्रेम होता है। किन्तु विजातीय होने के कारण उर्मिला और कृष्ण के प्रेम को उनके परिवार वाले स्वीकार नहीं करते हैं। बल्कि दोनों को कई मुसीबतों तथा समस्याओं का सामना करना पड़ता है। विशेष रूप से उर्मिला को अधिक यातनाएँ सहनी पड़ती हैं। कृष्ण को उर्मिला से प्रेम होता है और धीरे-धीरे दोनों के बीच मेल-मिलाप के कारण सत्रह वर्ष की एक सुंदर और सुशील लड़की, उर्मिला को भी कृष्ण से प्रेम होता है। जब उर्मिला की माँ को इस बारे में पता चल जाता है तो वह उर्मिला की जमकर पिटाई करती है और खूब डाँटती है। इतना ही नहीं वह सभी बच्चों को लेकर कृष्ण के घर से चली जाती हैं। कृष्ण के माता-पिता भी उनके

संबंधों का सख्त विरोध करते हैं। वे साफ-साफ कह देते हैं कि उसकी शादी उर्मिला से नहीं हो सकती। तब कृष्ण भी निश्चय कर लेता है और कहता है "ठीक है, पर मैंने भी निश्चय कर लिया है कि शादी करूँगा तो उर्मिला से ही। मैंने वचन दिया है और उससे विचलित होना नामुमकिन है। अपने वचन के अनुसार कार्य करना मैं सबसे बड़ा धर्म समझता हूँ। यह मुझे उस दिन मालूम हुआ जब मैं जेल में था और आपने खबर भिजवाई थी कि मैं किसी भी हालत में माफी नहीं माँगू। आदमी वादा करके और तोड़ दे, बेईमानी और धोखेबाजी का रास्ता पकड़े, तो वही शर्म की बात है, बेइज्जती की बात है। मैंने कोई बुरा काम नहीं किया और जिस चीज को मैं अच्छा समझता हूँ, उसके लिए जान तक दे दूँगा।"[2] इस प्रकार कृष्ण भी अपना निश्चय सुना देता है। वह रोकर अपनी माँ से यह कहता है "उर्मिला को खोकर मैं अपनी जान दे दूँगा, माँ।"[3] वह किसी के आगे न झुकने की तथा अपने माता-पिता तथा उर्मिला के माता-पिता की परवाह न करने की बात करता है। वह सबका मुकाबला करने के लिए तैयार हो उठता है। यद्यपि उसको कई प्रकार की समस्याओं का भी सामना करना पड़ता है। उर्मिला के फूफा संकटाप्रसाद जो पहलवान हैं, और सुनने में आया है कि जिसने एक-दो खून भी किए हैं, वह कृष्ण को जान से मारने की धमकी देते हैं। किन्तु कृष्ण कहता है "उनके लिए मैं अकेला ही काफी हूँ। अगर उन्होंने कोई गुंडई करने की कोशिश की तो ऐसा जवाब दिया जाएगा कि जिन्दगीभर याद करेंगे।"[4] कृष्ण इस बात से चिंतित है कि उर्मिला के पिता उनकी शादी के लिए कभी तैयार नहीं होने वाले हैं। वह अपने सामने अँधेरा-ही-अँधेरा देखता है। उर्मिला के पिताजी कृष्ण से दया माँगते हैं और विनती करते हैं कि वह उर्मिला को भूल जाये। वे अपनी दो छोटी बेटियों के भविष्य की बात करते हैं और उर्मिला को समझाने के लिए भी कृष्ण के पैरों पड़ते हैं। बाद में कृष्ण फैसला करता है कि वह उर्मिला को भूल जाएगा। वह उर्मिला को समझाता है "तुम अपने सारे गम छोड़कर खुशी-खुशी तुम्हारे माँ-बाप जिससे तुम्हारी शादी करना चाहें, कर लेना। तुम मुझको भूल जाना।"[5] इसके बाद उर्मिला की शादी कही और तय कर दी जाती है और उसकी शादी हो जाती है। इस उपन्यास में स्पष्ट रूप से देखा जा सकता है कि कृष्ण उर्मिला से प्रेम करता है ओर उसी प्रकार उर्मिला भी कृष्ण से। किन्तु उनके जाति समान न होने के कारण दोनों बिछड़ जाते हैं। उन्हें विजातीय होने के कारण कई मुसीबतों का सामना करना पड़ता है। अंततः वे हार जाते हैं और उर्मिला की शादी कही और तय कर दी जाती है। कृष्ण और उर्मिला जातिगत शोषण के शिकार होते हैं।

'ग्रामसेविका' नारी संघर्ष पर आधारित उपन्यास है। इस उपन्यास की नायिका दमयन्ती है जो बाल्यकाल से जीवनपर्यन्त विपरीत परिस्थितियों से संघर्ष करती रहती है। दमयन्ती "आठवीं कक्षा में थी तो उसकी उम्र लगभग सोलह वर्ष की थी।"[6] इसी समय दमयन्ती को उनके पड़ोस में रहने वाले अतुल नामक एक लड़के से मुलाकात होती है। अतुल के बारें में इस प्रकार कहा गया है "वह बहुत सुन्दर था-लम्बा, तगड़ा और बड़ी-बड़ी आँखें। अतुल रुड़की में ओवरसियरी पढ़ता था और पूरे एक वर्ष के बाद घर आया था।"[7] एक दिन जब दमयन्ती मुन्नी के घर जाती है तो बरामदे में अतुल कुर्सी पर बैठा मिलता है। अतुल अपना पैर आगे करता है जिससे दमयन्ती ठोकर खाकर गिर जाती है। किन्तु वह संभल जाती है और वह मुन्नी के यहाँ भविष्य में दोबारा कभी न आने का निश्चय करती है। परन्तु अतुल दमयन्ती का पीछा नहीं छोड़ता है। वह दमयन्ती को प्रेम पत्र लिखता है जिसमें वह लिखता है कि दमयन्ती को प्यार करता है। वह यह भी बताता है कि उसे रातों में नींद नहीं आती और उसे खाना-पीना भी बिल्कुल अच्छा नहीं लगता। वह कहता है कि यदि दमयन्ती उसका प्यार स्वीकार करेगी तो वह उसके लायक बनेगा, ऊँचा उठकर बड़ा आदमी बनेगा और दमयन्ती से शादी भी करेगा। वह यह भी लिखता है कि यदि वह उसको प्यार नहीं करती तो वह इस पत्र को फाड़कर फेंक दे और दमयन्ती अपने हाथ से उसको जहर देगी तो उसे बिना हिचके खा लेगा। वह दमयन्ती से पवित्र प्यार करता है और वह केवल दमयन्ती का प्यार चाहता है। पत्र पढ़ने के बाद दमयन्ती शर्म तथा भय से रोने लगती है। वह मर जाना चाहती है, उसे डर होता है कि कहीं इस पत्र के बारें में उसके पिता जी न जान जाये यदि ऐसा हुआ तो वह उनको अपना मुँह कैसे दिखाएगी। इसका मुख्य कारण यह है कि अतुल दूसरी जाति का लड़का है। उससे शादी भी संभव नहीं है। दमयन्ती उसी समय अतुल के पत्र को जला देती है। यदि अतुल दूसरा पत्र देगा तो दादी को बता देने का निश्चय करती है। वह कुछ समय गंभीर, मुँह चुराती हुई तथा गुम-सुम बनी रहती है। अतुल की गर्मी की छुट्टियाँ खत्म होने वाली हैं और वह दो-तीन दिन बाद रुड़की जाने वाला है। वह दमयन्ती से मिलने उसके घर जाता है। जब दमयन्ती उसे देखती है तो वह अंदर भागने लगी किन्तु अतुल उसे रोकता है और कहता है "थोड़ी देर के लिए रुको।...मैं तुमसे एक बात पूछने आया हूँ। तुमने मेरे पत्र का जबाव नहीं दिया। तुम नहीं जानती कि मैं तुम्हारें कहने पर इसी क्षण जान भी दे सकता हूँ। तुम्हारे लिए इस दुनिया में कुछ भी कर सकता हूँ। मुझसे कोई गलती हुई तो माफ करो। बस मैं यही जानना चाहता

हूँ कि तुम मुझसे घृणा करती हो या नहीं...।"[8] दमयन्ती भय से स्याह पड़ गयी और सिर झुकाए चुपचाप खड़ी रही। अतुल के बार-बार पूछने पर दमयन्ती के मुँह से आवाज निकलती है– 'नहीं' और वह रोने लगी। अतुल कहता है कि उसके लिए इतना ही काफी है, जीवन भर उसकी प्रतीक्षा कर सकता है और दशहरा की छुट्टियों में आने की बात कहकर चला जाता है।

अतुल के जाने के बाद दमयन्ती को कुछ समझ में नहीं आता है। वह बहुत रोती है और सोचती रहती है कि यह सब कैसे हो गया। अतुल के जाने से पहले दमयन्ती के विचारों में अस्पष्टता होती है किन्तु उसके जाने के बाद वह अतुल के बारे में सोचने पर मजबूर हो जाती है। उसे रात को नींद नहीं आती है वह अतुल के बारें में सोचती रहती है और अतुल की हर बात उसे अच्छी लगने लगती है। "उसकी छाती कितनी चौड़ी है। उसकी आँखें कितनी अच्छी है। उसकी बोली कितनी मीठी है। उसकी बातें सोचकर वह अपने हृदय में अजीब मीठे दर्द महसूस करने लगी। कभी उसको गर्व होता कि अतुल जैसा लड़का उसके लिए अपना सब-कुछ कुर्बान करने को तैयार है। कभी उसकी आँखें अनायास भर आतीं। वह सोचती कि दशहरा कब आएगा? उसका एक-एक दिन कठिनता से बीतने लगा। कभी-कभी वह निराश हो जाती और उसको लगता कि यह सब सपना है। अतुल उसके दिल में सदा बना रहता। वह उसके रोम-रोम में बस गया था। वह मानसिक रूप से एकदम बदल गई थी। पहले वह बच्ची थी, परन्तु अब वह एक ऐसी स्त्री हो चुकी थी, जो एक सशक्त पुरुष के दिल में बसती थी।"[9] दमयन्ती अपना सब-कुछ कुर्बान करने के लिए तैयार हो जाती है। अतुल वापस आता है किन्तु डर तथा भय से दमयन्ती बाहर आ ही नहीं सकी। वह सिर दर्द का बहाना बनाकर अपने कमरे में पड़ी रही। किन्तु वह बेचैनी से प्रतीक्षा करती रही कि अतुल उसे ढूढ़ता हुआ उसके घर में आए। और वाकई जैसा वह चाहती है वैसा ही होता है, अतुल उसे ढूढ़ता हुआ उसके घर आता है। दोनों मिलते हैं दमयन्ती उससे कुछ न कह सकी। धीरे-धीरे वे बातें करने लगे और दोनों में प्यार बढ़ता गया। दो वर्ष के बाद भी वे दोनों एक दूसरे से बेहद प्रेम करते है। छुट्टियों में अतुल उसके लिए अच्छी-अच्छी किताबें लाता है। वह अतुल से बातें करने के लिए ललायित रहती किन्तु अवसर पाने पर वह कुछ न कह पाती। वे दोनों रात को भी चुपके से मिलते हैं। यहाँ तक कि वे दोनों शारीरिक संबंध भी बनाते हैं। सब कुछ हो जाने के बाद अतुल के व्यवहार में धीरे-धीरे बदलाव देखने को मिलता है और बाद में दमयन्ती को खबर मिलती है कि अतुल की शादी

तय हो गई है। "लड़की बहुत सुन्दर है और उसके बाप बहुत धनी हैं, जो तिलक में दस हज़ार देंगे। यह सुनकर दमयन्ती का सारा शरीर सुन हो गया था जैसे देह का सारा खून बाहर निकल गया हो परन्तु उसको विश्वास न हुआ। जिसने उसके शरीर को आग्लिंगन में बाँध कर कसमें खाई थीं, जो उसको अच्छी-अच्छी रायें देता रहा और उसकी भलाई के लिए सदा सोचता रहा, वह ऐसा नहीं कर सकता।"[10] किन्तु अतुल उसकी जिन्दगी के साथ खिलवाड़ करता है, उसकी भावनाओं का शोषण कर किसी और से विवाह कर लेता है। दमयन्ती पागल सी हो जाती है। अतुल, शादी के कुछ दिनों बाद दमयन्ती के नाम एक पत्र लिखता है– "मैं दब्बू का दब्बू ही रहा। मैंने तुम्हारे साथ जो अन्याय किया है, उसकी माफी मैं नहीं मागूँगा। मैं तुमसे यही प्रार्थना करूँगा कि तुम किसी अच्छे लड़के से शादी कर लेना और मुझे भूल जाना...।"[11] एक वर्ष बीत जाता है दमयन्ती पढ़ना-लिखना छोड़ देती है। उसका दुख इतना गहरा है कि उसकी अनुभूति-शक्ति समाप्त हो जाती है। इतना ही नहीं उसके पिताजी बीमार पड़ते हैं और उनकी हालत बिगड़ती ही गई। दमयन्ती अपने पिताजी के चिन्तित चेहरे को देखकर कहती है "मैं नौकरी करूँगी। आप जरूर अच्छे हो जाएँगे। मैं विनय को अधिक-से-अधिक पढ़ाऊँगी।"[12] उसके पिता रोने लगते हैं। कुछ ही दिनों बाद उनकी मृत्यु हो जाती है। दमयन्ती पर उसकी दादी और उसके छोटे भाई की जिम्मेदारी आ जाती है। वह पढ़ाई करके नौकरी की तलाश करती है और उसे विशुनपुर गाँव में 'ग्रामसेविका' की नौकरी मिल जाती है। दमयन्ती पर कई विपत्तियाँ एक साथ आती हैं। एक तरफ अतुल द्वारा ठुकरायी जाती है तो दूसरी तरफ उसके पिता की मृत्यु हो जाती है। एक दुःख से वह उबर नहीं पाती कि दूसरा दुःख उस पर आ जाता है। किन्तु अपने साहस और मेहनत के साथ संघर्ष करती रही।

'काले-उजले दिन' उपन्यास में नायक जब छः वर्ष का होता है तब उसकी माँ का निधन हो जाता है। उसके पिताजी अपनी पत्नी और पुत्र से बहुत प्यार करते हैं किन्तु अपनी पत्नी की मृत्यु के बाद कुछ ही दिनों में दूसरी शादी कर लेते हैं। नायक की विमाता शुरू में बहुत अच्छा व्यवहार करती है। लेकिन उसकी अपनी सन्तान हो जाती है तब वह नायक की उतनी कदर नहीं करती जितना की पहले करती थी, जिसके कारण नायक को उपेक्षित तथा शोषित जीवन जीना पड़ता है। विमाता नायक को तंग करती रहती है और उसकी झूठी शिकायतें उसके पिताजी से करती रहती है तथा उसे डांट भी लगवाती है। जब घर में कोई सामान चोरी होता

है तो नायक पर शक कर लिया जाता है। इससे नायक की पढ़ाई में भी बहुत बुरा असर पड़ता और फलतः वह नवीं कक्षा में दो बार फेल हो जाता है। नायक की वासुदेव सिंह नामक क्रांतिकारी से मुलाकात होती है और उनसे उसे बहुत कुछ सीखने को मिलता है। वह रुपयों की चोरी जैसे बुरा काम भी करने लगता है और हथियार चलाना भी सीख लेता है। इस प्रकार पारिवारिक समस्या से नायक की जिन्दगी पूर्ण रूप से बदल जाती है और वह गलत रास्ता अपना कर गलत कार्य करने लगता है। विमाता के तंग करने तथा उपेक्षित जीवन जीतेंजीते वह अपने जीवन की दिशा ही बदल लेता है। एक दिन पुलिस के डर से वह भाग जाता है और कुछ समय बाद अपने घर वापस आता है। घर जाके वह देखता है उसके घर में उसके पिता और विमाता के व्यवहार में कोई परिवर्तन नहीं होता है। पैसों के लालच में उसके पिता और विमाता नायक की शादी पक्की कर देते हैं। उसके व्यवहार में भी तुरंत परिवर्तन होता है। नायक को नीलम नामक एक सुंदर और चंचल लड़की से मिलवाते हैं। नायक उससे मिलकर रिस्ता भी पक्का समझ लेता है। वह एक सुंदर लड़की से शादी करना चाहता है और उसे लगा वह सुंदर लड़की वही नीलम है। वह खुशी-खुशी शादी करने के लिए तैयार हो जाता है। किन्तु शादी के बाद जब उसने अपनी पत्नी को देखा तो वह नीलम नहीं है, वह तो कान्ति है जो खास सुंदर नहीं है। नायक के सपने नष्ट हो जाते हैं। इतना ही नहीं उसकी विमाता तथा उसके पिता का व्यवहार फिर से पहले जैसा होने लगता है। अब वे नायक को ही नहीं उसकी पत्नी कान्ति को भी तंग करने लगते हैं। उससे सभी घरेलू काम करवाते हैं। इस तरह नायक और उसकी पत्नी शोषण के शिकार होते हैं। ऐसा लगता है उन्हें सुखी जीवन जीने का अधिकार ही नहीं है। पिता तथा विमाता द्वारा नायक और कान्ति की जिन्दगी में अंधेरा छा जाता है। वे अनेक प्रकार के शोषण का शिकार बन जाते हैं। किन्तु बाद में कान्ति के प्रोत्साहित करने पर नायक पढ़ाई करने लगता है और अपनी पढ़ाई पर वह उत्तीर्ण हो जाता है। वह नौकरी की तलाश करता है और उसे तार विभाग में क्लर्क की नौकरी मिल जाती है। वह अपनी पत्नी कान्ति को लेकर शहर चला जाता है।

'सुखजीवी' उपन्यास में दीपक प्रमुख पात्र है, जो अपनी पत्नी अहिल्या के साथ रहता है। अहिल्या एक सीधी-सादी स्त्री है। पति-पत्नी होने के बावजूद दोनों में उतना मेल-मिलाप तथा प्रेम भरा संबंध देखने को नहीं मिलता बल्कि यह कहा जा सकता है कि पति द्वारा पत्नी अहिल्या का शोषण होता है। दीपक रोज ऑफिस

से देर में लौटता है जिसके कारण अहिल्या अत्यंत चिंतित रहती है। देर से रात को लौटने पर भी दीपक चुप-चाप रहता है और घर का काम करने लगता है। वह अहिल्या को काल्पनिक दुर्घटना सुनाता है जिससे अहिल्या बहुत डर जाती है। दीपक कहता है उसकी साइकिल में ब्रेक नहीं है और वह मरते-मरते बचा है। इस कारण अहिल्या दीपक को साइकिल ठीक कराने के लिए पाई-पाई संचित किए गए रुपयों को दे देती है। किन्तु दीपक की साइकिल में कुछ खराब नही था बल्कि वह अपने मित्रों के साथ पिक्चर देखने गया था। एक दिन अनन्दकुमार, दीपक के कार्यालय मित्र दीपक के घर अपनी पुत्री के जन्मदिन का निमंत्रण देने के लिए आता है। दीपक अपने घर तथा बच्चों की गंदगी से शर्मा ने के कारण अपने मित्र से झूठ बोलता है कि नौकर छुट्टी पर गया है और पत्नी कुछ बीमार है। मेहमान को खिलाने के लिए उसके घर में चीनी, घी आदि भी नहीं है। अगले दिन दीपक अपनी पत्नी अहिल्या से झूठ बोलता है और कहता है कि वह देर से लौटेगा क्योंकि उसे दोस्त की शादी में जाना है। लेकिन वह अपने दोस्त की बेटी के जन्मदिन में जाता है उसके लिए गुड़िया खरीदता है और मित्र सक्सेना को चाय पिलाता है तथा सिगरेट भी खरीदता है। इस प्रकार दीपक बाहर अपने मित्रों के साथ मौज-मस्ती करता है और अपनी पत्नी अहिल्या से झूठ बोलता रहता है। इतना ही नहीं, दीपक को रेखा, जो यूनिवर्सिटी में पढ़ती है, से प्रेम होता है। वे एक दूसरे को चाहने लगते हैं और वे दोनों बहाना बना-बना कर मिलते रहते हैं। जब अहिल्या को शक होता है तो दीपक नाराज हो जाता है और अंत में अहिल्या स्वयं को दोषी मानने लगती है। दीपक झूठ बोलकर अहिल्या और बच्चों को मायके भेजता है और घर में वह रेखा के साथ रहता है। बब्बू की माँ दीपक और रेखा के संबंध के बारें में अहिल्या को बताती है और धीरे-धीरे उसका शक यकीन में बदल जाता है। वह निर्मला के पास जाती है और निर्मला उसे धैर्य से काम लेने की सलाह देती है। अहिल्या दीपक से रेखा के साथ उसके संबंध के बारे में पूछती है किन्तु वह अपने पुत्र की झूठी कसम खा लेता है। किन्तु एक रात रेखा और दीपक को छत में मिलते हुए अहिल्या देख लेती है। दीपक अहिल्या से क्षमा मांगता है। इस प्रकार इस उपन्यास में शुरू से अंत तक अहिल्या दुखी और चिंतित जीवन बिताती हुई दिखाई देती है। दीपक द्वारा अहिल्या का मानसिक शोषण होता है और अहिल्या अंत तक संघर्ष करती रहती है।

'सुन्नर पांडे की पतोह' उपन्यास में एक साधारण निम्न-मध्यवर्गीय ग्रामीण नारी के शोषण को दर्शाया गया है। जो अपनी पूरी जिन्दगी दुख और करूणा में

बिताती है। उसका नाम राजलक्ष्मी है जो सत्तर वर्षीया स्त्री है। राजलक्ष्मी समाज में अपनी इज्जत बचाने तथा जीवनयापन के लिए संघर्ष करती है। राजलक्ष्मी अपने माता-पिता की इकलौती पुत्री है जिसे बचपन में सुख और प्यार मिला। किन्तु जब से उसकी शादी होती है उसके जीवन में दुख तथा संघर्ष आरंभ हो जाता है। शादी सुन्नर पांडे के पुत्र झुल्लन पांडे से होती है जहाँ उसके सास-ससुर उसे बहुत परेशान करते हैं। वे इतना तंग करते हैं कि दोनो पति-पत्नी को एक साथ रहने का अवसर भी नहीं मिलता है। यदि उन्हें साथ रहने का मौका मिलता है तो वह उन्हें हर बात पर ताना सुनाती रहती थी। इस प्रकार राजलक्ष्मी को सुखी होने का अवसर नहीं मिलता है और वह दुख दर्दों भरी जिन्दगी जीती है। उसे ही नहीं उसके पति झुल्लन पांडे को भी उसके माता-पिता बहुत परेशान करते हैं। राजलक्ष्मी का ससुराल में शोषण होता है किन्तु वह संघर्ष करती है। एक दिन उसका पति झुल्लन पांडे बहुत तंग आकर घर से भाग जाता है। तब से उसकी सौतेली सास उसे पहले से भी ज्यादा तंग करने लगती है। राजलक्ष्मी चुपचाप उनकी यातनाओं को सहती रहती है। वह अपने पति के लौटने की प्रतीक्षा करती रहती है मगर ऐसा नहीं होता है। वह हर सुबह एक नए उत्साह के साथ उठती है कि उसका पति आज घर आएगा, लेकिन शाम होने तक भी उसका पति घर नहीं लौटता। राजलक्ष्मी के पास सिन्दूर के अलावा उसके पति की कुछ भी निशानी नहीं रहती है, जिसे वह गर्व के साथ माथे पर लगाती है। उसका सिंदूर ही उसे संघर्ष करने की शक्ति देता है तथा हार मानने से बचाता है। राजलक्षमी एक दिन अपना घर तथा गाँव छोड़कर शहर चली जाती है। वहाँ अत्यंत मेहनत करती है और ईमानदारी से कार्य करती है। वह जगह-जगह जाकर काम करती है और अपने स्त्रीत्व की रक्षा के लिए सदैव सजग रहती है। और हर वक्त अपने पति के इंतजार में रहती है। किन्तु एक दिन उसे खबर मिलती है कि अब उसका पति इस दुनिया में नही रहा तो वह भी गंभीर रूप से बीमार पड़ जाती है। और एक दिन बाद ही वह भी अपने प्राण को त्याग देती है। इस प्रकार इस उपन्यास की मुख्य पात्र राजलक्ष्मी नामक स्त्री अपनी पूरी जिन्दगी पति के इंतजार में बिताती है और जब उसके पति की खबर मिलती है तो उसकी मृत्यु की खबर होती है और उसके एक ही दिन बाद वह भी जीवित नहीं रहती है। जब वह अपने पति के साथ थी तब भी उसके जीवन में सुख नहीं था। इस उपन्यास में शोषक शोषित संघर्ष के कई पक्ष दिखाई पड़ते हैं जो राजल्क्षमी के ऊपर उसके परिवार वालों द्वारा किया जाता है।

(ख) समवर्गीय संघर्ष :

अमरकान्त के कथा साहित्य की यह विशेषता रही है कि उन्होंने पूँजीपति-श्रमिक, मालिक-मजदूर, अमीर-गरीब आदि के संघर्ष के साथ-साथ मध्यवर्गीय समाज में व्याप्त समवर्गीय शोषण एवं संघर्ष का भी यथार्थपरक चित्रण किया है।

समवर्गीय संघर्ष, वह संघर्ष है जिसमें समाज के किसी एक वर्ग के व्यक्ति द्वारा अपने ही वर्ग के अन्य व्यक्तियों का बहुमुखी शोषण किया जाता है। समवर्गीय शोषण या संघर्ष के अन्तर्गत पिता द्वारा पुत्र का शोषण, पति द्वारा पत्नी का शोषण, विमाता द्वारा बहू का शोषण, भाई द्वारा बहन का शोषण, विमाता द्वारा सौतेले बच्चों का शोषण आदि को लिया जा सकता है। समवर्गीय शोषण भी जाति, वर्ग, आर्थिक स्तर आदि पर आधारित होता है। इस शोषण में शोषक और शोषित प्रायः एक ही परिवार, वर्ग व जाति के लोग होते हैं। समवर्गीय शोषण समाज के हर वर्ग में देखने को मिलता है। चाहे वह उच्च वर्ग हो या मध्यवर्ग हो या निम्न-मध्यवर्गीय जीवन यापन करने वाला हो। प्रत्येक वर्ग में यह शोषण आदिम युग से जारी है।

अमरकान्त के उपन्यासों के साथ-साथ उनकी कहानियों में भी समवर्गीय संघर्ष की सफल अभिव्यक्ति हुई है। अमरकान्त के उपन्यासों 'काले-उजले दिन', 'आकाश पक्षी' तथा 'इन्हीं हथियारों से' आदि में अनमेल विवाह की समस्याओं का यथार्थपरक अंकन किया गया है। वैवाहिक जीवन में अनमेल विवाह सबसे क्रूर विसंगति कही जा सकती है। स्वतंत्रता से पूर्व इस प्रकार की सामाजिक कुप्रथा अधिक देखने को मिलती है। इसका मुख्य कारण यह रहा है कि आर्थिक स्थिति को सुधारने के लिए पिता अपनी बेटी का विवाह ऐसे व्यक्ति से करवाते है जो उसे अधिक-से-अधिक धन दे सके। या फिर निर्धनता के कारण पिता अपनी बेटी का विवाह लगभग उसके दुगुने उम्र के व्यक्ति से करने को मजबूर हो जाते हैं। ऐसे विवाह में दोनों वर-वधु की आयु में असमानता अधिक होती है, जिससे पति-पत्नी की जिन्दगी में काफी परेशानियाँ तथा समस्याएँ उत्पन्न होती हैं। अमरकान्त के 'इन्हीं हथियारों से' उपन्यास में बेनी प्रसाद (नीलेश के फूफाजी) की पहली शादी में उनके कोई बच्चे नहीं होते हैं। उसकी दूसरी शादी की बात होती है। आनन्दी कहती है "भौजी, किसी गरीब घर की लड़की हो...सारा खर्चा मैं दूँगी। ऊपर से भी कुछ दे दूँगी...मैं तो अभागी हूँ भौजी, इन्हें कुछ न दे सकी...ज्योतिषी ने भी हाथ देखकर कहा है कि भाग्य में संतान तो है। अब इस उम्र में मैं तो सन्तान देने से रही...इसलिए तुमसे विनती कर रही हूँ..."[13] आनंदी की हालत खराब होती गई। वह अपनी छाती पर हाथ रखकर

चीखती है, "हाय, बीबीजी! नीलेश का बुरा हाल था। शर्म, क्रोध और नफरत से काँपता और पैर पटकता हुआ वह तेजी से बाहर के बैठक में जाकर खड़ा हो गया। फिर दाँत पीसकर दीवार पर ही एक जोर का मुक्का जमाते हुए मुँह के अन्दर ही कुछ बुदबुदाने लगे।"[14] इसके बाद "आनन्दी ने अपने मैकेवालों की मदद से कचहरी के एक ऐसे दरिद्र क्लर्क को ढूँढ़ निकाला, जिसे ढेर-सारे बच्चे थे और जो कर्ज में डूबा हुआ था।"[15] इस प्रकार उसकी दूसरी शादी हो जाती है। वह हुलासो देवी से शादी करता है, जो मात्र बारह साल की है। दोनों के उम्र में बहुत बड़ा फर्क होता है, और इसी कारण उन्हें कई समस्याओं का सामना करना पड़ता है। "उसके फूफाजी ने समस्त अधिकार अपनी पहली पत्नी के पास ही रहने दिया क्योंकि छोटी अनुभवहीन थी। भोजन बनाने, सिलाई, बुनाई, सांसारिक व्यवहार सब में वह एकदम कच्ची थी। पहली पत्नी ही अब उसकी दादी, नानी, भाई, बहन और सहेली थी, जो उसे सिखाती, समझाती, पुचकारती और कभी-कभी डाँटती-फटकारती भी।"[16] आर्थिक विपन्नता के कारण पिता अपनी पुत्री की शादी उम्र में पिता के समान व्यक्ति से कर देता है। इसमें लड़की हुलासो देवी का शोषण होता है और साथ-ही-साथ उसकी पहली पत्नी का भी शोषण होता है। पहली पत्नी को बच्चा पैदा करने में असमर्थ होने के कारण दूसरी पत्नी के साथ रहना पड़ा। किसी न किसी प्रकार से दोनो पत्नियाँ शोषण का शिकार होती है।

'आकाश पक्षी' उपन्यास में बड़े सरकार की बेटी हेमा को पड़ोस में रहने वाले युवक रवि से प्रेम हो जाता है। रवि को भी हेमा से प्रेम हो जाता है। हेमा की माँ को उन पर संदेह होने लगता है और एक दिन उसको पता चल जाता है कि दोनो के बीच प्रेमालाप चल रहा है। हेमा की माँ बहुत क्रोधित हो जाती है। रवि को खूब फटकारती है और घर से निकाल देती हैं। अपनी बेटी हेमा की भी खूब पिटाई करती है। रवि हेमा से बहुत प्यार करता है तथा उससे शादी भी करना चाहता है, शादी का प्रस्ताव भी उसे भेजता है। किन्तु बड़े सरकार रवि के पिता इंजीनियर को अपमानित करते हैं। बड़े सरकार सामंतवादी विचारधारा के समर्थक व उसके पोषक हैं। उनसे सारे अधिकार छिन जाने के बावजूद भी उनका अहंकार सर्वोच्चता की भावना, भोग-विलास की प्रवृत्ति, पुरातन पतनोन्मुख विचारों से वे मुक्त नहीं हो पाते। बड़े सरकार और इंजीनियर के परिवारों के बीच शत्रुता उत्पन्न हो जाती है। और बाद में हेमा के पिता जी बड़े सरकार सामाजिक मान्यताओं की आड़ में अपने स्वार्थ सिद्धि और धन के लालच में अपनी पुत्री हेमा की शादी उसकी उम्र से दुगुने व्यक्ति कुंवर

युवराज सिंह से कर देते हैं। रवि से बिछड़ जाने के गम में बहुत गहरी चोट हेमा को पहुँचती है। उसे दुखों का सामना करना पड़ता है इतना ही नहीं अब उसे अपने दुगुने उम्र के व्यक्ति से शादी भी करनी पड़ रही है। इस प्रकार हेमा को अपने ही वर्ग के व्यक्ति से शादी करनी पड़ती है जो उम्र में लगभग उसके पिता के समान है। वह अपना प्यार खोने के बाद भी सभी दुखो का सामना करती है। हेमा कहती है "अब खुश हों मेरे माता-पिता। उनकी छाती अब ठंडी होगी। उनको चाहिए धन, उनको चाहिए झूठी प्रतिष्ठा, उनको चाहिए झूठी शान-शौकत। मैं सब कुछ उनको दूँगी, क्योंकि मैं अब आजाद चिड़िया नहीं बल्कि एक मशीन का पुर्जा हूँ जिसके दिल नहीं है, जिसके मन में आकांक्षाएँ नहीं हैं, जिसमें रंगीन भविष्य की उमंगें नहीं हैं।"[17] बड़े सरकार अपनी बेटी को अब एक ऐसी जगह में रख देते हैं जहाँ कभी-भी उसे प्रेम नहीं होगा और वह प्रेम के लिए तड़पती रहेगी। अब वह एक इंसान की तरह नहीं बल्कि एक मशीन की तरह जिन्दगी भर रहेगी। इस प्रकार 'आकाश पक्षी' उपन्यास में 'हेमा' समवर्गीय शोषण का शिकार होती है। हेमा का शोषण उसके पिता द्वारा होता है। सामन्तवादी विचारों के समर्थक उसके पिता बड़े सरकार न तो उसे उसके प्रेमी रवि से शादी करने देते हैं और न ही उसके समवयस्क व्यक्ति से उसकी शादी कराते हैं। धन के लोभ में पड़कर वह हेमा की शादी अपने ही वर्ग के व्यक्ति कुवर यविराज सिंह से कराते हैं, जो उम्र में लगभग हेमा के पिता के समान है। शादी के पश्चात् हेमा न तो रवि को पूरी तरह भूल पाती है और न ही कुँवर युवराज सिंह को पूरी तरह अपना पाती है। अनमेल विवाह होने के परिणामस्वरूप उसका दाम्पत्य जीवन सुखमय नहीं बीतता। वह जिन्दा लाश की तरह जीवन बिताने पर मजबूर हो जाती है।

'काले-उजले दिन' उपन्यास में भी समवर्गीय संघर्ष की यथार्थपरक अभिव्यक्ति हुई है। इस उपन्यास में शोषक और शोषित अन्य वर्गों, जातियों, समुदायों, धर्मों, व्यवसायों आदि से संबंधित व्यक्ति नहीं हैं बल्कि एक ही परिवार में रहने वाले व्यक्ति शोषक और शोषित हैं। प्रस्तुत उपन्यास में अमरकान्त ने एक मातृहीन बालक की शोषित, दयनीय स्थिति का वर्णन किया है। अबोध, मातृहीन बालक का शोषण करने वाला कोई और नहीं बल्कि, उसकी विमाता और उसके पिता हैं। उपन्यास का नायक 'मैं' अपने अतीत एवं वर्तमान स्थितियों का मानसिक आकलन करता है। वह स्वयं अपनी आपबीती सुनाता है– "मेरे पिता जी शहर के मशहूर वकील थे। वह बहुत ही शान-शौकत से रहते थे। गाँव में जगह-जमींदारी अच्छी थी। जिन्दगी सुख से

बीतती थी। माँ की मूर्ति मेरे सामने नाचने लगती है। वह भी बहुत खूबसूरत थीं। लम्बी परली और गोरा-दमकता चेहरा। मैं एकलौता बेटा था, इसलिए मेरा लालन-पालन बड़े प्यार से हुआ। माँ-बाप के प्यार के कारण मैं अत्यधिक मनशोख हो गया था। सचमुच मैं बहुत नटखट था। इससे सब खुश ही होते थे। धनी माँ-बाप का लड़का होने के कारण दूसरे लोग भी मुझे पसन्द करते थे।"[18] नायक 'मैं' के बचपन के आरम्भिक दिन सुखमय व उल्लासपूर्ण थे किन्तु ऐसे सुखमय दिन बहुत समय तक नहीं रहे। 6 वर्ष की आयु में ही नायक की माँ का देहान्त हो जाता है। कुछ समय पश्चात् पिता दूसरी शादी कर लेते हैं। आरम्भ में सौतेली माँ (विमाता) का व्यवहार नायक के प्रति उदार रहता है समय बीतने पर जब उसकी स्वयं की सन्तान हो जाती है तब नायक के प्रति उसके व्यवहार में कठोरता आ जाती है। वह नायक को तरह-तरह की यातनाएँ देने लगती है तथा नायक के साथ भेदभावपरक व्यवहार करने लगती है। नायक अपनी विमाता द्वारा किए गए भेदभाव का वर्णन निम्न शब्दों में करता है– "वह मेरे छोटे भाई अशोक को एक-से-एक कपड़े पहानातीं, उसको खूब ढंग से खाना देतीं, उसको चार टाइम दूध पिलातीं, जबकि मैं भरपेट खाने के लिए तरसकर रह जाता। दूध तो मुझे मिलता ही न था, जबकि मुझे दूध बहुत पसन्द था। जब मैं उसके लिए काफी जिद करता तो वह एक बहुत ही छोटी कटोरी में जिसमें चटनी के अलावा कुछ नहीं रखा जा सकता था, थोड़ा-सा दूध रखकर मेरी ओर उपेक्षा से खिसका देतीं। मैं रोकर रह जाता था। खाना भी वह मेरे सामने प्रेम से नहीं रखती थीं। वह थाली को दूर से सरका देती थीं, थाली मेरे सामने रखकर मुँह दूसरी ओर फेर लेती।"[19]

इतना ही नहीं जब वह (नायक) स्कूल से वापस आता है और खाने के लिए या पैसों के लिए जिद करता है तब उसकी विमाता उसे खूब डाँटती, गालियाँ देती व पिटाई भी करती। शाम को जब पिता जी घर आते तो उनसे 'नायक' की शिकायत करती। पिता जी यदि उनकी शिकायतों पर ध्यान नहीं देते तो मुँह फुलाकर बैठ जाती। नायक की झूठी शिकायत करके उसे पिता जी से भी डाँट लगवाती। इसके अतिरिक्त घर से जब किसी सामान की चोरी होती या सामान के इधर-उधर हो जाने पर वह सारा इल्जाम नायक के सिर मढ़ देती। दोषी न होने पर भी नायक को ही दण्ड भुगतना पड़ता। विमाता के दुर्व्यवहार से नायक सदैव तनाव में रहता, जिसके परिणामस्वरूप वह नवीं कक्षा में दो बार फेल भी हो जाता है। नायक अपने मनोभावों का वर्णन करते हुए कहता है– "मैं हमेशा डरा रहता था और अधिक-से-अधिक

काम करके माता जी को प्रसन्न करने की कोशिश करता, लेकिन माता जी की असन्तुष्टि दिन-पर-दिन बढ़ती जा रही थी। फिर मेरा आत्मविश्वास एकदम समाप्त हो गया और मुझसे गलतियाँ होने लगीं। कोई काम मुझसे ठीक ढंग से होता ही नहीं। इस पर मुझको काफी डाँट-मार पड़ती।"[20]

प्रस्तुत उपन्यास में पितृसत्तात्मक सामाजिक एवं पारिवारिक ढाँचे में स्त्री की विविधोन्मुखी शोषण का भी वर्णन किया गया है। यहाँ पर 'नायक' की पत्नी कान्ति का शोषण उसके परिवार के लोग ही करते हैं। कान्ति को सास-ससुर की अनेक यातनाओं को सहना पड़ता है। कान्ति की दयनीय स्थिति का वर्णन करते हुए नायक कहता है– "सबसे दुःख की बात तो यह थी कि मैं किसी काम का नहीं था। मैं पढ़ा-लिखा नहीं था और न ही कुछ कमाता-धमाता था। यदि मैं कमाता होता तो मेरी पत्नी को इतनी तकलीफ न होती।"[21]

नायक की पत्नी कान्ति को सिर्फ सास-ससुर की यातनाओं को ही नहीं सहना पड़ता। बल्कि उसे पति की उपेक्षा का भी शिकार होना पड़ा। नायक की शादी कान्ति से धोखे से करायी जाती है। और कान्ति उतनी सुन्दर भी नहीं है जितनी कि नीलम सुन्दर थी। नायक को नीलम नामक लड़की दिखाई जाती है, जो कि सुन्दर थी, किन्तु शादी कान्ति से कराई जाती है। अत्यधिक सुन्दर न होने के कारण नायक कान्ति को पूर्ण रूपेण अपना नहीं पाता जिसके परिणामस्वरूप कान्ति का दाम्पत्य जीवन दुःखदायी हो जाता है। उसकी मानसिक यन्त्रणा उस समय और बढ़ जाती है, जब उसे ज्ञात होता है कि उसका पति अपने दफ्तर की एक महिला कर्मचारी रजनी के प्रति आकर्षित है। इन्हीं शारीरिक और मानसिक यातनाओं के चलते उसका स्वास्थ्य दिन-ब-दिन बिगड़ता जाता है जिसके परिणामस्वरूप उसकी मृत्यु हो जाती। अतः कहा जा सकता है कि अमरकान्त ने प्रस्तुत उपन्यास में पारिवारिक शोषण का यथार्थपरक चित्रांकन किया है।

'काले-उजले दिन' उपन्यास में अमरकान्त ने सिर्फ समवर्गीय शोषण का ही चित्रण नहीं किया बल्कि शोषण से निजात पाने हेतु शोषितों की मुक्तिकामी चेतना को भी दर्शाया है। उपन्यास का नायक 'मैं' अपनी विमाता के दुर्व्यवहारों से तंग आकर घर छोड़ देता है। और वासुदेवसिंह नामक क्रान्तिकारी के सम्पर्क में आकर क्रान्तिकारी बन जाता है। नायक कहता है– "मैंने घर छोड़ दिया। मैं अब क्रांतिकारी बन गया था। देश में क्रांति करने के लिए जा रहा था और आजादी के लिए अपने जीवन को कुर्बान कर सकता था। मैं बड़े ही उत्साह में था पर सबसे अधिक खुशी

मुझे इस बात की थी कि मुझे अपने घर से छुटकारा मिल गया था, जिसके लिए मैं सदा व्याकुल रहता था। घर पर रहना मेरे लिए कितना अपमानजनक था। मैं वहाँ एक नाली के कीड़े की तरह बिलबिलाया करता था, जिससे मुझे मुक्ति मिल गयी थी और अब किसी की परवाह नहीं करता था।"[22]

'सुन्नर पांडे की पतोह' उपन्यास में भी समवर्गीय शोषण की झलक दिखाई देती है। इस उपन्यास में भी पारिवारिक शोषण का वर्णन किया गया है। जिसमें एक स्त्री (विमाता) ही अपने सौतेले पुत्र व बहू का शोषण करती है। अमरकान्त का यह एक ऐसा उपन्यास है जिसमें पति द्वारा छोड़ दी गई स्त्री की करूण कथा है जो समाज में अपनी इज्जत बचाए रखने एवं जीवन यापन के लिए अनवरत संघर्ष करती रहती है। उपन्यास की नायिका 'राजलक्ष्मी' विवाहोपरान्त विविधोन्मुखी शोषण का शिकार होती है। शादी से पूर्व राजलक्ष्मी का जीवन समस्त सुख-सुविधाओं से परिपूर्ण था। माता-पिता की इकलौती सन्तान होने के कारण वह एक खुशहाल जिन्दगी जीती है।

राजलक्षमी की शादी सुन्नर पांडे के पुत्र झुल्लन पांडे से हो जाती है। शादी के बाद वह ससुराल में सुन्नर पांडे की पतोह नाम से जानी जाती है। शादी के बाद से राजलक्ष्मी की जिन्दगी में अचानक तूफान सा आ जाता है। राजलक्ष्मी को अपनी सौतेली सास अतिराजी जिसके आगे किसी की नहीं चलतीं "वह जब चाहे और जिसको चाहे झाड़-फटकार देती, चाहे वह सुन्नर पांडे हों, झुल्लन पांडे हों अथवा कोई और स्त्री या पुरुष।"[23] अतिराजी राजलक्ष्मी को भी परेशान करने लगती है। वह राजलक्षमी से न तो किसी को मिलने देती और न ही बातचीत करने देती। वह (अतिराजी) झुल्लन पांडे से भी राजलक्ष्मी को नहीं मिलने-बोलने देती थी। जब वे दोनों मिलते हैं तो वह उसे बातेंबात में ताना मारते हुए कहती है– "मिलने के लिए बहुत बैचेन हों हथिनी की तरह देह लेकर आई हों हमारा लड़का तो फूल की तरह कोमल है...खबरदार कि उधर मुँह किया। दो साल तक मिलना-जुलना बन्द। चुपचाप हमारी बगल में सोया करो।"[24]

अतिराजी के अत्याचारों से सिर्फ राजलक्ष्मी ही नहीं त्रस्त है बल्कि झुल्लन पांडे भी अपनी विमाता के शोषण का शिकार होता है। वह अपनी विमाता के दुवर्यवहारों से तंग आकर घर छोड़कर भाग जाता है। झुल्लन के घर से भागने के पश्चात् राजलक्ष्मी पर और भी कड़ी पाबन्दियाँ लग जाती है। उसकी सास उसे तरह-तरह से परेशान करती है। किन्तु राजलक्ष्मी उसकी समस्त यातनाओं को चुपचाप सहती रहती है। और अपने पति के घर लौट आने की प्रतीक्षा में दिन गुजारने लगती है। वह हर सुबह

नए उत्साह के साथ उठती है कि शायद आज उसका पति वापस आ जाएगा किन्तु ऐसा नहीं होता। शाम होते-होते उसकी आशा निराशा में तब्दील हो जाती। वह अपने पति की प्रतीक्षा में हर दुःखों, संकटों का सामना करती रहती है। वह सिर्फ अपने पति की प्रतीक्षा में जीती है। सिन्दूर के अतिरिक्त उसके पास उसके पति की कोई निशानी नहीं बचती जिसे वह गर्व से अपने माथे पर लगाती है। जब उसे पता चलता है कि वह अपने ही घर में सुरक्षित नहीं है तो वह अपने घर से निकल जाती है और वह अनजान राह पर चल देती है। उसे स्वयं ज्ञात नहीं होता कि वह किस रास्ते पर चल रही है। वह गाँव से चली जाती है और शहर में रहने लगती है। शहर में वह घर-घर भोजन बनाने का काम करने लगती है। वह पूरी ईमानदारी तथा मेहनत के साथ अपना काम करती है। जब उसे लगता है कि जिस जगह वह काम रही है वहाँ भी वह सुरक्षित नहीं है तो वह उस जगह को छोड़ देती है और दूसरी जगह काम करने लग जाती है। जब वह अन्य औरतों की स्थितियों से परिचित होती है तब उसे हर जगह औरतों की स्थिति दयनीय ही लगती है। वह जहाँ भी रहे उसके माथे पर सिन्दूर चमकता रहता है क्योंकि वही सिन्दूर उसके पति की अंतिम निशानी है और उसके लिए जीने का सहारा भी है। जिस दिन उसे पता चलता है कि अब उसके पति झुल्लन पांडे इस संसार में नहीं रहे उसके एक दिन बाद ही उसकी भी मत्यु हो जाती है। इस प्रकार राजलक्ष्मी की पूरी जिन्दगी अपने पति की प्रतीक्षा में गुजर जाती है। अपने जीवन में वह विविधोन्मुखी शोषण का शिकार होती है और अंतिम साँस तक उसका संघर्ष भी जारी रहता है।

'ग्रामसेविका' उपन्यास में भी समवर्गीय संघर्ष की सहज एवं स्वाभाविक अभिव्यक्ति हुई है। साथ ही शोषण से मुक्ति पाने के प्रयासों की भी सार्थक अभिव्यक्ति हुई है। प्रस्तुत उपन्यास की नायिका 'दमयन्ती' किशोरावस्था से ही शोषण का शिकार होती है। उसका शोषण जातिगत भिन्नता एवं आर्थिक तंगी के फलस्वरूप उसके प्रेमी अतुल के परिवार द्वारा होता है। अतुल दमयन्ती के पड़ोस में रहने वाला युवक है। दमयन्ती आठवीं कक्षा में है और उसकी उम्र लगभग सोलह वर्ष है। तभी उसके जीवन में अतुल नामक युवक का प्रवेश होता है। इस संबंध में लेखक ने लिखा है– "उसी समय दमयन्ती के जीवन में एक अजीब घटना घटित हुई। उसने गौर किया कि पड़ोसी का लड़का अतुल उसको बुरी तरह घूरता और उसको देखकर मुस्कुराने लगता। वह बहुत सुन्दर था- लंबा, तगड़ा और बड़ी-बड़ी आँखे। अतुल रुड़की में ओवरसियरी पढ़ता था और पूरे एक वर्ष के बाद आया था।"[25]

धीरे-धीरे अतुल और दमयन्ती के बीच नजदीकियाँ बढ़ती जाती है। अतुल दमयन्ती को प्रेमपत्र लिखता है, जिसमें वह दमयन्ती के प्रति अपने मनोभावों को व्यक्त करता है। दमयन्ती के मन में भी अतुल के प्रति आकर्षण का भाव रहता है। जिसके परिणामस्वरूप दोनों शारीरिक संबंध भी बनाते हैं। किन्तु जब दमयन्ती को पता चलता है कि अतुल की शादी किसी दूसरी लड़की से तय हो जाती है, तब उस पर वज्र सा टूट पड़ता है। दमयन्ती को विश्वास नहीं हो पाता कि जो अतुल उसका प्रेम पाने के लिए कुछ भी कर सकता था, वही आज जातिगत श्रेष्ठता के कारण व पैसे के लोभ में पड़कर उसे ठुकरा रहा है। अतुल को मिलने वाले दहेज एवं अतुल द्वारा अपने प्रति किए गए व्यवहारों का वर्णन निम्न शब्दों में करती है– "लड़की बहुत सुन्दर है और उसके बाप बहुत धनी हैं, जो तिलक में दस हजार देंगे। यह सुनकर दमयन्ती का सारा शरीर सुन्न हो गया था जैसे देह का सारा खुन बाहर निकल गया हो परन्तु उसको विश्वास न हुआ। जिसने उसके शरीर को आलिंगन में बाँधकर कसमें खाई थीं, जो उसको अच्छी-अच्छी रायें देता रहा और उसकी भलाई के लिए सदा सोचता रहा, वह ऐसा नहीं कर सकता।"[26] अतुल द्वारा ठुकरायी जाने पर दमयन्ती की मनः स्थिति पागलों जैसे हो जाती है। उसे रातों को नींद नहीं आती उसे ऐसा आभास होता है कि दुःख और निराशा से उसका कलेजा फट जाएगा। दमयन्ती की मनःस्थिति का वर्णन करते हुए लेखक ने लिखा है– "दमयन्ती की हालत पागलों जैसी हो गयी थी। आश्चर्य यह था कि उसने इतना भारी दुख बरदाश्त कर लिया।"[27]

दमयन्ती की मानसिक वेदना उस समय और बढ़ जाती है जब अतुल का पत्र मिलता है जिसमें वह दमयन्ती से प्रार्थना करता है कि तुम किसी अच्छे लड़के से शादी कर लेना और मुझे भूल जाना। वह पत्र में लिखता है– "मैं दब्बू-का-दब्बू ही रहा। मैंने तुम्हारे साथ जो किया है, उसकी माफी मैं नहीं मागूँगा, मैं तुमसे यही प्रार्थना करूँगा कि तुम किसी अच्छे लड़के से शादी कर लेना और मुझे भूल जाना।"[28] पिता की मृत्यु के पश्चात् पारिवारिक जिम्मेदारियों का बोझ भी उस पर आ जाता है। इन सारी परेशानियों के बावजूद भी वह साहस के साथ विपरीत परिस्थितियों से मुकाबला करती है।

'ग्रामसेविका' उपन्यास में अमरकान्त ने न सिर्फ समवर्गीय शोषण का चित्रण किया बल्कि शोषण में मुक्ति पाने हेतु शोषितों की मुक्तिकामी चेतना के स्वर को भी दर्शाया है। प्रस्तुत उपन्यास में दमयन्ती जातिगत भिन्नता व निम्न आर्थिक स्तर

के चलते शोषण का शिकार होती है किन्तु वह शोषण से मुक्ति पाने हेतु धैर्य से काम लेती है। दमयन्ती के संकल्पशक्ति के बारे में लेखक ने लिखा है– "वह साहस, संघर्ष और कर्मठता का जीवन अपनाकर अपने दुःख, निराशा और अपमान का बदला चुकाएगी।"[29] दमयन्ती की विशुनपुर नामक गाँव में ग्रामसेविका के पद पर नियुक्ति हो जाती है। वहाँ पर भी उसे अनेक कठिनाइयों का सामना करना पड़ता है। वह आने वाली कठिनाइयों से भयभीत नहीं होती बल्कि उनका डटकर सामना करती है। वह अपनी संघर्ष शक्ति के बल पर ही समस्याओं से निजात पाती है और एक सुखमय एवं उद्देश्यपूर्ण जीवन जीने लगती है।

(ग) पीढ़ियों का संघर्ष :

समाज में शोषक-शोषित संघर्ष व समवर्गीय संघर्ष के समान ही पीढ़ीगत संघर्ष भी अनादिकाल से चला आ रहा है। इस पीढ़ीगत संघर्ष को विश्व के किसी भी साहित्य, समाज, समुदाय, धर्म व जातियों आदि में देखा जा सकता है। प्रत्येक पुरानी पीढ़ी और नयी पीढ़ी के मध्य जो संघर्ष चलता है उसके मूल में है– परंपरागत मूल्यों, मान्यताओं, सिद्धांतों, विचारों, संस्कारों व क्रियाकलापों के प्रति दृष्टिगत भिन्नता। प्रत्येक पुरानी पीढ़ी के लोग यही सोचते हैं कि जिन मूल्यों, मान्यताओं, सिद्धांतों, रीति-रिवाजों, संस्कारों आदि को हम सदियों से मानते चले आ रहे हैं ठीक उसी तरह नवागत पीढ़ी भी उन परंपरागत मूल्यों, मान्यताओं, रीति-रिवाजों को अंगीकार करें। किन्तु हर नई पीढ़ी चीजों को एकदम उसी रूप में स्वीकार नहीं करती है जिस रूप में उनके बड़े बुजुर्ग स्वीकार करते हैं। नयी पीढ़ी अपने समय, समाज व जरूरत के अनुरूप उनमें परिवर्तन व संशोधन भी करना चाहती है, जो कि पुरानी पीढ़ी के लोगों के अनुरूप ठीक नहीं है। नयी पीढ़ी व पुरानी पीढ़ी की सोच में समय का अन्तराल होता है जिसके परिणामस्वरूप उनके विचारों में टकराहट होती रहती है। यह जरूरी नहीं है कि जो परिवेश, समय, समाज, पुरानी पीढ़ी के लोगो के समय में था वहीं नवीन पीढ़ी के समय में भी हो। बदलते समय के साथ चीजों को देखने परखने का नजरिया भी बदल जाता है। जिसके परिणामस्वरूप पुरानी पीढ़ी की तरह नवीन पीढ़ी के लोग नहीं सोच पाते बल्कि वे कुछ हटकर, नये ढंग से, तार्किक होकर चीजों को परखते और स्वीकार करते हैं। आधुनिकता के चलते प्रत्येक नई पीढ़ी परंपरागत मूल्यों, मान्यताओं, धार्मिक-सामाजिक रूढ़ियों, अंधविश्वासों को तार्किकता की कसौटी में कसकर ही स्वीकार करने पर बल देते हैं। पीढ़ीगत संघर्ष से जहाँ एक

ओर पुराने मूल्यों का ह्रास होता है तो दूसरी तरफ कुछ नये मूल्यों का सृजन भी होता है। पुरानी पीढ़ी के लोग नवीन मूल्यों, मान्यताओं को अंगीकार करने में स्वयं को असमर्थ पाते है तो नयी पीढ़ी के लोग परंपरागत मूल्यों को निरर्थक, सारहीन मानकर उपेक्षा करते हैं। इन्हीं सिद्धांतों, विचारों व दृष्टिकोणों को लेकर ही लेखक ने इस पीढ़ीगत संघर्ष को यथार्थपरक अभिव्यक्ति की है। पुरानी पीढ़ी के लोग किस प्रकार नवीन पीढ़ी पर अपने विचारों, संस्कारों व सिद्धांतों को मानने पर मजबूर करती है। अमरकान्त के उपन्यासों- 'सूखा पत्ता', 'ग्रामसेविका', 'आकाश पक्षी', 'सुन्नर पांडे की पतोह' आदि में इस पीढ़ीगत संघर्ष को देखा जा सकता है।

'सूखा पत्ता' उपन्यास के मुख्य पात्र कृष्ण को उर्मिला नामक एक विजातीय लड़की से प्रेम होता है। इसी के चलते कृष्ण, उसके माता-पिता तथा उर्मिला के माता-पिता के बीच हुई बातचीत के माध्यम से अमरकान्त ने पीढ़ीगत संघर्ष को दर्शाया है। प्रत्येक पुरानी पीढ़ी की यही इच्छा यही होती है कि आनेवाली नयी पीढ़ी उन मूल्यों, मान्यताओं का निर्वाह करे जो उन्हें विरासत के रूप में मिलती है। पुरानी पीढ़ी के लोग यह भी चाहते हैं कि जिस प्रकार उनकी शादी अपनी ही जाति की लड़की से तथा माता-पिता द्वारा पसन्द की गयी लड़की से होती है। उसी तरह उनके बच्चे भी (नयी पीढ़ी के लोग) अपने माँ-बाप द्वारा पसंद की गयी सजातीय लड़की से ही शादी करें। वे नहीं चाहते कि उनकी सन्ताने अन्तर्जातीय विवाह व प्रेम-विवाह करें। उनकी दृष्टि में प्रेम-विवाह व अन्तर्जातीय विवाह करना निन्दनीय, अवैध व संस्कारहीन कार्य है। जब उर्मिला की माँ उर्मिला और कृष्ण को प्रेम करते हुए देख लेती है तो उर्मिला को बहुत डाँटती है और उसकी पिटाई भी करती है। वह कृष्ण पर जाति-पाँति को न मानने का आरोप भी लगाती है। इस पर कृष्ण कहता है, "उर्मिला और मैंने एक-दूसरे को प्यार किया है और हम शादी करना चाहते हैं। यही बात मैं पिछले कई दिनों से आप लोगों से कहना चाहता था। चाची जी, अब जमाना तेजी से आगे बढ़ रहा है। लड़के और लड़कियाँ एक-दूसरे को पसन्द कर शादी कर लेते हैं। यह जाति का बन्धन एक ढकोसला है, चाची जी। इससे बुरी चीज कोई नहीं। यह इनसान को इनसान से अलग कर देती है। मैंने और उर्मिला ने शादी करने का निश्चय किया है और मैं आपके पैरों पर पड़कर प्रार्थना करता हूँ कि आप हमको अपना आशीर्वाद दें। उर्मिला एकदम निर्दोष है, गंगा की तरह पवित्र चाची जी, मैं मर जाऊँगा पर उर्मिला को नहीं छोड़ूँगा। अगर उसको बहुत तंग किया गया तो आप उसकी और मेरी लाश ही पाएँगी।"[30] नयी पीढ़ी द्वारा पीढ़ीगत प्रेम-विवाह व

अन्तार्जातीय विवाह को महत्त्व देने पर पुरानी पीढ़ी द्वारा सख्त विरोध किया जाता है। इसी संघर्ष को अमरकान्त ने अपने उपन्यासों में दर्शाया है। उर्मिला की माँ बच्चों को लेकर कृष्ण के घर से चली जाती है। उर्मिला के पिता किसी भी तरह से कृष्ण को अपनी बेटी के रास्ते से हटाना चाहते हैं। जब नयी पीढ़ी समझाने पर भी नहीं मानता तो पुरानी पीढ़ी के लोग उन्हें जान से मारने की धमकी भी देते हैं तथा कहीं-कहीं तो प्रेमियों की हत्या तक कर दी जाती है। हरियाणा राज्य इसका प्रत्यक्ष प्रमाण है। संकटाप्रसाद उर्मिला के फूफा कृष्ण को जान से मारने की धमकी तक देता है। एक दिन उर्मिला के पिता कृष्ण से मिलकर विनती करते हैं "बेटा, जब समाज बदलेगा, तब बदलेगा। आज नामुमकिन है। मैं खुद आज इससे नफरत करने लगा हूँ। जिस समाज में मेरी बेटी इतनी दुखी है, उसको मैं कतई प्यार नहीं कर सकता। पर यह तुमसे कहता हूँ, बाहर यह बात नहीं कहूँगा। मान लो, उर्मिला से तुम्हारी शादी कर भी लेता हूँ तो जानते हो मेरी दो छोटी लड़कियों की क्या हालत होगी? उनको कोई नहीं पूछेगा, और उनका भविष्य कैसा होगा, यह सोचकर मैं काँप उठता हूँ। अगर मेरे पास पैसे होते, तो भी एक बात थी। तब मैं न डरता। रुपए के जोर से सबका मुँह बन्द कर देता। लकिन, मेरे पास यह भी नहीं। फिर उन लड़कियों का क्या करूँगा? सिर्फ एक ही रास्ता बच रहेगा कि हम सभी जहर खाकर खुदखुशी कर लें। इससे मैं तुमसे त्याग करने की प्रार्थना करने आया हूँ, बेटा।"[31] इस प्रकार नयी पीढ़ी का नवयुवक कृष्ण को वह ठगता है। कृष्ण जाति को नहीं मानता है। वह कहता है "जाति एक सामाजिक ढकोसला है, अपने झूठे अहंकार का कमजोर किला। कुछ साधन सम्पन्न लोगों ने कमजोरों को दबाना चाहा और इसके लिए उनकी सीमाएँ निश्चित कर दीं। इस संसार में दो ही जातियाँ हैं, एक अच्छे लोगों की और दूसरी बुरे लोगों की, एक साधन-सम्पन्न लोगों की और साधन-विहीन लोगों की। क्या ब्राह्मण जाति में एक-से-एक कमीने बदमाश, व्यभिचारी और लुच्चे नहीं भरे हैं? क्या और दूसरी जातियों में अच्छे लोग नहीं हैं? क्या यह सच नहीं है कि ऊँची कही जानेवाली जातियों के लिए लोग छिपकर कुकर्म करते हैं और फिर भी अपने को श्रेष्ठ समझते हैं? जाति के विभाजन...।"[32] इस प्रकार नयी पीढ़ी का नवयुवक तथा कथानायक पुरानी पीढ़ी की मान्यताओं को मानने के लिए तैयार नहीं होता है बल्कि वह नये ढंग से, नये तरीके से जीना चाहता है। उसके लिए प्रेम करने के लिए कोई जाति-पाँति का बंधन नहीं होता है। यह सच है कि एक ही बिन्दु पर दो पीढ़ियों की सोच तथा मान्यताओं में अंतर होता है और

इसके कारण एक परिवार के भीतर ही कई परेशानियाँ तथा समस्याएँ उत्पन्न होती हैं।

'ग्रामसेविका' उपन्यास की नायिका दमयन्ती नयी पीढ़ी की एक नारी है, जो पूरे जीवन संघर्ष करती है। बचपन में ही उसकी माँ का निधन हो जाता है और वह अपने पिता और छोटे भाई के साथ रहती है। किशोरावस्था में ही उसे पड़ोस में रहने वाले युवक अतुल से प्रेम होता है। "आठवीं कक्षा में वह थी तो उसकी उम्र लगभग सोलह वर्ष की थी।"[33] वे एक दूसरे से बेहद प्रेम करते हैं। अतुल दमयन्ती को पत्र भेजता है, जिसमें लिखा होता है कि अतुल उसे प्रेम करता है और शादी भी करना चाहता है। उनके हरकतों से यह ज्ञात होता है कि वे नयी पीढ़ी की युवक-युवती हैं। किन्तु पहले से ही दमयन्ती में एक डर सा होता है कि उसके परिवार वाले उनके प्यार को नहीं मानेंगे, क्योंकि अतुल दूसरी जाति का है। किन्तु अतुल उसके साथ खिलवाड़ करता है तथा किसी और से शादी कर लेता है। इसके बाद दमयन्ती विशुनपुर गाँव में ग्रामसेविका की नौकरी करती है। "विशुनपुर गाँव छोटा नहीं कहा जा सकता, परन्तु उसमें कोई स्कूल नहीं था और लड़कों को पढ़ने के लिए रामगढ़ जाना पड़ता, जहाँ अस्पताल, थाना वगैरह भी थे।"[34] वह उस गाँव में नौकरी करती है जहाँ "अजीब-अजीब विश्वास हैं। कोई कहता है कि पढ़ने-लिखने से गरीबी आती है। लड़के को भिखमंगा बनाना है क्या? घीसू की पतोह ने कहा कि पढ़ने से लड़के का दिमाग उल्टा-सीधा हो जाएगा और वह घर से भाग जाएगा।"[35] इन अंधविश्वासों भरे माहौल में भी दमयन्ती अपने काम में शिथिलता नहीं आने देती। स्कूल में धीरे-धीरे बच्चे आने लगते हैं। वह गाँव के जीवन में सामाजिक रूपांतरण का कार्य करती है। इस प्रकार धीरे-धीरे दमयन्ती के साहस और मेहनत से विशुनपुर गाँव का कायाकल्प हो जाता है। वह गाँव की पुरानी पीढ़ी की सोच तथा मान्यता में परिवर्तन लाती है। शैक्षिक पिछड़ेपन, अंधविश्वास व परंपरागत रूढ़ियों से ग्रसित विकृत मानसिकता वाले ग्रामवासियों के हृदय में दमयन्ती नवीन चेतना का संचार करती है। और उन्हें रूढ़िग्रस्त मानसिकता से मुक्त करती है। इस उपन्यास में निम्न मध्यवर्गीय समाज की पुरानी पीढ़ी की सोच तथा मान्यताओं में परिवर्तन नयी पीढ़ी की नारी करती है।

'आकाश पक्षी' उपन्यास में भी उपन्यासकार ने ऐसी ही स्थिति की चर्चा की है जिसमें दो पीढ़ियों के संघर्ष मिलते हैं। 'हेमा' उन सामंत परिवार की है जिन्होंने आज़ादी के बाद भी अपने आपको सामंत माना और कर्म से लगातार मुँह मोड़ते रहे। वे उस समय की स्मृतियों के सहारें जीते हैं और नए पीढ़ी की सोच तथा परिवेश

को हर संभव तरीके से नकारनें का प्रयत्न करते हैं। हेमा, बड़े सरकार की बेटी है, जो अत्यंत संवेदनशील है। उसे अपने ही घर का माहौल पसंद नहीं है और उसे नए जमाने के परिवेश से बदलना भी चाहती है। किन्तु जब भी वह प्रयत्न करती है उसे सब कहने लगते हैं कि तुम राजकुमारी हो और राजकुमारी की तरह रहो, तुम्हे कोई काम करने की आवश्यकता नहीं है। इससे हेमा को बहुत दुख होता है। हेमा के पड़ोस में रवि रहता है जो उसे पढ़ाता है। हेमा को रवि से प्रेम होता है और वे एक दूसरे से प्रेम करते हैं। वे पढ़ाई से ज्यादा प्रेम करने लगते हैं। एक दिन रानी साहिबा, प्रेमा की माँ दोनों को प्रेम की बात तथा शादी की बात करते हुए पकड़ लेती है। वे रवि को बहुत फटकारती है और उसे घर से बाहर निकाल देती है। वे हेमा को भी खूब डाँटती है और उसकी पिटाई भी करती है। रवि अपने घरवालों से हेमा से विवाह करने का प्रस्ताव रखता है। रवि के पिता बड़े सरकार के पास जाते हैं और हेमा के साथ रवि के विवाह का प्रस्ताव रखते हैं। लेकिन इससे बड़े सरकार भड़क जाते है और रवि के पिता इंजीनियर का अपमानित करते हैं। रवि अपने प्रेम के पक्ष में कहता है, "आप जानती हैं कि यह जमाना तेजी से बदल रहा है। अब वह समय बहुत जल्दी आ रहा है, जब हमारे देश में जाति और धर्म की दीवारें ढह जाएँगे। हम लोगों ने कोई बुरा कर्म नहीं किया है। हम आपका आशीर्वाद चाहते हैं।"36 रवि अपनी सोच (नयी पीढ़ी की सोच) को सही मानता है और उसी के अनुसार चलना भी चाहता है। किन्तु सामंती विचारधारा से पोषित हेमा के माता-पिता उसकी बातों को बिल्कुल नहीं मानते हैं। वे उसकी बातों का सख्त विरोध करते हैं। उनकी रियासत खत्म होने के बाद भी शानो शौकत उसी तरह बनी रहती है जो रियासत के समय रहती है। सामन्तवादी विचारधारा से ग्रसित होने पर उनके अन्दर जातिगत अहंकार भी है। तभी तो हेमा की माँ रवि को डाँटती हुई कहती हैं "शादी! तुम मेरी बेटी से शादी करना चाहते हो? अपना मुँह गड्ढे में धो आओ। मेरी बेटी जहाँ चाँद है, तुम बौने हो। मेरी बेटी सोना है तो तुम नाली की कीड़े हो। तुम क्या खाकर उसका मुकाबला कर सकते हो?"[37] जातिगत श्रेष्ठता के कारण ही हेमा की माता जी रवि को बौना कहती है। रवि चाहता है कि समाज अपनी परंपरागत रूढ़ियों से मुक्त हो जाए और वह समय के साथ चलकर देश के विकास में हाथ बटायें। यह नयी पीढ़ियों का विचार है जहाँ नवयुवक आजादी से जिन्दगी जीना चाहते है, किसी बंधन में नहीं जुड़े रहना चाहते हैं। किन्तु ऐसी सोच रखने वाले लोग पुरानी पीढ़ियों की सोच से नहीं जी पाते हैं। आखिर जीत पुरानी मान्यताओं तथा सोच की ही होती

है। अमरकान्त जानबूझ कर नयी पीढ़ी को जीतने नहीं देते हैं। उनके उपन्यासों में तटस्थ दृष्टिकोण की प्राथमिकता दिखाई देती है। इसके बारें में राजेन्द्र यादव कहते हैं "अमरकान्त के अधिकांश पात्र अपनी समस्याओं, स्थितियों या सपनों में उलझे-फंसे और डूबे हुए लोग हैं-और उन्हें जब दूसरों की निगाह से देखा जाता है तो उनकी सारी छोटी-छोटी कोशिश- हास्यास्पद चेष्टाएँ बनकर रह जाती है।"[38] इस उपन्यास में अमरकान्त ने रवि व बड़े सरकार के माध्यम से परंपरागत मूल्यों, मान्यताओं व रूढ़ियों के प्रति दो पीढ़ियों के मध्य होने वाली टकराहट का यथार्थपरक अंकन किया है। बड़े सरकार सामन्तवादी विचारधारा के पोषक हैं तो रवि आधुनिक विचारों वाला नवयुवक है। इस उपन्यास में रवि अपनी नयी पीढ़ी की सोच को लेकर पुरानी पीढ़ी की सोच से संघर्ष करता है, किन्तु उसकी जीत नहीं हो पाती है। हेमा का विवाह उससे दुगुने उम्र के व्यक्ति कुँवर युवराज सिंह से हो जाता है। हेमा की इच्छाओं एवं अरमानों का अंत हो जाता है।वह मजबूर होकर चुपचाप सब कुछ स्वीकार कर लेती है और जिन्दा लाश बनकर अपना शरीर उसे सौंप देती है।

इस पीढ़ीगत संघर्ष को 'सुन्नर पांडे की पतोह' उपन्यास में भी दर्शाया गया है। झुल्लन पांडे की माता जी उसकी देखभाल करने में तथा उसे बनानें में इस तरह की दबाव देती है कि वह कुछ बनने के बदले बिगड़ता चला जाता है। इसमें झुल्लन के पिता जी सुन्नर पांडे भी नहीं बचते हैं। "अतिराजी के दबंगई-भरे अत्यधिक लाड़-प्यार और सुन्नर पांडे की लापरवाही और दुर्व्यवहार ने झुल्लन को बेहद दब्बू, अव्यावहारिक और पलायनवादी बना दिया। वह हर चीज से भागता। अधिक उम्र होने पर स्कूल में उसका नाम लिखाया गया तो पढ़ने में उसकी तबीयत एकदम न लगी। और सुन्नर पांडे जब जुआ और मुकदमेबाजी से फुर्सत पाकर गाँव आते तो झुल्लन को पढ़ने के लिए कहते और वह न पढ़ता तो उसकी बुरी तरह पिटाई करते। इसका नतीजा यह हुआ कि वह स्कूल से भागकर सड़क के पास एक बगीचे में स्थित-मठिया में पहुँच जाता और वहाँ देर तक साधुओं के साथ समय गुजारता। इसी बीच उसे गाँजा-भाँग की आदत लग गई। जब सुन्नर पांडे को उसका पता लगा तो उन्होंने उसकी ऐसी पिटाई की कि दूसरे दिन वह एक साधु के साथ घर से भाग गया।"[39] झुल्लन की माँ अतिराजी सुन्नर पांडे को प्यार से समझाने के लिए कहती है। झुल्लन की शादी के बाद उसकी माँ उसे उसकी पत्नी से भी नहीं मिलने देती। जबकि झुल्लन मिलना चाहता है। उससे मिलकर झुल्लन को खुशी होती है। उपन्यासकार लिखते हैं "गौना के बाद वह ससुराल आई तो झुल्लन पांडे बहुत खुश

थे। वह उत्साह के साथ घर-गृहस्थी में मन लगाने लगे।"[40] अतिराजी हमेशा अपनी बहू से जलती रहती है। और वह अपनी बहू से कहती है—"मिलने के लिए बहुत बैचेन हों हथिनी की तरह देह लेकर आई हों हमारा लड़का तो फूल की तरह कोमल है...खबरदार कि उधर मुँह किया। दो साल तक मिलना-जुलना बन्द। चुपचाप हमारी बगल में सोया करो।"[41] अतिराजी की हरकतों से तथा उसके लाड़ प्यार से राजलक्ष्मी पर क्या बीतती है, ये किसी ने ध्यान नहीं दिया। उसकी हालत का वर्णन उपन्यासकार ने इस प्रकार किया है "कभी-कभी अकेले में आँसू बहाया करती। उसे माँ-बाप की याद आती। गाँव के खेत-खलिहान, बाग-बगीचे, ताल-तलैया का खयाल करके उसका कलेजा मुँह को आने लगता, वह पुक्का फाड़कर रो पड़ती, फिर भी वह मजबूर थी। अब तो यही उसका घर-द्वार था, यहीं उसे मरना-खपना था और उसका जो कुछ होना था, यहीं होना था। जब ये लोग चाहेंगे, तभी वह माँ-बाप के पास जा सकती थी।"[42] अतिराजी और सुन्नर पांडे पुरानी पीढ़ी की मानसिकता का प्रतिनिधित्व करते हैं। और उनके समस्त कार्य पुरानी मान्यताओं के अनुसार होते हैं। राजलक्ष्मी अपनी सास से काँपती है। "गाँव की लड़कियाँ या बहुएँ उससे मिलने आतीं तो अतिराजी उनके बीच आ बैठती और उनकी बात काटकर अपने जमाने की बात करने लगती, अपने मैके की प्रशंसा करती, अपने गुणों का बखान करती और नए जमाने की लड़कियों और बहुओं की आलोचना करने लगती।"[43] अतिराजी नयी पीढ़ी के विरुद्ध है वह नयी पीढ़ी की बहू को किसी से मिलने भी नहीं देती है। इन सभी स्थितियों से झुल्लन परिचित है किन्तु वह कुछ नहीं कर सकता है। "झुल्लन पांडे उदास रहने लगे। वह कभी ओसारे में चुपचाप बैठ जाते सिर झुकाकर। न इधर देखते न उधर, लगता कोई गाय या भैंस अथवा बैल किसी ऐसी आन्तरिक तकलीफ में उदास है जिसको वह प्रकट न कर सकता हो। उनकी तबीयत अब घर में एकदम न लगती, घर, गाँव और दुनिया से भागने लगती और वह चुपके से मठिया की ओर निकल जाते। वह देर तक मठिया के बाहर सड़क के किनारे बैठे रहते, पर मठिया के अन्दर वह न जाते। उन्हें अपने से डर लगता। कभी-कभी वह घर से भागने की सोचते पर उन्हें पत्नी की याद आ जाती और मन डगमगा जाता।"[44] कई प्रकार की परेशानियों, दबावों आदि के कारण एक दिन झुल्लन पांडे घर से भाग जाते हैं। समाज में जब इस पीढ़ीगत संघर्ष को देखा जाता है तब यह देखने में आता है कि पुरानी पीढ़ी के दबावों के फलस्वरूप नवीन पीढ़ी की मान्यताओं का हनन होता है। पुरानी पीढ़ी के आगे नवीन पीढ़ी के लोगों को अपनी इच्छाओं, आकाँक्षाओं का गल घोटना

पड़ता है। अमरकान्त के उपन्यासों में इस संघर्ष की सहज अभिव्यक्ति हुई है। नवीन विचारधारा के समर्थक उनके सभी पात्र प्रायः पुरानी पीढ़ी के सड़ी-गली मान्यताओं के आगे झुक जाते हैं।

(घ) मानसिक विकृतियाँ :

अमरकान्त ने अपने उपन्यासों में परिस्थितियों के घात-प्रतिघात से उत्पन्न पात्रों की असामान्य मनः स्थितियों का चित्रण मनोवैज्ञानिक ढंग से किया है। मनोविज्ञान को मन का विज्ञान कहा जाता है। आज के समय में मनोविज्ञान का सर्वमान्य अर्थ 'व्यवहार का विज्ञान' माना गया है और जीवन की संघर्ष-पूर्ण परिस्थितियों के प्रति मानव की प्रतिक्रिया को व्यवहार कहा जाता है। "प्रसिद्ध मनोवैज्ञानिक फ्रायड ने अचेतन मन की सम्पूर्ण शक्तियों का मूल आधार मानव की दमित काम-वासना को माना है। काम-वासना का दमन इसलिए करना पड़ता है कि समाज में नैतिकता के बन्धनों का आधिक्य है। ये बन्धन मध्यवर्गीय समाज में सबसे कठोर हैं। मध्यवर्ग ने अपने वर्ग को जिन नैतिक नियमों-बंधनों से जकड़ा हुआ है, उनमें सेक्स-सम्बन्धी बंधन प्रबलतम है। मध्यवर्ग अन्य वर्गों से अपनी संस्कृति तथा जीवन की उच्चता की घोषणा कर सके, इसलिए उसने अपने समाज को कृत्रिम और कठोर बंधनों में बाँध कर अस्वाभाविक जीवनयापन करने के लिए विवश कर दिया है।"[45] अमरकान्त के उपन्यासों में मानव-मन की विभिन्न प्रवृत्तियों का विश्लेषण मिलता है, जिनमें प्रमुख हैं– पुरुष पात्रों की अहमन्यता, सेक्स-संबंधी अतृप्ति एवं दमित वासना, पुरुषों की असह्य मानसिकता एवं हीनता और स्त्री एवं पुरुष पात्रों का मानसिक तनाव आदि। अमरकान्त के उपन्यासों के पात्र सामाजिक संदर्भों में मानसिक तनाव से संघर्ष करते हैं।

मानसिक द्वंद्व एवं तनाव :

'काले-उजले दिन' उपन्यास में नायक अपनी पत्नी कान्ति के साथ शहर में जाता है और वहाँ नौकरी करता है। शादीशुदा होते हुए भी नायक अपने ऑफिस में काम करने वाली रजनी नामक युवती के साथ विवाहेतर प्रेम-संबंध रखता है। सामाजिक मर्यादा एवं विपरीत लिंग के प्रति सहज आकर्षण के फलस्वरूप उसके मन में अपनी पत्नी कान्ति एवं प्रेमिका रजनी को लेकर एक अन्तर्द्वन्द्व चलता रहता है। समाज के डर से वह (नायक) न तो कान्ति का पूर्णतः परित्याग कर सकता है

और न ही खुलेपन से रजनी के साथ विवाहेतर प्रेम-संबंध रख सकता है। इसी कारण वह तनाव ग्रस्त रहने लगता है तथा असामान्य व्यवहार करने लगता है। रजनी उससे प्रश्न करती है कि "आखिर क्या होगा हमारा?"[46] रजनी का यह प्रश्न नायक के मन में प्रतिक्षण गूँजता रहता है और उसे बहुत परेशान करता है। वह मन-ही-मन सोचता है "यह सच है कि मैं रजनी को अपनी सारी शक्ति से प्यार करता हूँ, लेकिन क्या मैं उसके लिए कान्ति को छोड़ सकता हूँ? यह सोचते ही मैं डर गया। मुझे फौरन ही महसूस हो गया कि मैं ऐसे साहस का कदम उठा नहीं सकता हूँ। इस प्रकार की चुनौतियों का सामना करने की मेरी हिम्मत नहीं है। मैं यह स्वीकार करता था कि कान्ति को मैं किसी भी हालत में प्यार नहीं कर सकता था। कान्ति मुझ पर जबरदस्ती थोप दी गयी थी। लेकिन इस तथ्य को मैं समाज के सामने स्वीकार नहीं कर सकता था। मुझमें हिम्मत नहीं थी, इसीलिए मैं धोखा-धड़ी, आडम्बर और षड़यंत्र के रास्ते को अख्तियार किये हुए था।"[47] नायक ऐसी लड़की से शादी करता है जिसे वह पसंद नहीं करता। शादी के लिए उसे नीलम से परिचय करवाया जाता है जो काफी सुंदर है। किन्तु शादी कान्ति से हो जाती है जिसके कारण नायक के सपने चकनाचूर हो जाते हैं। उसके साथ धोखा होता है। "कान्ति को देखकर मुझे बहुत ही चोट पहुँची। कान्ति बदसूरत तो नहीं थी, लेकिन उसको खूबसूरत भी नहीं कहा जा सकता। वह बहुत गोरी भी नहीं थी नीलम की तरह। उसकी आँख- छोटी-छोटी थीं और नाक कुछ चपटी-सी। निस्सन्देह उसके चेहरे पर सज्जनता, सलज्जता एवं शिष्टता थी, लेकिन इसकी मुझे आवश्यकता नहीं थी। मैं चाहता था जवानी और सौन्दर्य। मेरी आँखों के सामने अन्धकार छा गया। संसार में इतना सुख है, इतना सौन्दर्य है, परन्तु क्या मैं ही ऐसा हूँ? जिसको यह सब नहीं मिलता? मैं किस नियति के भँवर-जाल में फँसा हूँ?"[48] शादी के काफी समय बाद भी नायक को अपनी पत्नी कान्ति से उतना लगााव नहीं होता है। नायक को अपनी पत्नी की लापरवाही बिल्कुल पसंद नहीं। कान्ति अपने स्वास्थ्य पर ध्यान नहीं देती है। वह खाने-पीने में लापरवाही करती है। "वह अपने खाने-पीने पर ठीक से ध्यान नहीं देती थी। मुझको तो वह खूब डटकर खिलाती थी, पर अपने रूखा-सूखा ही खाकर दिन काट देती।"[49] वह खाने-पीने में ही नहीं बल्कि पहनने-ओढ़ने तथा साफ-सफाई में भी लापरवाह हो जाती है। "वह अपने पहनने-ओढ़ने तथा शौक-शृंगार पर भी ठीक से ध्यान नहीं देती थी। मैं उसके लिए कोई अच्छी साड़ी आदि खरीद कर ले आता तो वह मुझे ऐसा करने के लिए मना करती और उन चीजों को ट्रंक में रख देती थी।"[50]

नायक पढें-लिखे और आधुनिक जीवन-शैली को अपनाने के पक्ष में होता है, जबकि कान्ति पढ़ी-लिखी नहीं है और उसमें आधुनिक स्त्रियों की तरह रहन-सहन का ढंग नहीं है। कठोर परिश्रम और खान-पान में लापरवाही करने के परिणामस्वरूप कान्ति का स्वास्थ्य दिन-ब-दिन बिगड़ता जाता है। बच्ची होने के बाद तो वह और भी ज्यादा कमजोर पड़ गयी। "वह दुबली हो गयी। उसकी आँखों के नीचे गड्ढे-से पड़ गए। गाल पिचक गए। कभी-कभी उसके पेट में दर्द भी उठता।"[51] इस प्रकार कई कारणों से नायक के अन्दर मानसिक तनाव उत्पन्न होता है और वह असामान्य व्यवहार करने लगता है। इस उपन्यास का नायक अपनी पत्नी के होते हुए दूसरी लड़की से संबंध रखता है। वह ऑफिस में काम करने वाली रजनी से प्रेम कर बैठता है। इस प्रकार नायक विचित्र मानसिक द्वंद्व में फंसता है। वह रजनी के साथ बनाए संबंध को समाज के सामने नहीं ला पाता है जिसके कारण उसके अन्दर हमेशा द्वंद्व की स्थिति बनी रहती है। उसकी पत्नी कान्ति की मृत्यु बीमारी और मानसिक पीड़ा के चलते हो जाती है। उसकी मृत्यु के बाद नायक रजनी से शादी कर लेता है किन्तु उसे उतनी खुशी नहीं मिलती, उसके मन के किसी कोने में उसकी पत्नी को लेकर पीड़ा बनी रहती है।

'कटीली राह के फूल' उपन्यास में अमरकान्त ने आत्मकथात्मक शैली में उपन्यास के नायक अनूप की हीनभावना, उसके अंतर्द्वन्द्व तथा उसकी प्रेरक स्थितियों का विश्लेषण किया है। अनूप अहम् से भरे स्वभाव का है और वह अपनी हीनभावना को साहसिक कार्य करके छिपाना चाहता है। विश्वविद्यालय के खेल के मैदान से प्रेम के मैदान तक वह अपना साहसिक व्यक्तित्व का प्रदर्शन करता है। किन्तु अनूप का अपना मानसिक द्वंद्व उसे परेशान किए रहता है। वह मधु और कामिनी नामक दों लड़कियों से प्रेम करता है। शर्मीला स्वभाव तथा किसी बात को अभिव्यक्त न कर पाना ही उसकी सबसे बड़ी कमजोरी है। मानसिक अन्तर्द्वन्द्व के कारण वह हमेशा तनावग्रस्त रहता है। धीरेन्द्र अनूप का अच्छा मित्र है। जब वह धीरेन्द्र के घर जाता है तो वहाँ अनूप की मुलाकात धीरेन्द्र की बहन कामिनी से होती है। "वह मझोले कद की लड़की थी, जो गोरी नहीं कही जा सकती। उसका नाक-नक्श अच्छा था। उसके मुख पर ऐसी शिष्टता, चंचलता और बुद्धिमत्ता का मिला-जुला भाव था जो अनायास ही आकर्षित कर लेता था।"[52] दूसरी तरफ अनूप की मुलाकात उसके मकान-मालिक की भतीजी मधु से होती है। मधु के माता-पिता अमीर है और वह उनकी लाड़ली पुत्री है। उसके लिए जीवन केवल मस्ती, रोमांस,

शान-शौकत है। अनूप उसके साथ घूमता है, फिल्म देखता है और उसकी ओर आकर्षित होने लगता है। किन्तु उसके मन में कामिनी का गंभीर और समझदार रूप सामने आ जाता है। उसके साथ प्रेम शारीरिक वासना नहीं बल्कि कोमल अहसास होता है। वह अनूप से प्यार करती है और अनूप भी उससे प्यार करता है लेकिन कह नहीं पाता है। इसी कारण अनूप मानसिक द्वंद्व में रहता है। जब अनूप के सामने मधु और कामिनी को चुनने का क्षण आता है तो अनूप कामिनी को चुनता है। किन्तु कामिनी को चुनने के बाद भी उसके मन में मधु के प्रति आकर्षण का भाव रहता है तथा मधु का शारीरिक सौंदर्य उसे अपनी ओर खींचने लगता है। अनूप की मनः स्थिति असामान्य है, वह दो लड़कियों से संबंध रखता है और दोनों में से एक को चुनने के बाद भी दूसरे के प्रति आकर्षित रहता है। इस प्रकार वह मानसिक द्वंद्व में रहता है। अमरकान्त के उपन्यासों के अधिकांश पात्र द्वंद्वात्मक एवं तनाव की स्थिति में रहते हैं।

'सुखजीवी' उपन्यास में उपन्यास के मुख्य पात्र दीपक के अंतर्विरोधों, अतृप्त इच्छाओं आदि का मनोवैज्ञानिक चित्रण किया गया है। वह यूनिवर्सिटी की पढ़ाई खत्म करके सामान्य लिपिक की नौकरी करता है। वह चाहता है कि पढ़-लिखकर बड़ा आदमी बने। इतना ही नहीं वह यह भी चाहता है कि उसकी शादी एक फैशनपरस्त लड़की से हो। किन्तु उसकी आकांक्षाएँ पूरी नहीं होती। उसकी शादी अहिल्या से होती है जो गाँव की रहने वाली है और अशिक्षित है। वह शादी तो कर लेता है परन्तु वह मानसिक रूप से असंतुष्ट तथा अतृप्त रहता है। अपनी अतृप्त वासना के कारण वह एक ऐसी युवती की तलाश में रहता है जो पढ़ी-लिखी और फैशनपरसत हो। दीपक अपनी इच्छा को पूर्ण करने के लिए रेखा को अपने जाल में फँसाता है। रेखा उसके घर में आती-जाती रहती है। उससे धीरे-धीरे संबंध बनाता है और बाद में वे दोनों एक दूसरे को चाहने लगते हैं। रेखा यूनिवर्सिटी में पढ़ती है। इस प्रकार दीपक की विकृत मानसिकता का यथार्थ चित्रण किया गया है। अतः यह कहा जा सकता है कि अमरकान्त के उपन्यासों में किशोर तथा किशोरियों के जीवन का चित्रांकन मनोवैज्ञानिक दृष्टि से किया गया है।

समाज की बदलती मनोवृत्ति :

'आकाश पक्षी' उपन्यास में हेमा के पिता बड़े सरकार और उसकी माँ रानी साहिबा खोखली सामंती मनोवृत्ति के परिचायक पात्र है। सामंती मानसिकता से

ग्रसित होने के कारण ही रियासत खत्म होने के बाद भी उनकी शानो-शौकत उसी तरह बनी रहती है जो रियासत के समय रहती है। डींगे मारना, फ़िजूल खर्ची, काम न करना, जुआं खेलना, नशा करना इत्यादि बुरी तरह की आदतें आज भी उनमें विद्यमान हैं। इसी के चलते उनकी आर्थिक स्थिति दिन-ब-दिन खराब होती जाती है, यहाँ तक की उन्हें घर का सामान, जमीन, गहने आदि बेचना पड़ जाता है किन्तु घमंड अब भी वही होता है। बड़े सरकार अपनी मूँछों पर ताव देकर सबको सुनाते हैं, "बड़ा जरूरी काम से रियासत जाना पड़ा। वहाँ गए बिना काम नहीं चल सकता। नवाब साहब से मैंने कह भी दिया था कि वह घर जाकर बता दें लेकिन उन हजरत को धारोधार दस्त आ रहे थे। भाई, गाँव-रियासत है, उनको छोड़ने से काम नहीं चलेगा। भाई साहब लगान वसूल करते हैं, मैं भी जाकर उनसे कुछ जरूर ही झाड़ लूँगा। वहाँ जाने से कुछ रुपए मिल गए। प्रजा लोगों ने अच्छा स्वागत किया। अब भी झुक-झुककर सलाम करते हैं। मैं उनसे कह आया कि वह दिन दूर नहीं जब हम फिर यहाँ राज्य करने आएँगे।"[53] दूसरी तरफ हेमा की माँ रानी साहिबा समाज की बदली स्थिति से सामंजस्य नहीं कर पाती है। जब हेमा सलवार-कमीज पहनती है तो उसे ऐतराज होता है। वह चीख कर कहती है, "नहीं-नहीं, ऐसा नहीं होगा जब तक मैं जिंदा हूँ। मेरे मरने पर आप लोग मेरी बेटियों को नचाइएगा। बाप रे, राजा-महाराजा की लड़की क्या मुसलमानों की तरह शलवार-कमीज पहनेगी? मैं ऐसा नहीं होने दूँगी।"[54] हेमा अपनी माँ की पीड़ा समझने लगती है और कहती है, "वे जिन्दगी भर एक पिछड़ेपन की पुरानी लीक पर चलती रहीं। इसलिए किसी भी नयी बात को स्वीकार करना उनके लिए बहुत ही कठिन होता है। फिर पुरानी मान्यताओं को तोड़ना उस समय आसान होता है, जब हम शिक्षित हों, हमारा हृदय उन्मुक्त हो और जब हम दूसरों से मिलें-जुलें। लेकिन जब हमारा हृदय अपनी ही सीमाओं को सब कुछ समझता हो तो किसी चीज को बदला नहीं जा सकता। अपने चारों ओर लक्ष्मण-रेखा खींचकर अपने घमंड और झूठी शान में डुबे रहना उस गड्ढे के पानी की तरह है, जिसका निकास कहीं नहीं होता और जो धीरे-धीरे सड़ता रहता है।"[55]

'ग्रामसेविका' उपन्यास की नायिका दमयन्ती पढ़ी-लिखी है। वह विशुनपुर गाँव में ग्रामसेविका की नौकरी पूरी ईमानदारी से करती है। वह गाँव में स्कूल तथा अस्पताल की सुविधा उपलब्ध कराने के लिए पूरी कोशिश करती है। गाँववालों को शिक्षा का महत्त्व बिल्कुल पता नहीं होता बल्कि शिक्षा से उनको नफरत होती हैं क्योंकि उन्हें लगता है कि पढ़ाई करने से गरीबी आती है और बच्चे बीमार पड़ जाते

हैं। दमयन्ती इस गलत सोच को बदलना चाहती है और शिक्षा का प्रचार-प्रसार करती है। वह कहती है "मैं स्त्रियों और बच्चों के लिए एक-एक स्कूल चालू करना चाहती हूँ। सरकार ने मुझे यहाँ इसी काम के लिए भेजा है। आप लोग स्कूल में आएँ और अपने बच्चों को भी भेजें।"[56] वह आधुनिक जीवन-शैली तथा ज्ञान-विज्ञान से भी उन्हें किसी-न-किसी तरह जोड़ना चाहती है। पर सदियों से चली आई समाज की रूढ़ियाँ, अंधविश्वास, परम्पराएँ आदि उसके काम में बाधक बनती हैं। गाँव की स्त्रियाँ उसे शक की नजर से देखती हैं। उसे गाँव में रहने के लिए मकान भी नहीं मिलता है। मुश्किल से उसे एक कच्चा मकान मिलता है। लेकिन दमयन्ती एक पढ़ी-लिखी लड़की है उस पर इन सबका कोई प्रभाव नहीं पड़ता है और वह साहस से अपना काम करती है। वह गाँव के हर घर में जाकर बच्चों को स्कूल भेजने और पढ़ाई करने का महत्त्व बताती है और उन्हें प्रेरित करती है। इस प्रकार धीरे-धीरे गाँव के लोगों की सामाजिक स्थिति में परिवर्तन और मानसिक बदलाव आने लगता है। वे अपनी अच्छाई-बुराई, लाभ-हानि सब समझने लगते हैं। गाँववालों में जागरूकता आती हैं जो समाज की बदलती स्थिति तथा परिवर्तन के लिए अति-आवश्यक है। गाँववालें शिक्षा को महत्त्व देने लगते हैं और अपने बच्चों को भी स्कूल भेजने लगते हैं। दमयन्ती को गाँव के विकास में पूरा सहयोग देते हैं। दमयन्ती गाँववालों की मानसिक स्थिति में परिवर्तन लाती है, गाँव वाले आधुनिक रहन-सहन की शैली भी अपनाने लगते हैं। इतना ही नहीं उसने ग्राम प्रधान, जो गाँव को लूटता है उसको और अन्य अधिकारियों को भी जागृत करती है। इस प्रकार इस उपन्यास में दयमन्ती नामक नायिका आधुनिक विचारों वाली तथा पढ़ी-लिखी लड़की है जो गाँव के जीवन में सामाजिक रूपांतरण का कार्य करती है।

'इन्हीं हथियारों से' उपन्यास में कनेरी एक ऐसी पात्र है जो समाज से न डर कर अपनी इच्छानुसार कदम उठाती है और अपने मार्ग में अग्रसर होती है। अमरकान्त के उपन्यासों के लगभग सभी पात्र न चाहते हुए भी समाज तथा लोगों के डर से अपनी इच्छानुसार कोई ठोस कदम नहीं उठा पाते हैं। वे एक खोखला जीवन जीना ही बेहतर समझते हैं। किन्तु बदलते समय के साथ-साथ विचारों में भी नयापन आ रहा है। पुराने जमाने वाली मनोवृत्ति को ठुकरा कर समाज की स्थिति तथा मनोवृत्ति बदलती जा रही है। इस उपन्यास में कनेरी की शादी होती है किन्तु शादी के बाद भी वह चनरा से संबंध रखती है। सदाशयव्रत पूछता है की चनरा कौन है, कनेरी कहती है, "अब यह न पूछिए, ए दादा। मेरे करमजले दरिद्दर बाप ने मुझे

बूढ़े पेटमैन के हाथों बेच दिया। पर इस आदमी में कुछ है नहीं। ऊपर से हमेशा खुरखुर किए रहता है। चनरा रेलवई में मजूर है ए बाबू साहब, बड़ा नेक है। हिम्मती है, पक्का मर्द है, मौका-बात पर जान देनेवाला मनई है। वही मेरा सब कुछ है।"[57] कनेरी सामाजिक बंधनों की परवाह न कर अपनी इच्छा के अनुसार जीती है। इसी उपन्यास की एक पात्र है ढेला, जो पेशे से वेश्या है। गोबर्धन ढेला का दीवाना है उससे प्रेम करता है और एक दिन उसके सामने शादी का प्रस्ताव भी रख देता है। किन्तु ढेला जानती है कि गोबर्धन का प्रेम भावातिरेक के अतिरिक्त कुछ भी नहीं है। इसलिए ढेला गोवर्धन को साफ-साफ कह देती है, "कभी सोचा है आपने कि मेरे माँ-बाप का क्या होगा? मेरे छोटे भाइयों का क्या होगा? यह एक मामूली रंडी का खानदान है, यहाँ कई लोग हैं। सबको दोनों जून दाल-भात लिखाने का जिम्मा सिर्फ मुझी पर है। हमारे पेट पर लात मारने आए हैं? आप लोगों के पास पैसा है, बड़ा दिल है, प्यार है, इज्जत-आबरू है, देशभक्ति है, धर्म-धजा है। यहाँ सिर्फ जिस्म है, जिस्म छोड़ और कौन-सी खास बात है मुझमें। उसके अलावा और कुछ नहीं मिलेगा यहाँ। प्यार और शादी आप बड़े लोगों के चोंचले हैं, अपनी औरतों को तो आप इज्जत से रखते नहीं, हमें क्या रखोगे? आप चले जाइए यहाँ से और कभी न आइएगा।"[58] वह सामाजिक चेहरे का यथार्थ रूप खोलकर रख देती है।

'सुन्नर पांडे की पतोह' उपन्यास में नायिका की शादी सुन्नर पांडे के पुत्र झुल्लन पांडे से होती है। शादी के बाद ससुराल जाकर वह विभिन्न प्रकार की समस्याओं का सामना करती है तथा उपेक्षित जीवन जीती है। उसकी सास उसे हमेशा तंग करती रहती है। उसकी सास अतिराजी सुन्नर पांडे की पतोह को किसी से मिलने भी नहीं देती है। उसे डर है कि कहीं कोई उसकी बहू के पास जाकर उसके कान भर देंगे और बिगाड़ देंगे। किन्तु राजवती मौका पाकर सुन्नर पांडे की पतोह के पास पहुँच जाती है और उसे बताती है, "ए दुल्हिन, झुल्लन बड़ा सीधा-सादा लड़का है। भैया-भाभी का वह बहुत लेहाज करता है। पर भौजी उसे अपने मन का काम नहीं करने देतीं। चाहती हैं, जो वह कहें, वही वह करे। खाना-पीना, पहनना-ओढ़ना, सोचना-विचारना सब कुछ। एकदम दब्बू हो गया है वह, अपने मन से कुछ सोच नहीं पाता।"[59] अतिराजी झुल्लन को अपने इच्छानुसार जीने का मौका नहीं देती है। और उसकी शादी के बाद तो उसे उसकी पत्नी के साथ भी रहने नहीं देती। वह अपनी बहू से कहती है "मिलने के लिए बहुत बेचौन हों हथिनी की तरह देह लेकर आई हो, हमारा लड़का तो फूल की तरह कोमल है...खबरदार कि उधर मुँह किया।

दो साल तक मिलना-जुलना बंद। चुपचाप हमारी बगल में सोया करो”[60] अतिराजी को यह डर लगा रहता है कि कही बेटे का मेल पत्नी से हो गया तो लड़का हाथ से निकल जाएगा। इसलिए वह अपने बेटे को उसकी पत्नी के साथ नहीं रहने देती। यदि किसी प्रकार दोनों का मिलन होता है तो हर बात पर उसे ताना मारती है। एक दिन झुल्लन पांडे तंग आकर घर से भाग जाता है। तो अतिराजी उसके भागने का फायदा उठाती है और ससुर को प्रेरित करती है कि वह बहू के साथ शारीरिक सुख उठाए। वह बहू से इतना नफरत करती है कि वह किसी भी हद तक जाने को तैयार हो जाती है।

‘इन्हीं हथियारों से’ उपन्यास में ऐसी भी स्त्री पात्र है जो अपने दुष्ट पति के खिलाफ आवाज उठाती है। वे पुराने जमाने की तरह चुपचाप पति के जुल्मों को सहने वाली स्त्री नही है। दमोदर की पत्नी दमोदर के सभी करतूतों को सहती है। वह स्वयं को पूजा पाठ में व्यस्त रखती है और उसके अत्याचारों को भी सहती है। किन्तु एक दिन जब उससे दमोदर के अत्याचार नहीं सहे गये तब वह विद्रोह करती है। अब वह उसके जुल्मों को सहने को तैयार नहीं है क्योंकि वह जिन्दगी भर सहती आयी है। वह सोचती है कि यदि वह चुप रही तो अपने आप ही वह संभल जाएँगे। दमोदर की वजह से वह समाज और परिवार से कटकर पुजारिन की जिंदगी जीती है। उसके सभी अरमान नष्ट हो जाते हैं। इसी उपन्यास में धनसेरी अपने शराबी पति से बहुत तंग आ जाती है। उसका पति प्रतिदिन शराब पीकर घर आता है और मार-पीट भी करता है। एक दिन जब वह शराब पीकर आता है तो उसके व्यवहार से तंग आकर धनसेरी उसे धक्का मारकर घर से बाहर निकाल देती है और कहती है “तूने मुझ पर हाथ उठाया है, गाली दी है, मैं यह सब बरदाश्त नहीं करूँगी। जब तक तुम ये गंदी आदतें नहीं छोड़ते, यहाँ से दूर चले जाओ।”[61] इस प्रकार धनेसरी के कटुवचनों का शराबी पति पर बहुत प्रभाव पड़ता है और वह सुधर भी जाता है।

निष्कर्षतः कहा जा सकता है कि अमरकान्त ने भारतीय मध्यवर्गीय समाज एवं निम्न मध्यवर्गीय समाज में व्याप्त जड़ता, अँधविश्वास, कुरीतियों, परंपरागत नैतिक वर्जनाओं, रूढ़ियों आदि का यथार्थपरक अंकन अपने उपन्यासों में किया है। इस जड़ताग्रस्त समाज में व्याप्त अन्तर्विरोधों के चलते विभिन्न संघर्षो (शोषक-शोषित संघर्ष, समवर्गीय संघर्ष, पीढ़ियों का संघर्ष, मानसिक विकृतियों का संघर्ष) की सहज अभिव्यक्ति उनके सभी उपन्यासों में देखी जा सकती है। उनके उपन्यास भारतीय मध्यवर्गीय समाज के दर्पण कहे जा सकते हैं।

संदर्भ सूची

1. अमरकान्त, सूखा पत्ता, पृ.सं. 160
2. वही, वही पृ.
3. वही, पृ.161
4. वही, पृ.166167
5. वही, पृ.174
6. अमरकान्त, ग्रामसेविका, पृ.सं.12
7. वही, पृ.12
8. वही, पृ.14
9. वही, पृ.15
10. वही, पृ.18
11. वही, पृ.19
12. वही, वही पृ.
13. अमरकान्त, इन्हीं हथियारों से, पृ.सं. 327
14. वही, पृ.328
15. वही, वही पृ.
16. वही, वही पृ.
17. अमरकान्त, आकाश पक्षी, पृ.सं.218
18. अमरकान्त, काले-उजले दिन, पृ.सं.9
19. अमरकान्त, काले-उजले दिन, पृ.सं.83
20. वही, पृ.11
21. वही, पृ.32
22. वही, पृ.14
23. अमरकान्त, सुन्नर पांडे की पतोह, पृ.सं.51
24. वही, वही पृ, सं.54
25. अमरकान्त, ग्राम सेविका, पृ.सं.12
26. वही, पृ.18
27. वही, पृ.19
28. वही, पृ.19
29. वही, पृ.19
30. अमरकान्त, सूखा पत्ता, पृ.सं.157
31. वही, पृ.171

32. वही, पृ.160
33. अमरकान्त, ग्रामसेविका, पृ.सं.12
34. वही, पृ.19
35. वही, पृ.21
36. अमरकान्त, आकाश पक्षी, पृ.सं.198
37. वही, पृ.200
38. रवीन्द्र कालिया, अमरकान्त एक मूल्यांकन, पृ.सं.192
39. अमरकान्त, सुन्नर पांडे की पतोह, पृ.सं. 52
40. वही, पृ, 54
41. वही, वही पृ,
42. वही, पृ, 55
43. वही, वही पृ, 55
44. वही, वही पृ, 55
45. डॉ.हेमराज 'निर्मम', हिंदी उपन्यासों में मध्यवर्ग, पृ.सं.205
46. अमरकान्त, काले-उजले दिन, पृ.सं.83
47. वही, वही पृ, 83
48. वही, पृ.30
49. वही, पृ.75
50. वही, पृ.76
51. वही, वही पृ.
52. अमरकान्त, कटीली राह के फूल, पृ.सं.7
53. अमरकान्त, आकाश पक्षी, पृ.सं.63
54. वही, पृ.33
55. वही, पृ.34
56. अमरकान्त, ग्रामसेविका, पृ.सं.6
57. अमरकान्त, इन्हीं हथियारों से, पृ.सं.128
58. वही, पृ.28
59. अमरकान्त, सुन्नर पांडे की पतोह, पृ.सं.51
60. वही, पृ.54
61. अमरकान्त, इन्हीं हथियारों से, पृ.सं.217

पंचम अध्याय

भाषा शैली

जिस प्रकार किसी भी साहित्यकार के व्यक्तित्व-विकास में उसकी सामाजिक, राजनीतिक, आर्थिक, धार्मिक, सांस्कृतिक एवं शैक्षिक परिस्थितियाँ महत्त्वपूर्ण भूमिका निभाती हैं। ठीक उसी प्रकार रचनाशील व संवेदनशील साहित्यकार अपने समय विशेष की स्थितियों, परिस्थितियों से प्रभावित हुए बगैर नहीं रह सकता। जिसके परिणामस्वरूप उसके समय की विभिन्न समस्याओं की अनुगूँज उसके साहित्य में देखी जा सकती है। जिस साहित्यकार का सामाजिक सरोकार व अनुभवजन्य दायरा जितना विस्तृत होता है, उसकी साहित्यिक अभिव्यक्ति भी उतनी ही सशक्त और प्रभावोत्पादक होती है। अपनी अभिव्यक्ति को प्रभावोत्पादक बनाने के लिए वह भिन्न-भिन्न शैलियों को अपनाता है। क्योंकि समस्त भावों व विचारों की सफल अभिव्यक्ति किसी एक पद्धति विशेष में नहीं हो सकती। अतः प्रत्येक साहित्यकार को अपने कथ्य के अनुरूप शिल्प का चयन करना पड़ता है। अतः कथ्य के बदलते स्वरूप के साथ-साथ शिल्प के स्वरूप में भी परिवर्तन होता रहता है।

शिल्प के संदर्भ में डॉ. अनिल सिंह लिखते हैं "शिल्प-विधि के लिए अंग्रेजी में टेकनिक शब्द का प्रयोग होता है। टेकनिक के अतिरिक्त अंग्रेजी में सेटिंग, मेनिक्स, कांस्ट्रक्शन, आर्ट एक्सप्रेशन जैसे कई शब्दों का प्रयोग किया गया है। हिंदी के समीक्षक भी शिल्प, शिल्प-विधान, रचना पद्धति आदि शब्दों का प्रयोग अंग्रेजी भाषा के किसी-न-किसी शब्द के पर्याय के रूप में प्रयुक्त करते हैं। एक्सप्रेशन अभिव्यक्ति है, आर्ट कला है और टेकनिक ढंग, विधान, तरीका है। अंग्रेजी का टेकनिक शब्द, इसके सर्वाधिक निकट है। टेकनिक से तात्पर्य रचना-पद्धति से हैं।"[1] उपर्युक्त परिभाषा से यह स्पष्ट हो जाता है कि शिल्प एक कौशल है। तथा

भावाभिव्यक्ति का एक सशक्त माध्यम है। रचनाकार की रचना को प्रभावपूर्ण ढंग से प्रकट करने के लिए भाषा-शैली एक सशक्त माध्यम की भूमिका निभाती है।

(क) भाषा :

"मानव अपने भावों को व्यक्त करने के लिए जिस सार्थक मौखिक साधन को अपनाता है, वह भाषा है।"[2] दूसरे शब्दों में, भाषा वह साधन है जिसके द्वारा मानव अपने मन के भावों या विचारों का आदान-प्रदान बोलकर, सुनकर, लिखकर या पढ़कर करता है। "A language is a system of arbitrary vocal symbols by means of which a social group co-operates."[3] 'भाषा' को परिभाषित करते हुए डॉ. कपिलदेव द्विवेदी लिखते हैं, "भाषा यादृच्छिक वाचिक ध्वनि-संकेतों की वह पद्धति है, जिसके द्वारा मानव परस्पर विचारों का आदान-प्रदान करता है।"[4] मनुष्य अपने जन्म से लेकर अपनी मृत्यु तक विभिन्न क्रिया-कलापों के लिए समाज पर निर्भर रहता है। समाज के अन्य लोगों से वह अपना संबंध भाषा के माध्यम से ही बनाए रखता है। समाज के लोगों से बोलकर, सुनकर, लिखकर या पढ़कर विचारों का आदान-प्रदान करता है। भाषा के मुख्य रूप से दो रूप होते हैं– साहित्यिक भाषा और जनभाषा। जनभाषा बोलचाल की भाषा है जिसमें भाव संप्रेषित होते हैं किन्तु उसका निर्धारित रूप नहीं होता है। साहित्यिक भाषा जनभाषा की अपेक्षा अधिक समृद्ध, गौरवशाली और उत्कृष्ट होता है। इसलिए उसका महत्त्व सर्वत्र निरपवाद है, परन्तु भाषा वैज्ञानिकों की दृष्टि में तथा साहित्यकारों की दृष्टि में मतभेद भी होता है। "भाषा वैज्ञानिक हमें शब्द देते हैं, लेकिन साहित्यकार उन शब्दों को चुनकर एक रचना को जन्म देते हैं। भाषा वैज्ञानिक वाक्य संरचना का ज्ञान कराते हैं, लेकिन साहित्यकार वाक्य का अर्थ सुरक्षित रखते हुए रचना में लालित्य पैदा करते हैं। भाषा वैज्ञानिक लेखन में भाषा अनुशासन का पाठ पढ़ाते हैं लेकिन साहित्यकार किसी भी भाषायी अनुशासन से परे शब्दों के जोड़-तोड़ के जादू से पाठक के दिलों में समा जाते हैं। भाषा और साहित्य एक ही सिक्के के दो पहलू हैं। भाषा है तो साहित्य है और जब साहित्य होता है तब भाषा स्वतः ही विकासमान होती है।"[5] अमरकान्त प्रेमचंद की परंपरा के कथाकार है। उन्होंने भाषा के स्तर पर विभिन्न चीज़े प्रेमचंद से सीखी हैं। ऐसा भी कहा जा सकता है कि अमरकान्त की भाषा में प्रेमचंद की भाषा का विकास हुआ है। अमरकान्त की भाषा में सहजता, सरलता, सुसंगठित स्वरूप है तथा पूरी सजगता भी है। वे ग्रामीण तथा शहरी दोनों परिवेश से जुड़े है।

अमरकंत के उपन्यासों की भाषा निम्न-मध्यवर्गीय जीवन से संबंधित है। उनके उपन्यासों की भाषा विषयानुकूल एवं पात्रानुकूल है।

(1) भाषा प्रयोग :

सहज और सरल भाषा :

अमरकान्त के उपन्यासों की भाषा कथ्य के अनुरूप, सहज और सरल है। उन्होंने भाषा प्रयोग के समय पात्र और उससे संबंधित स्थान विशेष का हमेशा ध्यान रखा है। परिवेश विशिष्ट से जुड़ी घटनाएँ तथा पात्र इनके भाषा प्रयोग से अत्यंत स्वाभाविक लगते हैं। 'सूखा पत्ता' उपन्यास की भाषा में सहजता, सरलता तथा सादगी देखी जा सकती है। "भाई, हमको तलवार हाथ में लेकर यह प्रतिज्ञा करनी चाहिए कि जब तक देश आजाद नहीं होगा, हम चौन नहीं लेंगे। कोई करे या न करे, मैं तो करूँगा।"[6] इस प्रकार की सादगीपूर्ण भाषा के प्रयोग से उनके उपन्यासों में स्वाभाविकता आयी है। उपन्यास का नायक 'कृष्णकांत', बलिया, उत्तर प्रदेश का रहने वाला है। जिसके माध्यम से लेखक ने बलिया क्षेत्र में बोली जाने वाली भाषा एवं बोली को अपने उपन्यास में स्थान प्रदान किया है। पात्रों से संबंधित स्थान विशेष की भाषागत प्रयोग से कथावस्तु में सजीवता एवं स्वाभाविकता तो आती ही है साथ ही कथ्य की प्रभावोत्पादकता भी बढ़ जाती है।

'ग्रामसेविका' 'स्त्री-चरित्र आधारित' उपन्यास है। इस उपन्यास में भाषा का सरल और स्वाभाविक प्रयोग पात्रों के अनुकूल हुआ है। उपन्यास के अधिकांश पात्र अनपढ़, गाँव के रहने वाले हैं इसलिए उनकी भाषा में तद्भव और देशज शब्दों का प्रयोग हुआ है। दमयन्ती के गाँव जाने पर गाँव की औरतों के बीच खुसुर-फुसुर होती है– "बाबा रे, किस तरह लचककर चलती है! लाज-हया धोकर पी गई है! मर्दों से किस तरह मटक-मटककर बोलती है! उस दिन बिलाक के अफसर आए थे तो बेशर्म की तरह न मालूम क्या गिटपिट-गिटपिट कर रही थी। पूरी आवारा है, आवारा। सत्तर चूहे खाकर बिल्ली हुई भगतिन। धर्म नाशने आई है मुँहजली।"[7] इस प्रकार गाँव की औरतों की भाषा में गँवईपन की अनुगूँज है जबकि पढ़ी-लिखी दमयन्ती की भाषा में भिन्नता दिखाई देती है। उसकी भाषा में सम्मान, शिष्टता, सहजता तथा सरलता दिखाई देती है। "मैं ग्राम सेविका हूँ। मैं स्त्रियों और बच्चों के लिए एक-एक स्कूल चालू करना चाहती हूँ। सरकार ने मुझको यहाँ इसी काम के लिए भेजा है। आप लोग स्कूल में आएँ और अपने बच्चों को भी भेजें।"[8]

'आकाश पक्षी' उपन्यास की भाषा सराहनीय है। उपन्यास की भाषा सहज, सरल तथा स्वभाविक है। उदाहरण के लिए उपन्यास का यह कथन देखा जा सकता है– "अशिक्षा और अज्ञान। करोड़ों लोगों को तो ठीक से शिक्षा भी नहीं मिली है। वे अपने दोषों को ही गुण समझ बैठे हैं। फिर बहुत-से स्वार्थी लोग भी हैं। स्वार्थी लोग हर चीज को अपने स्वार्थ की दृष्टि से देखते हैं। इन दोनों बातों के खिलाफ लड़ाई लड़नी पड़ेगी। शिक्षा के बिना यह लड़ाई नहीं लड़ी जा सकती।"[9]

'सुखजीवी' उपन्यास की भाषा सहज एवं प्रवाहशील है। उपन्यासकार को भाषा का प्रयोग करते समय स्थल और पात्रों का पूर्ण ज्ञान रहता है। पात्रों के गुण-अवगुण, शिक्षा-अशिक्षा आदि का ध्यान अमरकान्त रखते हैं। इसमें बलिया के आस-पास बोली जाने वाली ऐसी शब्दावलियों का प्रयोग हुआ है जिसे बलिया के आस'पास रहनेवाला ही समझ सकता है। इस प्रकार की भाषा तथा शब्दावली के प्रयोग से उपन्यास के सौन्दर्य एवं संवेदना में पर्याप्त वद्धि होती है। रेखा की माँ अपनी घर-गृहस्थी के बारें में कहती है– "लड़कोरी औरत को कहीं छुट्टी मिलती है? कुछ-न-कुछ लगा ही रहता है। मैं भी तो कोई काम छोड़कर चली आ रही हूँ। अभी गेहूँ पिसाना बाकी है।"[10] अहिल्या कहती है "भाई की तो अभी हाल में चिठ्ठी आई है। उसने लिखा है कि मेहमान और बच्चों को लेकर कुछ दिनों के लिए चली आओ. ..। गन्ना तैयार हो गया है, उसका रस पीने को और महिया खाने को मिलेगी। छाने के दाने भी गोटा गए है, उसका होहरा मिलेगा।...वहाँ कभी सत्तू खाती थी, कभी रस पीती थी, कभी दारा-दूध खाती और कभी चिउड़ा-दही। यह रूखा-सूखा खाकर ही शरीर हथिनी की तरह बना रहता था।"[11]

प्रतीकात्मक :

अमरकान्त के उपन्यासों के शीर्षक प्रतीकात्मक है। इस दृष्टि से 'सूखा पत्ता', 'आकाश पक्षी', 'काले-उजले दिन', 'बीच की दीवार', 'कटीली राह के फूल' व 'इन्हीं हथियारों से' आदि प्रमुख है।

'सूखा पत्ता' उपन्यास का शीर्षक प्रतीकात्मक है, क्योंकि यह उपन्यास सिद्धांतहीन मानसिकता का प्रतीक है। उपन्यास का नायक कृष्णकांत ऐसे व्यक्तित्व का प्रतीक है जो सूखे पत्ते के समान किसी भी दिशा में उड़ जाता है। वह अपनी इस स्थिति का उल्लेख अपने मित्र कृपाशंकर से अपनी तुलना करते हुए कहता है– "वह उस वृक्ष की तरह था, जिसकी जड़ें गहरी होती हैं और जो आँधी-बवंडर में भी

नहीं उखड़ता, पत्तों और फलों से भरी उसकी डालियाँ सबकी सेवा को उत्सुक हो मानो फैली रहती हैं। कृपाशंकर सूखे पत्ते की तरह कभी नहीं था, जो जैसी हवा बहे उसी में उड़ जाता है, हवा बन्द होने पर धराशायी, व्यर्थ और बेकाम! मैं अब तक सूखा पत्ता ही तो रहा हूँ।"[12]

'आकाश पक्षी' उपन्यास आकाश में पक्षी की तरह उड़ने की तथा हवाई कल्पना करने वाले व्यक्ति का प्रतीक है। इस उपन्यास में हेमा एक ऐसी स्त्री पात्र है जो रवि नामक एक लड़का से प्रेम करती है। दोनों एक दूसरे से बेहद प्रेम करते हैं। किन्तु उनका विवाह नहीं हो सकता है और हेमा का विवाह उसकी उम्र के दुगुने व्यक्ति कुँवर युवराज सिंह से कर दिया जाता है। उसके इच्छाओं और अरमानों का गला घोंट दिया जाता है। वह प्रेम के पंख लगाकर परिवार तथा समाज के पूरे बंधनों को तोड़कर आकाश में उड़ जाना चाहती है। वह कहती है– "आज मेरी उम्र चालीस से कम नहीं। मैं एक दिन ऐसी हवा में आजाद चिड़िया की तरह पंख फैलाकर आकाश में उड़ जाना चाहती थी। लेकिन हुआ क्या? मैं एक पिंजड़े में से दूसरे पिंजड़े में आ गयी।"[13]

'काले-उजले दिन' उपन्यास का शीर्षक प्रतीकात्मक है। यह कष्टप्रद-सुखप्रद दिनों का प्रतीक है। नायक का जीवन सुख-दुख से भरा होता है। नायक जब छः वर्ष का होता है तब उसकी माँ का निधन हो जाता है। तब से उसका काला दिन प्रारंभ हो जाता है। बचपन से ही विमाता और पिता द्वारा सताना तथा तिरस्कार से उसमें हीनता और कुंठा की भावना उत्पन्न हो जाती है। इतना ही नहीं उसे जिस प्रेम की तलाश होती है, वह जवानी और सौन्दर्य उसे नहीं मिलता है। उसकी धोखे से कान्ति नामक एक लड़की से शादी होती है, जिसे वह नहीं चाहता। उसके सपने चकनाचूर होकर बिखर जाते हैं। वह कहता है "मेरी आँखो के सामने अँधकार छा गया। संसार में इतना सुख है, इतना सौन्दर्य है, परन्तु क्या मैं ही ऐसा हूँ जिसको यह सब नहीं मिलता? मैं किस नियति के भँवर-जाल में फँसा हूँ?"[14] नायक में अपनी विवाहित पत्नी कान्ति को त्यागने का साहस नहीं होता। दुर्भाग्य से बीमारी के कारण कान्ति का निधन हो जाता है और नायक रजनी से शादी कर लेता है। उसके जीवन में उजाले आ जाते हैं तथा वह सुख की प्राप्ति करता है। इस प्रकार स्पष्ट हो जाता है कि इस उपन्यास का शीर्षक 'काले-उजले दिन' प्रतीकात्मक है।

'कटीली राह के फूल' उपन्यास का शीर्षक प्रतीकात्मक है। यह उपन्यास चुनौतीपूर्ण कार्य करने वालों का प्रतीक है। इस उपन्यास का नायक अनूप गाँव से

यूनिवर्सिटी में शिक्षा के लिए आता है। अनूप दो स्त्रियों को लेकर प्रेम संघर्ष करता है। अनूप के सहपाठी धीरेन्द्र के घर पर उसकी बहन कामिनी से अनूप की मुलाकात होती है। और दूसरी तरफ मधु से उसकी बुआ के घर पर, जहाँ वह किराए पर रहता है, वहाँ उसकी मुलाकात होती है। कामिनी इतनी सुन्दर नहीं है लेकिन वह गंभीर और साहसी है। उसमें शिष्टता और स्पष्टता है तथा आगे बढ़ने की इच्छा है। उसमें परिस्थिति की समझ तथा उद्देश्य की व्यापकता है। जबकि मधु धनवान माँ-बाप की लाड़ली पुत्री है और बहुत खूबसूरत भी। किन्तु उसमें स्वार्थ, संकीर्णता और दुर्बलता है। अनूप दोनों के प्रेम में पड़ता है किन्तु बाद में वह मधु को ठुकराता है और कामिनी से प्रेम का इजहार करता है जहाँ कामिनी भी उसे ठुकरा देती है। अनूप अपने दुखी होने का उल्लेख करता है "मुझमें दुख था-बस दुख। मुझमे निराशा नहीं थी—घृणा और क्रोध कुछ नहीं, बल्कि मुझमें कोई भावना नहीं थी। दुख की असीमता में मैं पता नहीं कब तक शून्येंसा पड़ा रहा।"[15] किन्तु अचानक उसके दरवाजे में दस्तक हुई और जब उसने देखा तो वह कामिनी है। कामिनी अनूप के प्रति अपना प्रेम का इजहार करती है "मैं तुमको प्यार करती हूँ। पता नहीं कब से मैं तुमको प्यार करती हूँ। मैं शुरू से जानती हूँ कि तुम मुझको प्यार करते हो। मैंने इसको स्वीकार नहीं किया और तुम्हारे वियोग में तड़पती रही। तुमने कभी मुझ पर अधिकार नहीं जताया इसीलिए मुझको अपने प्रेम पर विश्वास नहीं हुआ। लेकिन आज जब तुमने मेरा शरीर छुआ, उस शरीर पर अधिकार करने की चेष्टा की तो मुझको विश्वास हो गया कि तुम्हारे बिना मेरे जीवन का कोई महत्त्व नहीं। मैं तुम्हारी सहजता को प्यार करती हूँ।"[16] इस प्रकार अनूप चुनौतीपूर्ण वर्ण्य कार्य करके कामिनी को पाने में सफल हो सकता है।

पात्रानुकूल भाषा :

अमरकान्त के उपन्यासों की भाषा पात्रानुकूल है। उनके उपन्यासों में हर वर्ग-(शोषक-शोषित, शिक्षित-अशिक्षित, ग्रामीण-शहरी, बूढ़े-बच्चे, स्त्री-पुरुष इत्यादि) के पात्र मिलते हैं। उनके उपन्यासों में प्रत्येक पात्रों की उनकी सामाजिक, आर्थिक स्थिति, मानसिक स्तर व आयुवर्ग के अनुरूप भाषिक अभिव्यक्ति हुई है। ग्रामीण परिवेश में रहने वाले पात्रों की भाषा में गँवईपन व आँचलिकता की झलक दिखायी देती है तो शहरी परिवेश में पले-बढ़े पात्रों की भाषा में शिष्टता व सौम्यता की झलक दिखायी पड़ती है। शोषकों की भाषा में जहाँ अहंकार व ठसक है वहीं शोषितों की

भाषा में उनकी दीन-हीन, असहाय अवस्था का बोध होता है। बच्चों की भाषा में जहाँ जिज्ञासा व प्रश्नानुकूल होती है। उदाहरणस्वरूप कुछ अंश दृष्ठव्य हैं– पात्रानुकूल भाषिक प्रयोग से उनके उपन्यासों में कहीं भी संश्लिष्टता, अस्पष्टता व बनावटीपन नहीं है।

अमरकान्त ने अपने उपन्यासों में पात्रों के मानसिक स्तर तथा प्रसंग विशेष के अनुरूप भाषा का सहज-स्वाभाविक प्रयोग किया है। उनके उपन्यासों में एक साथ शोषक-शोषित, शिक्षित-अशिक्षित, ग्रामीण-शहरी, बच्चे-बूढ़े, स्त्री-पुरुष आदि कई प्रकार के पात्र मिलते हैं। अमरकान्त, पात्रानुकूल भाषा का प्रयोग करते हैं जिसके कारण उनके उपन्यासों में किसी भी प्रकार का बनावटीपन व दुरूहता नहीं है।

'ग्रामसेविका' उपन्यास में दमयन्ती बिशुनपुर गाँव में ग्राव सेविका की नौकरी पूरी ईमानदारी से करती है। वहाँ शिक्षा का महत्त्व तथा शिक्षा का प्रचार-प्रसार करती है। गाँव के लोगों को समझाने में वह बहुत धीरज से काम लेती है। वह मुस्कराकर मीठे स्वर में धीरे-धीरे बोलती है "आदमी अपनी तकदीर आप बनाता है। अगर खेत की जुताई ठीक से न की जाए, उसमें अच्छी खाद और अच्छे बीज न डाले जाएँ तो क्या अच्छी पैदावार अपने आप हो जाएगी? असल चीज है अपनी मेहनत, अपनी कोशिश और अपनी बुद्धि। कौन जानता है कि इन्हीं में से कई पढ़कर बहुत बड़े आदमी न हो जाएँ अपने देश का नाम ऊँचा न करें? लेकिन इनको पढ़ाया ही न जाएगा तो वे क्या कर सकेंगे? संकट-दुख तो सब पर पड़ते हैं। आदमी पैदा होता है तो मरता भी है। इसका दोष लड़के की पढ़ाई पर नहीं थोपा जा सकता। लड़का बीमार पड़ता है तो ठीक से उसकी दवा कराइए। पढ़ने से लड़का खराब नहीं होगा, बल्कि रोज दो बात अच्छी ही सीख कर आएगा...।"[17]

'सुन्नर पांडे की पतोह' उपन्यास की कथाभूमि ग्रामीण परिवेश से ली गई है। जिसके परिणामस्वरूप इस उपन्यास की भाषा में गँवईपन व आँचलिकता की झलक यत्र-तत्र देखी जा सकती है। यहाँ पर ग्रामीण परिवेश की भाषा का एक उदाहरण दृष्टव्य है– दोमितलाल सुन्नर पांडे की पतोह से कहा है– "ए मैया, मैं अब नहीं बचूँगा। सर्दी में एकदम ठंडे पानी से नहाने के बाद दाँत किटकिटाने से रुक-रुककर जैसे आवाज निकलती है, इसी तरह काँपते हुए स्वर में वह बोला, 'मेरा कोई नहीं है, ए मैया। तुम हमारी मतहारी हो। ए मैया, कपार फट रहा है। देह में बड़ा दर्द है। कपार चाँप दो...अब नहीं बचूँगा ए दादा, ऊँह-ऊँह। उसका सिर एक ओर लटक गया और वह कुछ क्षणों के लिए सन्न-सा पड़ गया।"[18]

'कटीली राह के फूल' उपन्यास की कथाभूमि शहरी परिवेश से ली गई है। इस उपन्यास के लगभग सभी पात्र पढ़े-लिखे शिक्षित है। जिसके कारण उनकी भाषा में शिष्टता, सौम्यता के साथ-साथ अँग्रेजी शब्दों का प्रयोग भी देखा जा सकता है– उदाहरण के लिए मधु का अनूप से कहा गया यह कथन दृष्टव्य है– "अँग्रेजी। मुझे लिटरेचर से बहुत प्रेम है। मैं तो आगे चलकर राइटिंग में भी कुछ करना चाहती हूँ। मैं अभी से 'फिक्शन' बहुत पढ़ती हूँ। मुझे अगाथा क्रिस्टी और पीटर चीनी के 'नावल्स' बहुत पसंद हैं। मैं भी कुछ ऐसे ही 'नावल्स' लिखना चाहती हूँ...मै आपको पढ़ने के लिए दूँगी। कुछ किताबें मैं साथ ले आई हूँ। 'दे आर बेरी चार्मिंग बुक्स।"[19]

(2) शब्दगत प्रयोग :

अमरकान्त की शब्द-संपदा विशाल है। उनके उपन्यासों में तत्सम, देशज, अँग्रेजी, अरबी-फारसी, भोजपुरी शब्दों का प्रयोग हुआ है। इसके अतिरिक्त उनके उपन्यासों में मुहावरे और लोकोक्तियाँ, शब्द-युग्मों, सूक्तियाँ, अपशब्दों आदि का भी प्रयोग सफलतापूर्वक हुआ है।

तत्सम शब्द :

अमरकान्त के उपन्यासों में तत्सम शब्दों का प्रयोग प्रचुर मात्रा में हुआ है। मुख्य रूप से 'सूखा पत्ता', 'आकाशपक्षी', 'बीच की दीवार', 'काले उजले दिन' व 'इन्हीं हथियारों से' आदि उपन्यासों में सार्थक तत्सम शब्दों का प्रयोग हुआ है यथा- ग्राम, यथावत, षड्यंत्र, अष्टगंध, तिलक, अतिथिगृह, अकर्मण्य, वसुधैवकुटुंबकम, शीतल मंद-सुगंध, अश्वेत, यथावत, अत्यधिक, पूर्ववत्, प्रथम, धर्मसंकट, जलचर, अंजुलि, यज्ञ-हवन, विवाह, वधू, अंधकार, अद्य, उच्च, कुमार, कष्ठ, गृह, जन्म, स्थल, धैर्य, नृत्य, पूर्ण, पक्षी, पूर्व, पवन, वद्ध, भक्त, शिक्षा, दुःख आदि। तत्सम शब्द, आम जनता की बोलचाल की भाषा में प्रयुक्त होने वाले शब्द हैं, जिनके प्रयोग से भाषा में सजीवता आती है। अमरकान्त की कहानियों में भी तत्सम शब्दों की प्रधानता देखी जा सकती है। गोविंदस्वरूप गुप्त जी कहते हैं "अमरकान्त जी तत्सम प्रधान लेखक है",[20] उन्होंने यह भी कहा है कि "स्वाधीनता के बाद की कहानियों में अमरकान्त एवं अमृतराय, दो ऐसे प्रमुख लेखक हैं, जो भाषा की दृष्टि से एक-दूसरे के सर्वथा विलोम हैं। अमृतराय ने सबसे अधिक अरबी-फारसी शब्दों का प्रयोग किया है। ठीक इसके विपरीत अमरकान्त ने सबसे अधिक तत्सम शब्दों का प्रयोग किया है।"[21]

देशज शब्द :

कथाकार देशज शब्द का प्रयोग भावों की सरलता प्रकट करने के लिए करते हैं ताकि उनकी भावाभिव्यक्ति संप्रेषणीय बन सके। प्रेमचंद की तरह अमरकान्त का भी शब्दभंडार समृद्ध है क्योंकि उनका ग्रामीण और शहरी दोनों परिवेशों से गहरा संबंध रहा है। अमरकान्त के 'सूखा पत्ता', 'ग्रामसेविका', 'सुन्नर पांडे की पतोह', 'इन्हीं हथियारों से' आदि उपन्यासों में देशज शब्दावली का प्रयोग बड़े पैमाने पर हुआ है। 'सूखा पत्ता' उपन्यास में अमरकान्त ने देशज शब्द तथा बलिया के समीप बोलेजाने वाले ठेठ गँवई इलाके के शब्दों का प्रयोग किया है।

कृष्णकांत की माँ कृष्णकांत से कहती है "बाप रे, कपार तो आग की तरह जल रहा है। उठो-उठो, यहाँ हवा में मत बैठो। ऊपर चलो, बिछौना लगा देती हूँ। वहीं लेटो। खराई-सेवराई हो गई होगी। बार-बार कहती हूँ, समय पर मुँह में कुछ डाल लिया करो...पर मेरी तो कुत्ते की हालत है, भूँकती रहती हूँ...कौन सुनता है... कन्हैया, बबुआ की खाट ऊपर पहुँचा दे।"[22]

'ग्रामसेविका' उपन्यास में विशुनपुर गाँव की एक बुढ़िया कहती है "अच्छा-अच्छा, अपना यह 'गियान' दूसरी जगह बघारना। लाख बात की एक बात, हमारा लड़का पढ़ने-बढ़ने न जाएगा। तुम लोग उड़ती चिड़िया हो, चार दिन यहाँ रहोगी, फिर उड़ जाओगी। हमारे लड़के को कुछ हो-हवा गया, दिमाग उल्टा-सीधा हो गया तो कौन पूछेगा?"[23] इसमें बुढ़िया की भाषा में गाँव की देशज एवं स्थानीय भाषा का प्रभाव नजर आता है।

अमरकान्त के उपन्यासों में प्रयुक्त देशज शब्द हैं– ओंगठाना, कनहठी, भक्कू, मुँह दुबर, किरपा, लूर शऊर, रेंगराना, भगई, भुच्चड़, जनम, लुआठी, धरम, मरद, नकहठ, बँसखटा, कंजास, मरकिलौना, भुरकुम, चौंगा, परभाव, जलुआ, मोटियागिरी, लैनू, चुल्ली, मूरख, गुरूहथी, लुतरा आदि।

अँग्रेजी शब्द :

अमरकान्त के उपन्यासों में अँग्रेजी के शब्दों तथा वाक्यों का भरपूर प्रयोग हुआ है। मुख्य रूप से अमरकान्त के उपन्यासों में अँग्रेजी का प्रयोग शिक्षित पात्रों द्वारा प्रसंगानुरूप हुआ है। उनके उपन्यासों में प्रयुक्त अँग्रजी शब्द हैं– टीचर, ट्रेनिंग, टीसन, ओवरएज, क्लास, इंजेक्शन, ड्यूटी, कन्ट्रोल, ट्यूमर, प्रोफेसर, एजेंट, नेचर, प्रोग्राम, एअर-कंडीशनर, पिस्तौल, पार्टनर, बैकवर्ड, प्राइवेट हाउसेज, सुपरिंटेंडेंट,

स्टेडियम, टूर्नामेंट, यूनिवर्सिटी, फ़ाउल, फ़ारवर्ड, सेल्फिश गेम, सेंटर, हॉफ़ टाइम, चियरेंअप, माउथ-ऑरगन, स्पोर्ट्स, कल्चर, रांगेंसाइड, डिस्पेन्सरी, साइकिल, डैडी, फर्स्ट ईयर, टाइफ़ाइड, लिटरेचर, फिक्शन, नावल्स, प्रीवियस, सूटकेस, हैबिट्स, पुलओवर, मार्केटिंग, रेस्तराँ, सेकंड शो, पाउडर, वेजीटेरियन, नॉनवेजीटेरियन, लिपस्टिक, फाउंटेनपेन, फ़ॉरमैलिटी, सिम्पैथी, नॉट बैड, नॉट डिफ़ीकल, सीरियस, सोबर, एक्टिंग, डिपार्टमेंट, इंगलिश, फ़ैशन, गर्ल, स्टूडेंट्स, इकोनॉमिक्स, हिस्ट्री, रीज़न, मॉडर्न, कम्पटीशन्स, सब्जेक्ट्स, सेपरेशन, रोमान्टिक, लास्ट चान्स, स्टेशन, इन्जीनियर, टेलीफोन, मैच, वाटर, मजिस्ट्रेट, सर्टिफिकेट, होम्योपैथी, कॉलेज, ऐयरेंटाइट आदि।

अमरकान्त ने केवल अँग्रेजी शब्दों का ही प्रयोग नहीं किया बल्कि अँग्रजी वाक्यों का भी प्रयोग किया है यथा- "वेरी लवली!"[24], "हाउ काइंड एंड गुद यू आर!"[25], "आई हेट इट"[26], "ही इज़ वेरी काइंड, ही इज़ लाइक ए चाइल्ड"[27], "आई एम ए मीन एंड रेचेड गर्ल...।"[28] "गोली मार दोंशूट हिम!...देन टेक हिम अवे... ले जाओ इसे।"[29], "वेल डन...गो ऑन।"[30]

अरबी-फारसी शब्द :

अमरकान्त के उपन्यासों में अरबी-फारसी शब्दों का प्रयोग बहुतायत मात्रा में हुआ है। यथा-तबीयत, हथियार, आदत, इम्तहान, फ़ौरन, मर्ज, इस्तेमाल, मुलाजिम, निहायत, लिहाज, मरीज, खुराफ़ात, बेशक, शिकायत, हालत, दुनिया, अहसान, गायब, मौत, शुक्र, नज़ाकत, एतराज, ज़िम्मेदार, मुकम्मिल, फ़र्ज, ख़ालिज, वजूद, इंतज़ार, आज़ाद, दहशत, खर्च, अर्जी, मर्द, दर्द, फीकी मुस्कान, मिन्नत, औरत, फुर्ती, तकलीफ, ईमानदारी, इंतज़ाम, नसीहत, कुर्बानी, मुस्तैद, अदब, बेवकूफ़, बहस, बशर्ते, नफ़ीस, अफसोस, उम्र, बेईमानी, तारीफ, इंकार, जहमत, मेहमाननवाज़ी, शख्सि.ायत, गैरेंमौजूदगी, मुआवजा, अदाकार, रुखसत, मौजूदा हालात, अव्वल, मालूम, कसाई, गम, मालिक, मुहर्रिर हालत, सिफारिश, गम, इस्तेमाल, मालूम, कसाई, मौत, इंसानियत, फिराग, उस्ताद, ताकत, तरक्की, शिकवा आदि।

भोजपुरी शब्द :

अमरकान्त के कुछ उपन्यासों में भोजपुरी भाषा की भी मिठास मिलती है। 'इन्हीं हथियारों से' उपन्यास में अनाज पीसते समय जीरादेई आनन्दी को ससुराल

के गाँव में बिताए कर्मठ गृहस्थ जीवन को याद करती हुई गीत सुनाती है-

"तीन चीजुइया याद आवे...
तीन चीजुइया याद आवे...
भूल गइली बाबा-माई, भूल गइली धमा-चौकड़ी
तीन चीजुइया याद आवे, तीन चीजुइया याद आवे।"31

इससे आनन्दी को भी अपना बचपन याद आता है। इसके बाद जाँता-गीत पुनः चालू होता है—

"भूल गइली दही-चिउरा, भूल गइली पूड़ी-हलवा,
तीन चीजुइया याद आवे, तीन चीजुइया याद आवे,
भूल गइली मेला-चकरी, भूल गइली झूला-घुमरी,
तीन चीजुइया याद...खाली तीन चीजुइया याद आवे..."32

'सुन्नर पांडे की पतोह' उपन्यास में जब सुन्नर पांडे की पतोह की डोली ससुराल पहुँचती है तो औरतें दूल्हा-दूल्हिन का परछौना करते समय गीत गाती हैं-

"हँसत-खेलत मोरे बाबू गइल,
मन धूमिल काहें अइलें,
मन बेदिल काहें अइलें,
सासु छिनरिया न जोग कइलें, मन धूमिल काहें अइलें।"33

अमरकान्त के उपन्यासों में भोजपुरी के कुछ अन्य शब्द भी हैं, यथा- झरेला, अइबू, जइबू, गोड़ लागी पड़ाइन, छुतही हांड़ी, सेनुरा, तोहरे, हमरे, मकुनी-चोखा, होइ गइली, बबुनी, एक बचवा, करैली का चोखा, बकुलहा, मनई, चिरकुट, छिपुली, जिनगी, ए बाबा आदि।

शब्द-युग्म :

हिंदी के अनेक शब्द ऐसे है जिनका उच्चारण लगभग समान होता है किन्तु उनके अर्थ में समानता नहीं होती, ऐसे शब्दों को शब्द युग्म कहा जाता है। शब्दयुग्म को सार्थक ध्वनियों की जोड़ी भी कहा जा सकता है। अमरकान्त के उपन्यासों में भावों के साधारणीकरण के लिए संयुक्त तथा सार्थक-निरर्थक शब्दयुग्मों का प्रयोग मिलता है। यथा- पढ़ा-लिखा, हिलाया-डुलाया, मीटिंग-वीटिंग, उबड़-खाबड़, खटर-पटर,

मच्छर-वच्छर, झूठ-मूठ, रंग-बिरंगी, समझा-बुझाकर, सरकार-वरकार, नाश्ता-वास्ता, डॉक्टर-वाक्टर, मिया-बीबी, चिरई-चुरंग, उलटना-पुलटना, झोला-झक्कर, मार-पिटाई, नौकर-चाकर, जाने-अनजाने, शर्म-लेहाज, तर-बतर, नंग-धडंग, खोज-खबर, रात-भर, तेल-वेल, हाथ-मुँह, काफी-कुछ, अच्छा-ख़ासा, मकान-मालकिन, देख-भर, सिनेमा-भवन, सुख-आराम, शादी-ब्याह, सुबह-शाम, धनुष-तीर, लक्ष्य-वेध, तीन-चार, एक-दूसरे, पाठ्य-पुस्तक, आदर-भाव, इधर-उधर, प्रेम-व्रेम, खाया-पिया, बाहर-भीतर, चाल-चलन, सीधे-सादे, भूत-प्रेत, अगल-बगल, हमारी-तुम्हारी, हाथ-पाँव, सही-सलामत, साफ-सुथरा, दिन-भर, नोट-वोट, तंग-परेशान, दुबले-पतले, खाना-पीना, संयम-नियम, हक्का-बक्का, हवा-पानी, गरीब-दुखिया, नर-नारी, आने-जाने, स्वेद-शोभित, हल्ला-गुल्ला, सड़ी-गली, भाई-बहन, होश-हवास, रोना-धोना, दुनिया-भर, नौकरों-चाकरों, खेल-तमाशे, संबंध-विच्छेद, काम-धाम, कुशल-समाचार, चीखते-चिल्लाते, शान-शौकत, माँ-बहन, नौकर-चाकर, हक्का-बक्का, गाना-बजाना, भाँग-वाँग, तहस-नहस आदि।

ध्वन्यात्मक शब्द :

अमरकान्त के उपन्यासों में ध्वन्यात्मक शब्दों का प्रयोग हुआ हैं जिससे उनके उपन्यासों में जीवंतता आती है। उदाहरणार्थ-

"सड़क से एक लारी गुजरने के साथ ही भरर-भरर, छरर-छरर की आवाज पूरब से पश्चिम की ओर चली गई।"[34]

"जब सब कुछ बर्दाश्त के बाहर हो गया तो मोहन ने एक अत्यधिक बचकाना हरकत की। उसने पहले ऊँट की तरह मुँह को उठाया, जैसे आकाश को निहार रहा हो, फिर उसको ज़ोर से झुकाते हुए बोला, "आ...छीं। उफ, बडे, जोर का जुकाम हो गया है, मालूम होता है कि लौकी खाने से ऐसा हो गया है।"[35]

"दुनिया-भर के मच्छर समारोह मनाने के लिए मानो वहीं एकत्र हो गए थे। वह आह-ऊह, कराह और बड़बडाहट का उद्गम स्थल बन गई।"[36]

"सर्दी में एकदम ठंडे पानी से नहाने के बाद दाँत किटकिटाने से रुक-रुककर जैसे आवाज निकलती है, उसी तरह काँपते हुए स्वर में वह बोला, "मेरा कोई नहीं है, ए मैया। तुम हमारी मतहारी हो। ए मैया, कपार फट रहा है। देह में बड़ा दर्द है। कपार चाँप दो...अब नहीं बचूँगा ए दादा, ऊँह-ऊँह।"[37]

"वह लड़के की जान बचाने के लिए क्या नहीं कर सकती थी? परन्तु उस समय, जब कि घर में कोई नहीं था और तालाब की ओर से सियार के 'हुआँ-हुआँ'

बोलने का शब्द सुनई दे रहा था, दमयन्ती रोने के सिवाय कुछ भी नहीं कर सकी थी।"[38]

"उसने गाँव के जवानों का एक गिरोह बना लिया था जो दिन-रात हा-हा-हू-हू करते थे। इस गिरोह के लोग अजीब पोशाक पहनते थे।"[39]

"झींगुरों की झनकार में सारी रात साँय-साँय कर रही थी।"[40]

"फिर दरवाजे को धीरे से खटकटाया। कोई जवाब न मिला। भीतर से खर्राटे की आवाज सुनाई दे रही थी। उन्होंने जरा जोर से दरवाजा खटखटाया। अब भीतर किसी के 'ऊँह-ऊँह' करने की आवाज सुनाई दी।"[41]

मुहावरे और लोकोक्तियाँ :

भाषा की सुंदर एवं सुडौल रचना हेतु मुहावरों और लोकोक्तियों का प्रयोग आवश्यक माना जाता है। मुहावरे और लोकोक्ति भाषा को सजीव, प्रवाहपूर्ण तथा आकर्षक बनाने में सहायक सिद्ध होते हैं। इसी कारण हिंदी साहित्य में विभिन्न प्रकार के मुहावरों और लोकोक्तियों का प्रयोग होते हुए देखा जाता है। 'मुहावरा' शब्द अरबी भाषा से लिया गया है, जिसका अर्थ है– बोलचाल, बातचीत या अभ्यास। मुहावरा ऐसा वाक्यांश है जो सामान्य अर्थ का बोध न कराकर किसी विलक्षण अर्थ की प्रतीति कराता है। यह अतिसंक्षिप्त रूप में होते हुए भी बड़े भाव या विचार को प्रकट करता है। लोकोक्ति संस्कृत भाषा का शब्द है, जो लोक और उक्ति से बना है। जिसका अर्थ है– लोक की उक्ति। बोलचाल की भाषा में लोकोक्ति को कहावत भी कहा जाता है। वाक्य में लोकोक्ति का प्रयोग ज्यों का त्यों होता है जबकि मुहावरे का प्रयोग काल, वचन, पुरुष आदि के अनुरूप परिवितिर्त हो जाता है।

अमरकान्त के उपन्यासों में मुहावरों तथा लोकोक्तियों का प्रयोग प्रचुर मात्रा में हुआ है जिससे उनके उपन्यासों की भाषा अत्यंत जीवंत और आकर्षक हो उठी है। 'ग्रामसेविका' उपन्यास में मुहावरों के द्वारा सहुआइन की बहू का चरित्रांकन किया गया है-

"सहुआइन भी सारे गाँव में ढिंढोरा पीटती थी। 'मेरी बहु गऊ है गऊ' उसके पास जबान ही नहीं है, खाक गऊ है। उसके पेट में बित्ता भर की छुरी है जी। इसने तो खुलेआम सारे गाँव में नाक कटा दी।"[42]

उपर्युक्त गद्यांश में कई मुहावरों का प्रयोग हुआ है– 'ढिढोरा पीटना', 'गऊ होना', 'नाक कटवाना', 'बित्ता भर की छुरी होना'। 'बीच की दीवार' उपन्यास में

प्रयुक्त मुहावरों के उदाहराण द्रष्टव्य हैं-

"क्या मतलब तुम्हारा? तुम्हारी यह हिम्मत कि इस तरह बोलो? तुम मेरा अपमान करना चाहते हो? तुम किस खेत की मूली हो? तुम्हारी हैसियत ही क्या है? दूसरे के आश्रय में रहते हो तो पर निकल आए हैं? मैं शुरू से देख रहा हूँ कि तुम मुझको फूटी-नजर से भी देखना नहीं चाहते। अच्छी बात है। पानी में रहकर मगर से बैर करता है? देख लूँगा।"[43] इसी उपन्यास में मुहावरों और लोकोक्तियों से पुरुष मनोविज्ञान का भी चित्रण किया गया है-

"औरतों को हमेशा बाघिन की तरह चौकन्ना रहना चाहिए। मर्द होता है जाति का कुत्ता, काम निकल जाने पर धोखा देता है...। साँप को कितना भी दूध पिलाओ वह डसना नहीं छोड़ सकता। एक बार औरत जहाँ मर्द से दबी कि वह शेर हो जाता है और मनमानी करने लगता है। और जब उसको दबाकर रखा जाता है तो वह भीगी बिल्ली बन जाती है।"[44]

अमरकान्त के उपन्यासों में प्रयुक्त अन्य मुहावरे और लोकोक्तियाँ-

मुहावरे : ईट का जवाब पत्थर से देना, होश फाख्ता होना, पैर की चक्की बनना, भीगी बिल्ली बन जाना, कलेजा ठंडा होना, घर सिर पर रखना, छाती पर मूँग दलना, दिल में चोर होना, पैसा जोड़ना, खून पी जाना, ताक पर रखना, पापड़ बेलना, आँखों का पानी मरना, रोंगटे खड़े हो जाना, दूध का कुल्ला करना, कलेजा पत्थर होना, सीधे मुँह बात न करना, नौ दो ग्याराह होना, चेहरा फक पड़ना, कलेजा मुँह को आना, मन पर पत्थर रखना, जींतोड़ काम करना, राजा हरिश्चन्द का अवतार होना, जबान में ताला लगाना, जमीन आसमान एक कर देना, एक-एक पाई दाँत से पकड़ना, जान निकालकर रख देना, चीटे की तरह खींचे चले आना, हक्का बक्का रह जाना, कुत्ते की पूँछ टेढ़ी की टेढ़ी रहना, दाई से पेट छिपाना, नाक भौं सिकोड़ना, चिरई का पूत नज़र न आना, अहसानों को घोलकर पीना, लाज घोलकर पी जाना, तिरिया चरित्तर फैलाना, रास्ते का काँटा लगना, कलेजा फटना, कान गरम करना, बूढ़े तोते का पढ़ना, अपना उल्लू सीधा करना, चलती फिरती लाश बन जाना, बेपेंदी का लोटा होना, कान में तेल डालना, दबे पाँव बाहर निकलना, खून का घूँट पीकर रह जाना, उड़ती चिड़िया को हल्दी लगाना आदि।

लोकोक्तियाँ : जिसकी लाठी उसकी भैंस, उड़ती चिड़िया को हल्दी लगाना, बूढ़ा तोता क्या पढ़ेगा, कापर करूँ सिंगार पिया मोरे आँधर, काला अक्षर भैंस बराबर, पाँचों उँगली घी में और सर कड़ाही में, जो चीज़े चमकती है वे सभी सोना नहीं होतीं,

टेढ़ी उँगली से घी निकालना, उल्टा चोर कोतवाल को डाँटे, चोदूबर की मेहरारु गाँव पूतो फलो, साँप भी मर जाए और लाठी भी ने टूटे, घर की भौजाई, दूधो नहाओ पूतो फलो, छठी का दूध याद आ जाएगा, दिन दूना रात चौगुना बढ़ना, दाई से पेट छिपाने से कोई लाभ नहीं आदि।

सूक्तियाँ :

सूक्ति को सुंदर उक्ति या कथन कहा जाता है। इसे चमत्कारपूर्ण वाक्य या अच्छे और सुन्दर ढंग से कही हुई कोई बढ़िया बात भी कहते हैं। सूक्तियाँ लेखक की प्रतिभा, विचारशीलता व अनुभव जन्यता की परिचायक भी होती है। अमरकान्त के उपन्यासों में भी सूक्तियों का प्रयोग देखा जा सकता है जो उनकी जीवनानुभूति पर आधारित हैं। उनके उपन्यासों में प्रयुक्त सूक्तियाँ इस प्रकार है-

"जो जैसा करेगा, वैसा भरेगा।"[45]

"दो दिन की जिनगी है, कौन किसका है? सबको तो आखिर में सीताराम, कृष्णमुरारी के यहाँ जाना ही है।"[46]

"दुनिया में जो कुछ अच्छा है, उसको हम अवश्य याद करते हैं और याद करेंगे। पर अगर कहीं दोष है, कहीं गलतियाँ हैं, तो उनका भूल जाना ही अच्छा है।"[47]

"मैं सदा आगे बढ़ने को ही जिन्दगी मानती हूँ।"[48]

"इस जीवन में आगे बढ़ने के लिए संघर्ष और तकलीफ़ ज़रूरी है, और जो संघर्ष नहीं कर सकता, जो तकलीफ़ बरदाश्त नहीं कर सकता, उसका जीवन व्यर्थ हैं।"[49]

"जो ज़माने के साथ नहीं बदलेगा, वह पीछे छूट जाएगा। ज़माने के साथ आगे बढ़ने में ही अपनी भलाई और समाज की भी भलाई है।"[50]

"रुपए से मन को नहीं खरीदा जा सकता"[51]

उपमान :

उपमान उस प्रसिद्ध वस्तु या व्यक्ति को कहा जाता है जिससे किसी की तुलना की जाती है। अमरकान्त ने अपने उपन्यासों में वातावरण, चरित्र आदि को प्रभावशाली बनाने के लिए उपमानों का भी प्रयोग किया है। उनके उपन्यासों में प्रयोग किए गए उपमान पारंपरिक न होकर बिल्कुल नए हैं। उनके उपमानों में

विविधता है, कहीं-कहीं तो समझने के लिए क्षेत्र-विशेष की संस्कृति का ज्ञान होना भी आवश्यक है। उनके उपन्यासों में प्रयुक्त उपमानों के उदाहरण इस प्रकार हैं-

"उसका स्वस्थ शरीर किसी ताजे फल की तरह दिखाई दे रहा था।"[52]

"आत्मविश्वास मेरे दिल में सवेरे के सूरज की तरह निकल आया था।"[53]

"वह केवल अपने लिए बुरी थी, पर दूसरों के लिए तो उसका जीवन एक ऐसे हरे-भरे वृक्ष की तरह था, जो थके-माँदे मुसाफिरों को छाया देता है।"[54]

"उसके चेहरे पर बेहद उदासी थी और थी एक व्यथा की कालिमा, जैसे दिन के बाद काली रात चारों ओर फैल गयी हों"[55]

"वह दुःख केवल उस जमीन की तरह था, जिसमें कुछ नहीं उपजता, केवल काँटेंकाँटे ही उपजते हैं।"[56]

"वह छः मास तक हमारे मोहल्ले में रहा, और जब हमने एक दिन यह गौर किया कि तूफान में नष्ट चिड़ियों के घोंसलों की तरह उसकी दुकान उजड़ी पड़ी है।"[57]

"मटमैली साड़ी पहने और वैसा ही चादर ओढ़े तथा दाहिने हाथ में एक छोटा-सा डंडा पकड़े, दाना चुगते हुए कबूतर की तरह, वह दो-चार कदम चलने पर सिर उठाकर आगे देखती, फिर सिर झुका लेती थी।"[58]

"वह कैसा सुन्दर दिन था! क्वार की धूप बहुत ही चटकीली थी-गेंदा के फूल की तरह पीली और खुशनुमा!"[59]

"दीप्ति अँधेरे घर का चिराग थी। उसकी उम्र लगभग सत्रह वर्ष की होगी, परन्तु उसका शरीर बरसाती नदी की तरह भरा-पूरा था। रंग गोरा और नाक-नुकीली। लम्बी और पतली। उसकी चाल में हिरनी की तरह फुर्तीलापन था।"[60]

"खुशी के मारे वह वहाँ रुकी नहीं, बल्कि फुर्र से चिड़िया की तरह उड़कर घर के अन्दर चली गई।"[61]

"औरत का प्यार एक पके आम की तरह होता है, लेकिन अगर कोई उस आम को तोड़कर खाए ही नहीं तो कोई अन्य अवश्य उसका उपभोग कर लेगा।"[62]

"दीप्ति की हालत चोट खाई हुई चिड़िया की तरह हो गई।"[63]

"मोहन को देखते ही उसके मुँह पर अनजान भय की रेखाएँ सिमट आईं और वह समुद्र की लौटी हुई लहर की तरह उल्टे पाँव अन्दर भागी।"[64]

"उस पर दयाशंकर की विचारधारा का प्रभाव है, यह निश्चित रूप से नहीं कहा जा सकता, लेकिन नफीस उसके साथ परछाई की तरह डोलता रहता।"[65]

"शंकर की दृष्टि उस पर पड़े, इसके पहले ही वह अँधेरे में किसी विषधर सर्प की तरह गायब हो गया। मनफूल का दिमाग शैतान की तरह काम कर रहा था।"[66]

वातावरण प्रयोग :

अमरकान्त के उपन्यासों में उस परिवेश का पूरी तरह से चित्रण हुआ है जो स्वयं अमरकान्त का परिवेश है। इनके उपन्यासों में बलिया, लखनऊ, इलाहाबाद, गोरखपुर आदि शहरों का वर्णन हुआ है। अमरकान्त ने अपने उपन्यासों में वातावरण का प्रयोग घटनाओं एवं स्थितियों को जीवन्त रूप प्रदान करने के लिए किया है साथ ही पात्रों के मनोभावों पर पड़ने वाले प्रभावों के रूप में भी वातावरण का प्रयोग किया है। उनके प्राकृतिक वातावरण के चित्रण की भाषा से यह स्पष्ट होता है कि वे जिस वातावरण का चित्रण कर रहे हैं, वह उनके द्वारा प्रत्यक्ष देखा गया है। 'सूखा पत्ता' उपन्यास में अमरकान्त श्मशान घाट पर गंगा का वर्णन इस प्रकार करते हैं-

"गंगा एक ओर बालू के बड़े-बड़े टीलों तथा दूसरी ओर माटी की ऊँची चट्टानों के स्नेहाश्रय में चाँदनी की धवल सेज पर सोई थी। जल एकदम स्वच्छ और निर्मल था, जिसमें नन्ही-नन्ही रजत-लहरियाँ चौतन्य होकर मन्द गति से रेंग रही थीं। पैरों के पास किनारे पर गोल-गोल गाज तैर रहे थे। सामने, लगभग पचास फीट की दूरी पर, पानी में रेत निकल आई थी, जो कुछ आगे जाकर नुकीली शक्ल में समाप्त हो गई थी। दूसरे किनारे दूर अलग-अलग खड़े वृक्ष गंगा के आह्लादकारी सौन्दर्य को छक-छककर पी रहे थे।"[67]

'बीच की दीवार' उपन्यास में दीप्ति के मनोभावों का वर्णन इस प्रकार किया गया है– "दीप्ति का जीवन अभी एक ऐसे शान्त सरोवर की तरह था, जिसका जल निर्मल होता है। वह सरोवर खूबसूरत था। उदय होते और डूबते सूर्य की लाली में वह अत्यधिक भव्य हो उठता था। लेकिन उसमें कभी लहरें न उठी थीं। पर अशोक की बातों ने दीप्ति के मन पर एक अत्यधिक कोमल आघात किया था, जैसे किसी सुपरिचित स्नेही व्यक्ति ने एक हल्की-सी कंकड़ी फेंक दी हो। दीप्ति के मन में छोटी-छोटी लहरियाँ उठने लगीं।"[68] इसी उपन्यास में एक उदाहरण इस प्रकार है-

"सूरज डूब गया था। आस-पास के वृक्षों पर दूर-दूर दिशाओं से पक्षीगण आकर बैठ गए थे और चह-चह कर रहे थे। अचानक उसकी दृष्टि बगलवाले मकान के बरामदे में पड़ी। भीतर से आकर दीप्ति खम्भे के सहारे खड़ी हो गई थी। उसने एक क्षण मोहन की ओर अनजान कूतूहल से ताका, फिर इधर-उधर इस तरह देखने लगी,

जैसे किसी की तलाश में आई हो। अन्त में वह गौरैया की तरह फुर्र से भाग गई। मोहन खोया-खोया उधर देखता रह गया।"[69]

'इन्हीं हथियारों से' उपन्यास में अमरकान्त ने बारिश के मौसम का यथार्थपरक चित्रण किया है– "सितम्बर का महीना, करीब चार बजे थे। नीलेश बाहर के कमरे में बैठकर पढ़ रहा था। उसे पता नहीं लगा कि बादल कब घिर आए, चारों ओर अँधेरा छा गया और तेज हवा के साथ जोरदार बारिश होने लगी। वह खिड़की के पास आकर बाहर खड़ा हो गया और बाहर का दृश्य देखने लगा।"[70]

अपशब्द एवं गालियों का प्रयोग :

अमरकान्त ने अपने उपन्यासों को प्रभावोत्पादक बनाने एवं उसमें जीवन्तता लाने के लिए सिर्फ पात्रानुकूल बोली-बानी का ही वर्णन नहीं किया बल्कि इसके साथ-साथ पात्रों द्वारा प्रयुक्त अपशब्दों एवं गालियों का भी प्रयोग किया है। 'सूखा पत्ता' उपन्यास में उर्मिला और कृष्ण कुमार को प्रेम करते देखकर उर्मिला की माँ उर्मिला की पिटाई करती हुई गालीयुक्त शब्दावली का प्रयोग करती है-

"क्यों रे हरामजादी! यहाँ क्या कर रही थी?...इसलिए तू पैदा हुई थी? पाल-पोसकर तुझे इसीलिए बड़ा किया था कि तू यहाँ आकर अपनी नाक कटाएगी? पैदा होते ही तेरा गल क्यों नहीं दबा दिया? कुलबोरनी, कुलमुँही।...चीखते शर्म नहीं आती? हरजाई कहीं की! तुझ पर बहुत जवानी छाई है। चल घर, मैं तेरी जवानी में आग लगाती हूँ। तू समझती है कि इस घर में रहकर तुझे गुलछर्रे उड़ाने दूँगी? मैं तेरी छाती पर मूँग दलूँगी...एक बूँद पानी भी इस घर में नहीं पीऊँगी। हरामजादी, सब लाज धोकर पी गई है? मैं क्या जानती थी कि इस पर गर्मी छाई हुई है, नहीं तो सड़क पर रहती, पर यहाँ नहीं आती। चल चुड़ैल, मैं तेरी सारी गर्मी झाड़कर रख दूँगी।"[71] इसी उपन्यास में दूसरा उदाहरण-

"मोटियों की बदमाशी होगी, बाबू! सालों ने फाड़कर निकाल लिया होगा। मरभुखे तो हैं ही ससुरे। अब बताइए किया जाए तो क्या किया जाए? पूछने पर सबी हरामजादे संठ खींच जाएँगे।"[72]

'बीच की दीवार' उपन्यास में इसी प्रकार गालीयुक्त शब्दों का प्रयोग मिलता है– " कुन्ती को तो उसने स्कूल में बहुत डाँटा-फटकारा और 'कुतिया', 'कमीनी' आदि विशेषणों से विभूषित किया।"[73] इसी उपन्यास में दूसरा उदाहरण- "हरामजादी, अब और दूसरे मर्द के साथ गुलछर्रे उड़ाएगी? में तेरी छाती फाड़कर खून पी जाऊँगी।

मुझे तू जानती नहीं। मुझको कोई धोखा नहीं दे सकता और मैं किसी से डरती नहीं।"[74]

'काले-उजले दिन' उपन्यास में भी गालीयुक्त वाक्यों का प्रयोग हुआ है– "और कौन दुश्मन होगा? वही हरामजादी। उसी ने मेरी बेटी को धोखा देकर गुलछर्रा उड़ाया और अन्त में उसको जहर दे दिया...। मैं क्या जानती थी कि उसके पेट में दो गज का छुरा है। हरामजादी, कुलमुँही...!"[75] अमरकान्त के अन्य उपन्यासों में भी गालीयुक्त शब्द एवं वाक्यों के उदाहरण देखे जा सकते हैं–

"कल चमेलिया के साथ वह हरामजादी काली कालूटी आई थी न? न मालूम कैसी नज़र से तरेर रही थी। वही हरामजादी नज़र लगा गई है।"[76]

"भाग साले यहाँ से! जब देखो, इसकी मनहूस शकल दिखाई देने लगती है। साले, तू सड़-सड़कर मरेगा : यह मौज-मस्ती भूल जाएगी। हरामी, जानता है, दूसरा का जमा मारने से कुकुर का जन्म मिलता है...तूने जरूर पिछले जन्म में अपने भाई का हक मारा होगा। भाग साले, भाग साले...।"[77]

"इसीलिए तो उस हरामी से कमजोर हूँ।"[78]

"हरामजादी, चोट्टी, जलती है। तेरी जैसी घटिया रंडी तो इस मुहल्ले में कोई नहीं है। खुद काली, ठूँठ की तरह है, लड़की भी एकदम ठूँठ पैदा की है। चवन्नी-अठन्नी पर घटिया गाहकों को इकट्ठा करती है, उसी का नतीजा है यह। रंडी बिरादरी की नाक कटा दी है इसने।"[79]

(ख) शैली

"अच्छी शैली तभी बन सकती है जब लेखक सतत परिश्रम करे और लिखने-पढ़ने में ही व्यस्त रहे। अच्छी शैली वह तपस्या है, जिसके लिए वर्षों तक कठिन साधना करनी पड़ती है। भाषा तथा शैली के विषय में यह ध्यान रखना चाहिए कि उसका एक शब्द भी निरर्थक और व्यर्थ न हो।"[80] साहित्यकार अपनी इच्छित विषय-वस्तु के सम्प्रेषण के लिए विभिन्न शैलियों का प्रयोग करता है। पात्रानुकूल तथा प्रसंगानुकूल एक ही उपन्यास में कई शैलियों का भी प्रयोग किया जाता है। अमरकान्त ने कथानक विस्तार के लिए प्रसंगानुसार विविध शैलियों का प्रयोग किया है-

वर्णनात्मक शैली :

उपन्यासकार वर्णनात्मक शैली में अन्य पुरुष के रूप में कथा को प्रस्तुत करता

है। उपन्यासों में कम या अधिक मात्रा में वर्णन का होना आवश्यक होता है क्योंकि इससे कथानक में वास्तविकता और विश्वसनीयता आती है और साथ ही पात्रों के चरित्र में स्पष्टता भी आती है। इस शैली का प्रयोग प्राकृतिक सौन्दर्य के चित्रण में भी होता है। अमरकान्त के 'ग्राम सेविका', 'सुन्नर पांडे की पतोह', 'कटीली राह के फूल' आदि उपन्यासों में वर्णनात्मक शैली का प्रयोग प्रयुक्त हुआ है। 'ग्रामसेविका' उपन्यास में 'विशुनपुर' गाँव का परिचय वर्णनात्मक शैली में ही दिया गया है-

"विशुनपुर गाँव छोटा नहीं कहा जा सकता, परन्तु उसमें कोई स्कूल नहीं था और लड़कों को पढ़ने के लिए रामगढ़ जाना पड़ता, जहाँ अस्पताल, थाना वगैरह भी थे। यह गाँव करीब-करीब अर्धवृत्ताकार फैला है, जिसके उत्तर में अहीरों का और दक्षिण में पासियों का टोला है। बीच में ब्राह्मणों, ठाकुरों और बनियों के मिले-जुले घर हैं। गाँव के सामने एक मैदान फैलता गया है, जो चरागाह के काम आता है। कुछ दूर जाने पर एक तालाब मिलेगा, जिसके किनारे एक पुराना और ठूँठ पीपल का पेड़ काँपता-सा खड़ा है। गाँव से एक पगडंडी इठलाती हुई आती है और पेड़ के पास से होकर रामगढ़ की ओर चली जाती है।"[81]

"वह सड़क धूल-भरी बाईं पटरी से जा रही थी। डगमग और टेढ़ी-तिरछी चाल से वह झुकती हुई चल रही थी। उसका लम्बा, छरहरा और टाँठ शरीर अब कमजोर होकर आगे झुक गया था और उसके कूल्हे पीछे को निकल आए थे। उसका दप-दप गोरा चेहरा झँवराकर और झुर्रियों तथा लकीरों के एक जाल में बदलकर अब ऐसी स्थिति में पहुँच गया था, जब उसे देखकर जवान छोकरों और बच्चों को बेतहाशा हँसी आने लगती है। मटमैली साड़ी पहने और वैसा ही चादर आढ़े तथा दहिने हाथ में एक छोटा-सा डंडा पकड़े, दाना चुगते हुए कबूतर की तरह, वह दो-चार कदम चलने पर सिर उठाकर आगे देखती, फिर सिर झुका लेती थी।"[82]

"अभी सूर्यास्त नहीं हुआ था और कुछ धूप बाकी थी, जो सिन्दूर की तरह लाल होकर वृक्षों के शिखरों पर चढ़ गई थी। हवा कुछ तेज़ चल रही थी, यद्यपि उससे भी गर्मी शान्त नहीं हो रही थी। अक्तूबर का आकाश लगभग साफ़ था, सिर्फ़ पूर्वी क्षितिज पर बादलों के दो बड़े टुकडे चट्टान की तरह जमे थे।"[83]

"जिस कमरे में हम लोग सोते थे, उसके बगल में ही एक छोटा कमरा था, जिसमें हम लोग अपनी किताबें रखते थे और कभी-कभी वहीं बैठकर पढ़ते भी थे। उस कमरे में बडे, सरकार की कुछ किताबें थीं जो एक बड़ी अलमारी के खानों में पड़ी-पड़ी न मालूम कब से धूल खा रही थीं। वे उर्दू की किताबें थीं, विशेष रूप से

सस्ते उपन्यास तथा पत्रिकाएँ, जिनको बड़े सरकार ने कभी-न-कभी पढ़ा होगा और पढ़कर वहाँ फेंक दिया होगा। कमरे के मध्य में एक बड़ी-सी मेज रखी हुई थी, जिसके चारों ओर चार कुर्सियाँ पड़ी थीं। एक कोने में एक ओर छोटी-सी मेज थी जिस पर मैंने अपनी किताबें सजाकर रखी थीं।"[84]

"कान्ति बदसूरत तो नहीं थी, लेकिन उसको खूबसूरत भी नहीं कहा जा सकता। वह बहुत गोरी भी नहीं थी, नीलम की तरह। उसकी आँख- छोटी-छोटी थीं और नाक कुछ चपटी-सी। निस्सन्देह उसके चेहरे पर सज्जनता, सलज्जता एवं शिष्टता थी।"[85]

"दमयन्ती आज गाँव के लोगों से मिलने-जुलने के लिए निकल पड़ी थी। लम्बा, पतला शरीर, साँवला रंग और बड़ी-बड़ी आँख। वह सीधे पल्ले की सफेद साड़ी पहने थी और उसके पैरों में चप्पल थी। उसकी उम्र लगभग बीस वर्ष की होगी।"[86]

आत्मकथात्मक शैली :

आत्मकथात्मक शैली उपन्यासकारों की प्रिय शैली मानी जाती है। आत्मकथात्मक शैली में उपन्यासकार पात्रों की जीवन गाथा उसके कथन से चित्रित करते हैं। इस शैली में उपन्यास का प्रमुख चरित्र ही सब कुछ होता है और उसी के इर्द-गिर्द उपन्यास की सभी घटनाएँ घटित होती है। इसमें उपन्यासकार प्रायः प्रथम पुरुष में ही संपूर्ण कथा कहता है। इस शैली में 'मैं' के माध्यम से रचना की जाती है जिसको साधारणतया सामान्य अर्थों में उपन्यासकार के 'मै' का प्रतीक समझा जाता है। इसमें आत्मविश्लेषण तथा चरित्र पर ज़ोर दिया जाता है। अमरकान्त के 'सूखा पत्ता', 'आकाश पक्षी', 'काले-उजले दिन' आदि उपन्यासों में आत्मकथात्मक शैली का प्रयोग हुआ है। यथा-

"मुझे लगा कि मेरे जन्म का निश्चित उद्देश्य है, इसीलिए मैंने इतना महान प्रेम किया, इतना महान दुख बरदाश्त किया, आत्महत्या नहीं की और आज सारी दुनिया से टक्कर लेने की शक्ति मैं अपने में महसूस कर रहा हूँ। मैं आगे पढ़ूँगा, अपनी शारीरिक और मानसिक शक्ति बढ़ाऊँगा। इसके अलावा मेरे जीवन की कोई गति नहीं। अपनी पीड़ा के लिए अपनी जिन्दगी को बरबाद किया जाए, यह आत्म-सम्मान के प्रतिकूल है, यह मैं अब अच्छी तरह समझ गया हूँ। इस दुनिया में किसको दुख नहीं होता है किन्तु उसमें तड़पना और उससे दूसरों पर रोब गाँठना सभ्यता और संस्कृति का घटिया रूप है, ऐसा मैं महसूस कर रहा हूँ। कर्तव्य और त्याग मुझे

आकर्षित कर रहे हैं। करोड़ों लोग आज जानवरों की जिन्दगी व्यतीत कर रहे हैं-उसको बर्दाश्त करने की स्थिति में मैं आज अपने को नहीं पा रहा हूँ।"[87]

"मैं हमेशा डरा रहता था और अधिक-से-अधिक काम करके माता जी को प्रसन्न करने की कोशिश करता, लेकिन माता जी की असन्तुष्टि दिन-पर-दिन बढ़ती जा रही थी। फिर मेरा आत्म-विश्वास एकदम समाप्त हो गया और मुझसे गलतियाँ होने लगीं। कोई काम मुझसे ठीक ढंग से होता ही नहीं। इस पर मुझको काफी डाँट-मार पड़ती। मुझे बड़ा आश्चर्य होता था कि पिता जी क्या एक बार नहीं सोचते थे कि मैं उनका बड़ा बेटा होकर भी, नौकर की तरह रहता हूँ।"[88]

"आज मेरी उम्र चालीस से कम नहीं। मैं एक दिन ऐसी हवा में आजाद चिड़िया की तरह पंख फैलाकर आकाश में उड़ जाना चाहती थी। लेकिन हुआ क्या? मैं एक पिंजड़े में से दूसरे पिंजड़े में आ गयी। मैं अब तक अन्धी खोहों और खाइयों में भटकती रही हूँ। मुझे अपने पति से क्या शिकायत हो सकती है? उनकी उम्र साठ से कम न होगी।"[89]

"मैं ग्रामसेविका हूँ...मैं स्त्रियों और बच्चों के लिए एक-एक स्कूल चालू करना चाहती हूँ। सरकार ने मुझको यहाँ इसी काम के लिए भेजा है। आप लोग स्कूल में आएँ और अपने बच्चों को भी भेजें।"[90] इसी उपन्यास में दमयन्ती फिर कहती है, "मैं आप लोगों के आशीर्वाद से ही इस गाँव में कुछ कर सकती हूँ। मैं यहाँ स्त्रियों और बच्चों के लिए स्कूल खोलना चाहती हूँ।"[91]

पूर्वदीप्ति शैली :

पूर्वदीप्ति शैली या फ्लैश बैक शैली में उपन्यासकार किसी पात्र के माध्यम से अतीत की घटनाओं को वर्तमान से जोड़ देता है। इस शैली में किसी घटना या घटनाओं को स्मृति में लौटकर दिखाया जाता है। इस शैली के माध्यम से वर्तमान में जीने वाले पात्र अपने अतीत के जीवन की घटनाओं का उल्लेख करते हैं। अमरकान्त के 'सूखा पत्ता', 'आकाश पक्षी', 'काले-उजले दिन', 'ग्रामसेविका', 'सुन्नर पांडे की पतोह' आदि उपन्यासों में पूर्वदीप्ति शैली का प्रयोग हुआ है।

'सूखा पत्ता' उपन्यास में कृष्णकुमार अपने बचपन के बारें में सोचता है– "जब कभी अपने लड़कपन और स्कूली दिनों की बात सोचता हूँ तो सबसे पहले अपने चार दोस्तों और मनमोहन की याद आती है। राजा बलि या वाल्मीकि के नाम पर बसे हुए अपने इस कस्बे की स्थिति सन् '43 में कुछ विचित्र ही थी। आज वहाँ

कुछ तरक्की हुई है। वहाँ के छात्र और नवयुवक पैंट-कमीज पहनकर बुद्धिमान और आधुनिक नायक की व्यस्तता से झूम-झूमकर चलते हैं और अपने व्यक्तित्व के उत्थान के लिए लड़कियों का पीछा करना आवश्यक समझते हैं। किन्तु, तब ऐसे लोग गधे के सिर से सींग की तरह गायब थे। उस समय हमारा शहर और जिला आज से कहीं अधिक पिछड़ा, भावुक और अकड़ू था। वहाँ के लोग, विशेषकर छात्र और नवयुवक, शहरीपन, फैशन और सुन्दरता के प्रति अनोखी घृणा और सन्देह का भाव रखते थे।"[92]

'आकाश पक्षी' उपन्यास में हेमा को विवाह के बाद बीस वर्ष पहले का, बचपना याद आता है। यहाँ भी अमरकान्त ने पूर्वदीप्ति शैली का प्रयोग किया है। हेमा अपने अतीत के बारें में सोचती है– "बीस वर्ष पहले मैं कैसी थी? मैं यह नहीं बता सकती कि मैं कब जवान हो गयी। यदि मेरा बस चलता तो मैं कभी जवान होती भी नहीं, बल्कि सदा एक छोटी-सी बच्ची की तरह चहकती रहती। मेरे बचपन के आरंभिक वर्ष बड़ी ही खुशी और शान-शौकत में बीते। न मालूम कितने नौकर और नौकरानियाँ थीं। मेरी माँ सदा रेशमी गलीचे की पलँग पर बैठकर पान कचरती रहतीं। कभी-कभी बड़े सरकार घर के अन्दर आते और गम्भीर आवाज में कुछ कहकर चले जाते।"[93]

'ग्रामसेविका' उपन्यास में दमयन्ती ग्रामसेविका की नौकरी विशुनपुर गाँव में करती है और गाँव के बच्चे और स्त्रियों के लिए स्कूल खोलने के उद्देश्य से गाँव में जाती है। उपन्यास में दमयन्ती अपने विगत जीवन के बारे में सोचती है– "आठवीं कक्षा में वह थी तो उसकी उम्र लगभग सोलह वर्ष की थी। उसके पिता एक मामूली वकील के मुहर्रिर थे। वह सवेरे ही ड्यूटी पर निकल जाते और देर रात को आते थे। वह रुपये-पैसे की तंगी के कारण सदा परेशान रहते और कभी-कभी अपनी किस्मत को कोसा करते। यदि उनका भाग्य खराब न होता तो उन्होंने जवानी में बुरे संग में पड़कर पढ़ाई-लिखाई क्यों छोड़ दी होती? परन्तु वह अपने लड़कों को अधिक-से-अधिक पढ़ाना चाहते थे। उसी समय दमयन्ती के जीवन में एक अजीब ही घटना घटित हुई। उसने गौर किया कि पड़ोसी का लड़का अतुल उसको बुरी तरह घूरता और उसको देखकर मुस्कराने लगता।"[94]

'सुन्नर पांडे की पतोह' उपन्यास में सुन्नर पांडे की पतोह और दोमितलाल की परस्पर निकटता और घनिष्ठता को पूर्वदीप्ति शैली के माध्यम से प्रस्तुत किया गया है– "दस-बारह वर्ष पहले की बात है। वह जापलिनगंजवाली कोठरी को

छोड़कर स्टेशन के पास पचकौड़ी पंसारी के खंजड़ मकान के बाहरी बरामदे की एक अन्धी-अँधेरी कोठरी में रहने लगी थी। उस समय उसका शरीर टाँठ था। सफेद चादर ओढ़े और उसी का सिर के आगे थोड़ा घूँघट निकाले, वह इधर-उधर जाते हुए दिखाई दे जाती। वह बड़ी फुर्ती से चलती थी। कितनी बार वह अपनी कोठरी में आती और कितनी बार बाहर जाती, इसकी गणना नहीं की जा सकती।"[95]

'काले-उजले दिन' उपन्यास में विमाता के कठोर व्यवहार से नायक को बचपन में ही अनेक कष्टों, यातनाओं, उपेक्षाओं आदि को सहना पड़ता है। जिसके कारण उसका बचपन दुःखदायी बन जाता है। वह अपने बचपन की बातों को याद करते हुए कहता है। "स्कूल से आने पर जब मैं खाने के लिए जिद करता या पैसे के लिए हठ करता तो माँ मुझे डाँटती थीं, गालियाँ देती थीं और मुझ पर हाथ छोड़ती थीं। शाम को पिता जी आते थे तो उनसे शिकायत करती थीं। पिता जी पहले उनकी शिकायतों पर ध्यान नहीं देते तो माता जी मुँह फुला लेतीं। इसके बाद धीरे-धीरे पिता जी ने मेरे प्रति कड़ाई का रुख अख्तियार करना शुरू कर दिया। वह मुझको डाँट देते। कभी कान गरम कर देते। उनका डाँटना या कान गरम करना ही बहुत था, क्योंकि पहले उन्होंने कभी भी मेरे साथ ऐसा व्यवहार नहीं किया था। मैं देर तक सिसकता रहता था लेकिन मुझे मनानेवाला कोई नहीं था। पिता जी बाहर चले जाते थे और माता जी अशोक को अपनी गोद में लेकर कमरे के अन्दर।"[96]

पत्रात्मक शैली :

जब एक व्यक्ति दूसरे व्यक्ति के पास कोई लिखित संदेश भेजता है तो उसे पत्र कहा जाता है। किसी पात्र के चरित्र के जीवन एवं उसकी आंतरिकता को समझने के लिए पत्रात्मक शैली का प्रयोग होता है। अमरकान्त ने पत्रात्मक शैली का भी प्रयोग अपने उपन्यासों में किया है। उनके 'सूखा पत्ता', 'इन्हीं हथियारों से' आदि उपन्यासों में पत्रात्मक शैली का प्रयोग हुआ है।

'सूखा पत्ता' उपन्यास में अनेक स्थानों पर पत्रात्मक शैली के उदाहरण देखे जा सकते हैं। पत्रात्मक शैली का एक उदाहरण दृष्टव्य है— 'उपन्यास' के नायक कृष्णकुमार की, मनमोहन नामक व्यक्ति से मुलाकात होती है। धीरे-धीरे उन दोनों के मध्य घनिष्ठता हो जाती है। मनमोहन के मन में कृष्णकुमार के प्रति एक प्रकार का आकर्षण है। कृष्णकुमार के प्रति मनमोहन के आकर्षण की जानकारी तब होती है जब मनमोहन कृष्णकुमार को एक पत्र लिखता है। वह पत्र इस प्रकार है-

"मेरे कृष्ण,

खुश रहों

यह पत्र पाकर तुमको आश्चर्य होगा। शायद कुछ दुख भी हो। मैं खुद नहीं जानता कि इसको क्यों लिख रहा हूँ। मैं पिछले कई दिनों से चाह रहा था कि तुमको मैं अपने दिल के जज्बातों से अवगत कर दूँ, किन्तु तुमसे इतना निकट होते हुए भी मैं कुछ भी न कह सका। इससे बड़ा दुर्भाग्य मेरा क्या होगा? तुम नहीं जानते कृष्ण, कि आज इस दुनिया में मुझसे अधिक दुखी कोई नहीं है। मैं एक अकथनीय व्यथा अपने दिल में छिपाए हूँ, इसको कैसे बताऊँ मेरे कृष्ण! मैंने इस वेदना को छिपाने की भरसक चेष्टा की है किन्तु सब कुछ मेरी सहन-शक्ति के बाहर हो गया है...।

– **मनमोहन**[97]

इसी उपन्यास में कृष्ण और उर्मिला एक दूसरे से प्रेम करते हैं, किन्तु विजातीय होने के कारण दोनो के बीच समस्या खड़ी होती है। उर्मिला के माता-पिता उनके संबंधों का विरोध करते हैं। तब कृष्ण उनका सामना करता है। इसमें पत्रात्मक शैली का प्रयोग हुआ है। कृष्ण पत्र के माध्यम से उर्मिला के माता पिता को अपना संदेश भेजता है। इतना ही नहीं कृष्ण और उर्मिला पत्र के माध्यम से एक दूसरे को संदेश भेजते हैं-

"मेरी उर्मिला,

निर्मला से मालूम हुआ कि तुम बहुत बीमार हो और रोती हो। तुम मेरी जिन्दगी के लिए कितनी आवश्यक हो, यह सोचकर उर्मिला, तुम अपनी तन्दुरुस्ती का ख्याल रखना। इतना समझ लो कि मेरे जीते-जी तुमको मुझसे कोई अलग नहीं कर सकता। इसके लिए मैंने संघर्ष शुरू कर दिया है। तुमसे अलग मेरा कोई अस्तित्व नहीं। शाम को मैं कालेज से आऊँगा। अगर हो सके तो उसी समय निर्मला के हाथ अपने बारे में कोई सूचना भिजवा देना। मैं बाहर ही टहलता रहूँगा।

सदा तुम्हारा

– **कृष्ण**[98]

'आकाश पक्षी' उपन्यास में पत्रात्मक शैली के माध्यम से अमरकान्त ने रवि और हेमा के प्रेम संबंधों का वर्णन किया है। साथ ही उनके असफल प्रेम की वेदना को भी व्यंजित किया है। रवि और हेमा की असफल प्रेम की व्यथा को, हेमा द्वारा रवि को लिखे गये पत्र के माध्यम से व्यंजित किया गया है। रवि हेमा को पत्र भेजता है उसके जवाब में हेमा जो लिखती है वह इस प्रकार है-

"मेरे सबसे प्यारे,

आपका पत्र मिला। मैं पढ़कर खूब रोयी। मैं बेकार ही आपके जीवन में आयी। मैं आपके पैरों पर पड़कर माफी चाहती हूँ। भगवान जानता है कि मैं आपको सबसे अधिक प्यार करती हूँ। यह प्यार सदा ही मेरे दिल में रहेगा। लेकिन इससे अधिक मैं कुछ नहीं कर सकती। मुझमें हिम्मत नहीं है। आप समझिएगा कि किसी धोकेबाज लड़की ने आपको धोखा दिया है। मैं जहाँ रहूँगी, आपकी खुशी की कामना करूँगी। आप मुझे भूल जाइएगा। मैं पुराने जीवन को छोड़ नहीं पा रही हूँ क्योंकि मैं खुद पुरानी और सड़ी-गली हूँ। आप मुझे माफ न कीजिएगा और घृणा कीजिएगा। मेरे नाम पर आप थूकिएगा। सदा के लिए विदा...

अभागिनी

– **हेमा**[99]

'ग्रामसेविका' उपन्यास में अतुल दमयन्ती को प्रेम पत्र भेजता है। रात को सबके सो जाने के बाद दमयन्ती उसके प्रेम पत्र को पढ़ती है। उसमें लिखा होता है कि "वह दमयन्ती को प्यार करता है, जिससे उसको खाना-पीना अच्छा नहीं लगता और रात में उसको नींद नहीं आती। वह जानता है कि उसमें कोई गुण नहीं, लेकिन यदि दमयन्ती उसका प्यार स्वीकार करेगी तो वह उसके लायक बनेगा, वह दमयन्ती की तरह ही अपने को पवित्र बनाएगा, ऊँचा उठेगा और बड़ा आदमी बनेगा तथा दमयन्ती से शादी करेगा। दमयन्ती उसकी हृदय की देवी है। यदि वह उसको प्यार नहीं करती तो वह पत्र के टुकड़े-टुकड़े कर

दे। दमयन्ती अपने हाथ से उसको जहर भी दे देगी तो वह खाने से नहीं हिचकेगा। वह पवित्र प्यार करता है, वह दमयन्ती से कुछ नहीं, सिर्फ उसका प्यार चाहता है, दमयन्ती के बिना उसको जीने की इच्छा नहीं।"[100]

'इन्हीं हथियारों से' उपन्यास में भी अमरकान्त ने पत्रात्मक शैली का प्रयोग किया है। नम्रता नीलेश को पत्र लिखती है-

"नीलेश,

मैं आपसे ढेरों बातें करना चाहती हूँ, हाँ बहुत सी बातें हैं। मैं रोज आपकी प्रतीक्षा करती हूँ, करती रहूँगी। हाँ, आप पढ़ाई का नुकसान न कीजिए...और...और संभलकर रहिए, अपने स्वास्थ्य का ध्यान रखिए। कई लोग है जो आपका हित नहीं चाहते...खरा सोना को खोटा बताना चाहते हैं, इन के गुण को सूँधकर नहीं, आचमन करके जानना चाहते हैं। मैं दुःखी हूँ, अकेली हूँ, मैं यह सब बरदाश्त नहीं कर सकती...

– **नम्रता**[101]

संवादात्मक शैली :

दो या अधिक पात्रों के बीच परस्पर बातचीत के माध्यम से कथा को प्रस्तुत करना संवादात्मक शैली है। इसे वार्तालाप भी कहा जा सकता है। यह शैली नाटक तथा एकांकी की शैली है, इस शैली का प्रयोग उपन्यासों में रोचकता प्रदान करने के लिए किया जाता है। इसका उपयोग पात्रानुकूल एवं प्रसंगानुसार किया जाता है। अमरकान्त ने पात्रों के अनुकूल इस शैली का प्रयोग अपने उपन्यासों में किया है। 'सूखा पत्ता' उपन्यास में कृष्ण और उसके मित्र मुन्नीलाल श्रीवास्तव से मिलने जाते है। उसके मकान में एक कमरा खाली है और इसी मकान को लेने के संबंध में बातचीत होती है-

"आप लोग प्लेयर्स है?"
"नहीं।"
"गाने का शौक है?"
"नहीं।"

"सिनेमा-थिएटर का शौक है?"

"नहीं।"

"बीड़ी-सिगरेट, भाँग-तम्बाकू और गाँजा-वाँजा तो नहीं पीते?"

"जी, नहीं।"

"अच्छा यह बताओ, अगर टोले के एक-दो आदमी तुम्हारा यहाँ रहना पसन्द न करें और तुमसे कुछ कहे तो क्या करोगे?"

अजीब प्रश्न था। मैं बहुत डर गया। वह आखिर चाहते क्या थे? ऐसी जिरह तो अदालत में ही होती होगी।

मैंने काफी सोच-समझकर उत्तर दिया, "करेंगे क्या? आपसे कहेंगे और अगर आप भी हम लोगों का रहना पसन्द नहीं करेंगे तो मकान छोड़ देंगे। पर हम लोग कोई ऐसा काम नहीं करेंगे जिससे लोग हमारा रहना नापसन्द करें।"[102]

'आकाश पक्षी' उपन्यास में हेमा के नम्बरों के लिए रवि उसे बधाई देता है और इस संबंध में उन दोनों के बीच बातचीत होती है-

"मैं तुमको बधाई दे दूँ तुम्हारे नम्बरों के लिए।"

"मुझे और पाना चाहिए था। मेहनत और करती तो पा जाती।" मैंने प्रसन्न होकर कहा।

"आगे चलकर वह भी मिल जाएगा। पर यह भी कम नहीं है। गणित में भी काफी अच्छे नम्बर हैं।"

"लेकिन इसमें मैंने क्या किया हैं?"

"किसने किया है?

"मैं नहीं बताऊँगी।" मैं बहुत खुश थी।

"नहीं...बताना पड़ेगा।" वह जिद्दी बालक की तरह बोला।

"उसके लिए इनाम क्या मिलेगा?" मैंने बनावटी गंभीरता से पूछा।

"इनाम?" वह चौंका। फिर उसका चेहरा प्रेमावेग में और भी कोमल एवं सुन्दर दिखाई देने लगा। कंपित स्वर में उसने कहा, "हेमा, तुम्हें मैं क्या इनाम दे सकता हूँ? तुम इनाम से परे हो। तुम बहुत ही ऊँची हो, तुमको मैं क्या इनाम दे सकता हूँ? फिर मैं तुम्हें अपने जीवन की सबसे मूल्यवान वस्तु दे चुका हूँ...।"

"आप बहाना न बनाइए। आपको कुछ देना पड़ेगा।"

"जो कहो, वो।"

"मैं नहीं कहती। आप कुछ भी दे दें।" मैं अपनी हँसी को रोकने का प्रयास

कर रही थी और वह मेरी बात से संकोच का अनुभव करता हुआ गंभीर हो गया था।

"चलो, ठीक है। मुझे जो समझ में आएगा, वह मैं दूँगा, परन्तु तुम इनकार नहीं कर सकोगी।"

"मान गयी आपकी शर्त।"

"अच्छा, तो बताओ।"

"इतनी जल्दी भी क्या है?"

"अच्छा, तो जाने दो। मैं जा रहा हूँ। फिर आऊँगा।"

"हाँ, बताती हूँ। मैं यह कह रही थी कि मुझे जो कुछ नम्बर मिले हैं, वह मेरी वजह से नहीं। जो कुछ हुआ है, उसके लिए एक ही व्यक्ति जिम्मेदार है...।"

"कौन?"

"आप। केवल आप।"[103]

'काले-उजले दिन' उपन्यास में कान्ति बुरी तरह बीमार होती है और अपना प्राण त्यागने वाली होती है तो वह रजनी से बातचीत करती है-

"एक गिलास पानी पिला दो। नहीं पिलाओगी?"

"बर्फ ले लो न। तुम तो मेरा कहना नहीं मानती।" रजनी ने कहा।

"अच्छा, ठीक है, जो तुम कहोगी, वह मानूँगी। पर तुम क्या मेरा कहना मानोगी?"

"हाँ।"

"तुम शादी करोगी न?"

रजनी बुरी तरह सिसक रही थी। मैं अपने होठों को दाँत से काट रहा था।

"एक बात कहूँ?" कान्ति ने फिर कहा।

"जीजी...अधिक न बोलो...।"

उसने जीभ निकालकर अजीब गिड़गिड़ाते हुए स्वर में कहा, "ऐं...सुन लो...।"

"अच्छा, कहो...।"

"मैंने अपनी बच्ची के लिए कुछ नहीं किया। मैं उसको पाल-पोस नहीं सकी। तुम्हारे सिवाय उसका कोई नहीं। इनका भी तुम्हारे अलावा कोई नहीं। तुम इन दोनों को स्नेह से रखना...एक गिलास पानी...जल्दी...।"[104]

चित्रात्मक शैली :

अमरकान्त के उपन्यासों में चित्रात्मक शैली का भी प्रयोग हुआ है। उपन्यासकार

किसी प्रसंग, घटना या स्थिति का वर्णन इस प्रकार करता है, जिससे पाठक के सामने उसका चित्र साकार हो जाता है। अमरकान्त के 'सूखा पत्ता', 'सुन्नर पांडे की पतोह' आदि उपन्यासों में चित्रात्मक शैली का प्रयोग हुआ है। 'सूखा पत्ता' उपन्यास में अमरकान्त श्मशान घाट का वर्णन चित्रात्मक शैली में करते हैं– "गंगा एक ओर बालू के बड़े-बड़े टीलों तथा दूसरी ओर माटी की ऊँची चट्टानों के स्नेहाश्रय में चाँदनी की धवल सेज पर सोई थी। जल एकदम स्वच्छ और निर्मल था, जिसमें नन्ही-नन्ही रजत-लहरियाँ चौतन्य होकर मन्द गति से रेंग रही थीं। पैरों के पास किनारे पर गोल-गोल गाज तैर रहे थे। सामने, लगभग पचास फीट की दूरी पर, पानी में रेत निकल आई थी, जो कुछ आगे जाकर नुकीली शक्ल में समाप्त हो गई थी। दूसरे किनारे दूर अलग-अलग खड़े वृक्ष गंगा के आह्लादकारी सौन्दर्य को छक-छककर पी रहे थे।"[105]

'सुन्नर पांडे की पतोह' उपन्यास में भी चित्रात्मक शैली का प्रयाग हुआ है। "वह कसरत करके लँगोट की पूँछ लटकाए बाहर निकल आता और 50 गज दूर कंवलबासलाल की कठोरी की ओर मुँह करके देर तक बड़बड़ाया करता। जब वह कंवलबासलाल को बाहर देखता तो उधर गर्दन थोड़ा-सा घुमाकर धीरे-धीरे मूँछों पर ताव देने लगता अथवा बाईं को मोड़कर, उसके पुट्ठे को चौड़ा करके, उस पर दाहिने हाथ की कटोरी से इस प्रकार प्रहार करता, जैसे कोई पहलवान अखाड़े में दूसरे पहलवान को पकड़ के लिए ललकारता है।"[106]

'ग्रामसेविका' उपन्यास में भी चित्रात्मक शैली का प्रयोग हुआ है। "सवेरे से ही आसमान में बादल छाए हैं। हवा तेज चल रही है। बादल बरसने वाले नहीं, वे घुड़दौड़ में शामिल होने वाले होशियार और तेज घोड़ों की तरह दौड़ रहे हैं। हवा के तेज झोंके धूल, सूखे पत्ते तथा तिनके चारों ओर बिखेर रहे हैं।"[107]

डॉट्स शैली :

अमरकान्त के उपन्यासों में डॉट्स शैली का प्रयोग भी कई स्थानों पर देखा जा सकता है। हिंदी में यह शैली नवीन है परन्तु अँग्रेजी साहित्य में इसका प्रयोग पहले से होता आ रहा है और अँग्रेजी में इसे 'एलिज़न शैली' (Elision Style) कहा जाता है। इस शैली में लेखक जो कहना चाहता है वह अपनी बात पूरी न कह कर के अधूरी कहता है और अधूरे वाक्य के अंत में डॉट्स का प्रयोग किया जाता है और पाठक की कल्पना पर यह छोड़ दिया जाता है कि वह वाक्य को अपने अनुसार पूर्ण

कर उसका अर्थ ग्रहण विभिन्न संदभों में विस्तार के साथ कर सकता है। इस तरह लेखक अर्थ को विस्तृत आयाम प्रदान करता है। अमरकान्त के उपन्यासों में भी डॉट्स का प्रयोग कई जगहों पर किया गया है। इनके डॉट्स शैली को देखकर ऐसा लगता है कि जहाँ डॉट्स का प्रयोग हुआ है वहाँ शब्दों के बदले डॉट्स ही बहुत कुछ कह जाते हैं। अमरकान्त के 'सूखा पत्ता', 'काले-उजले दिन', 'इन्हीं हथियारों से' आदि उपन्यासों में डॉट्स शैली का प्रयोग हुआ है। यथा-

"मैंने सोचा था...कि आपसे दूर रहूँगी...क्योंकि कान्ति जीजी...बहुत अच्छी हैं...। वह...मुझ पर बहुत...विश्वास...करती हैं। मैं उनको धोखा नहीं देना चाहती। वह...आप पर...भी कितना...विश्वास करती हैं। वह हमेशा...आपकी तारीफ करती हैं। आपके दुःख...की...चर्चा करती हैं। मैं नहीं चाहती थी कि मेरी वजह से...आप किसी अपमानजनक परिस्थिति में फँस जाएँ, लेकिन...अब मैं अपने को रोक नहीं सकती।"[108]

"आप खाइए।...दमयन्ती ने संकुचित होकर कहा। अरे कुछ तो शौक करो. ..यह अच्छा नहीं लगता।...नहीं-नहीं। मैं चाय पी चुकी हूँ। अच्छा, पी चुकी हो? तो कोई बात नहीं। मैंने सोचा था कि।...वह सिर झुकाकर खाने लगे। चाय पीने के बाद वह बोले, अच्छा तो अब कुछ काम की भी बात होनी चाहिए...खवाई तो बहुत हुई। जी हाँ।"[109]

"बार-बार कहती हूँ, समय पर मुँह में कुछ डाल लिया करो...पर मेरी तो कुत्ते की हालत है, भूँकती रहती हूँ...कौन सुनता है...कन्हैया बबुआ की खाट ऊपर पहुँचा दे।"[110]

"जीजी...अधिक न बोलो।...उसने जीभ निकाल कर अजब गिड़गिड़ाते हुए स्वर में कहा, ए...सुन...लो। अच्छा, कहो।...मैंने अपनी बच्ची के लिए कुछ नहीं किया।...तुम्हारे सिवाय उसका कोई नहीं। इनका भी तुम्हारे अलावा कोई नहीं। तुम इन दोनों को स्नेह से रखना...एक गिलास पानी...जल्दी...।"[111]

व्यंग्यात्मक शैली :

'व्यंग्य' अँग्रेजी के 'सटायर' शब्द का हिंदी अनुवाद है। इसका अर्थ है किसी व्यक्ति या समाज की बुराई या कमी को सीधे शब्दों में न कहकर उसको अन्य माध्यम से प्रस्तुत करना। अमरकान्त के उपन्यासों में भी व्यंग्यात्मक शैली का प्रयोग हुआ है, जिसके माध्यम से लेखक ने समाज की विसंगतियों एवं विद्रूपताओं को पाठकों

के सम्मुख उजागर करने का प्रयास किया है। उनके 'सूखा पत्ता', 'बीच की दीवार', 'ग्रामसेविका', 'आकाश पक्षी' आदि उपन्यासों में व्यंग्यात्मक शैली का प्रयोग देखा जा सकता है। यथा-

"इन मच्छरों का भी कुछ इन्तज़ाम कीजिए। जाड़े में तो कुछ कम हो गए थे, लेकिन इधर बहुत बढे, हैं। यहाँ की नगरपालिका भी तो कुम्भकर्ण की नींद सोती है, चाहे शहर चूल्हे भाड़ में चला जाए। नालियों की सफ़ाई हुए न मालूम कितने दिन हो गए। अंग्रेज जब थे तो हर बात का ध्यान रखते थे, जब से हिन्दुस्तानी भाई आए हैं, उन्होंने हालत ही खराब कर दी है।"[112]

"मेरे जीवन का इस पृथ्वी पर क्या उपयोग है? मैं दिन-रात शान-शौकत का प्रदर्शन करने तथा खाकर मोटाने के अलावा और क्या करती हूँ? सभा-सोसाइटी में एक-से-एक महँगी भड़कदार साड़ियों तथा बहुमूल्य हीरे-जवाहरात के गहने पहनकर चारों ओर अपने व्यक्तित्व एवं उच्चता की खुशबू उड़ाते हुए जब मैं पहुँच जाती हूँ तो अन्य औरतों का अहंकार स्वतः ही चूर-चूर हो जाता है और वे मेरी ओर हसरत से इस तरह देखने लगती हैं, जैसे कोई किसी निचली चोटी पर खड़ा होकर धूप में चमकती हिमालय की सबसे ऊँची बर्फीली एवं सुनहरी चोटियों को निहारे।"[113]

"जाति एक सामाजिक ढकोसला है, अपने झूठ अहंकार का कमजोर किला। कुछ साधन सम्पन्न लोगों ने कमजोरों को दबाना चाहा और इसके लिए उनकी सीमाएँ निश्चित कर दीं। इस संसार में दो ही जातियाँ है, एक अच्छे लोगों की और दूसरी बुरे लोगों की, एक साधन-संपन्न लोगों की और दूसरी साधन-विहीन लोगों की। क्या ब्राह्मण जाति में एक-से-एक कमीने नहीं हैं? क्या यह सच नहीं है कि ऊँची कही जानेवाली जातियों के लोग छिपकर कुकर्म करते हैं और फिर भी अपने को श्रेष्ठ समझते है?"[114]

काव्यात्मक शैली :

अमरकान्त मूलतः एक कथाकार हैं, किन्तु उन्होंने अपने कथ्य को रोचक, जीवन्त, सुग्राह्य एवं प्रभावशाली बनाने के लिए कथ्य में लोक गीतों एवं लोक धुनों को भी शामिल किया है। लोक गीतों के माध्यम से किसी अंचल विशेष की संस्कृति को जीवन्तता प्रदान की जाती है। अमरकान्त के 'सूखा पत्ता', 'सुन्नर पांडे की पतोह', 'बीच की दीवार', 'इन्हीं हथियारों से' आदि उपन्यासों में काव्यात्मक शैली

का प्रयोग हुआ है। 'सूखा पत्ता' उपन्यास में दीनेश्वर रीतिकालीन कवि 'भूषण' की कविता सुनाता है–

"साजि चतुरंग सुन अंग में उमंग भरि,
सरजा शिवाजी जंग जीतन चलत है।
भूषण भनत नाद बिहद नगारन के,
नदी-नद मद गैबरन के रलत है।
ऐल फैल खेल भैल खलक में गैलेंगैल,
गजन की ठेलेंपेल सैल उसलत है।
तारा सो तरनि धूरि धारा में लगत जिमि
थारा पर पारा पारावार यों हालत है।"[115]

इसके बाद इसी उपन्यास में कृष्णकुमार भी 'भूषण' की कविता सुनाता है-

"भुज-भुजगेश की वैसंगिनी भुजंगिनी-सी
खेदि खोदि खाती दीह दारुन दलन के।
बखतर पाखरन बीच धँसि जाति, मीन,
पैरि पार जात पारावार ज्यों जलन के।
रैयाराव चम्पति के छत्रसाल महाराज,
भूषन सकै करि बखान को बलन के।
पच्छी परछीने ऐसे परे परछीने बीर,
तेरी बरछीने बर छेने हैं खलन के।[116]

'बीच की दीवार' उपन्यास में एक शादी में दूल्हा सबके आनन्द के लिए एक गीत प्रस्तुत करता है-

"हे प्रभू! आनन्ददाता! ज्ञान इनको दीजिए।
शीघ्र सारे दुर्गुणों को दूर इनसे कीजिए।।
लीजिए इनको शरण में ये सदाचारी बनें।
ब्रह्मचारी, धर्म-रक्षक, वीर, व्रतधारी बनें।"[117]

'सुन्नर पांडे की पतोह' उपन्यास में शादी के बाद जब दुल्हन की डोली ससुराल पहुँचती है तब औरतें दूल्हा-दुल्हिन का परछौना करते हुए गीत गाती हैं-

"हँसत-खेलत मोरे बाबू गइल,
मन धूमिल काहें अइलें,
मन बेदिल काहें अइलें,
सासु छिनरिया न जोग कइलें,
मन धूमिल काहें अइलें।"[118]

'इन्हीं हथियारों से' उपन्यास में कई जगह पर काव्यात्मक शैली का प्रयोग हुआ है। जनपद के प्रसिद्ध कवि श्री जगदीश ओझा 'सुन्दर' की कविता की कुछ पंक्तियाँ दृष्टव्य हैं-

"बोझ गुलामी का ढोने को पलभर भी तैयार नहीं,
पर के घर में पर के शासन का कोई अधिकार नहीं
सच को दबा सके दुनिया में कोई है हथियार नहीं,
जा सकता भारत का धन अब सात समुन्दर पार नहीं,
ऐसी हो ललकार, जुल्म का सघन अँधेरा छँट जाए,
शत्रु फिरंगी शीश झुकाकर अपने घर पलत जाए।"[119]

इसी उपन्यास में जब राजनाथ यादव अपने साथियों के साथ अखिल भारतीय संघ के सम्मेलन में शामिल होने जिला मुजफ्फरपुर (बिहार) जाते हैं तो रास्ते में वह प्रसिद्ध कवि स्व। रामसिंहासन सहाय 'मधुर' की 'डोम' शीर्षक कविता सुनाते हैं-

"डोमराज भयभीत न होना, निष्ठुरता हारेगी।
प्रभु की करुणा हृदय चीरकर यह बाजी मारेगी।
अन्तर भींग रहा है, कैसे दीपक राग जगाऊँ?
बापू, अपनी चिनगारी दे, मैं भी आग लगाऊँ।।"[120]

इसी उपन्यास में कनिया राष्ट्रभक्त, क्रांतिकारी कवि प्रभुनाथ मिश्र की कविता सुनाती है जो खूब लोकप्रिय हो रही थीं

"प्रलय-घन छा रहे साथी।
महा विध्वंस बेला का सन्देशा ला रहे साथी।
प्रलय-घन छा रहे साथी।
पुराने खंडहर ढहते, गगनचुम्बी महल बहते,
अडिग प्राचीर वाले दुर्ग भी स्थिर नहीं रहते,

उन्हीं पर झोंपड़ी के तृण उछलते जा रहे साथी,
प्रलय-घन छा रहे साथी।
प्रलय ही सृष्टि है नूतन, निधन में निहित है नवजीवन,
इसी अवसान में ही है नवल निर्माण परविर्तन,
मिली इति आज अथ-पथ में नए दिन आ रहे साथी,
प्रलय-घन छा रहे साथी।"[21]

निष्कर्षतः यह कहा जा सकता है कि अमरकान्त के उपन्यासों में प्रयुक्त भाषा और शैली लेखक की अभिव्यक्ति क्षमता के परिचायक हैं। अमरकान्त भाषा को लेकर अत्यंत सजग दिखाई देते हैं। उन्होंने लोक भाषा को अपनी भावाभिव्यक्ति का माध्यम बनाया है। अपने उपन्यासों में उन्होंने कथ्य के अनुरूप सहज, सरल तथा प्रवाहशील भाषा का प्रयोग किया है। उनकी भाषा समृद्ध दिखाई देती है और इसका कारण यह माना जा सकता है कि वे ग्रामीण तथा शहरी दोनों परिवेशों से जुड़े हुए थे। अपने उपन्यासों में अमरकान्त ने पात्रानुकूल एवं प्रसंगानुकूल भाषा का प्रयोग किया है। उनके उपन्यासों के शीर्षकों में भी प्रतीकात्मकता दिखाई देती है। अमरकान्त के उपन्यासों में विविध प्रकार के शब्दगत प्रयोग हुए हैं। उनके उपन्यासों में भावों की अभिव्यक्ति के लिए तत्सम, देशज, अँग्रेजी, अरबी-फारसी, भोजपुरी आदि शब्दों का प्रयोग हुआ है। इतना ही नहीं उन्होंने भाषा में प्रभाव उत्पन्न करने के लिए मुहावरे और लोकोक्तियों का भी प्रयोग किया है। अन्य उपन्यासकारों की तुलना में उन्होंने अपने उपन्यासों में वास्तविकता लाने के लिए भोजपुरी शब्दों, अपशब्दों तथा गालियों का भी प्रयोग किया है। उनके उपन्यासों में उपमानों का भी सफल प्रयोग हुआ है।

साहित्यकार की अपनी पहचान उसकी भाषा के साथ-साथ उसकी शैली से भी होती है। अमरकान्त ने विभिन्न शैलियों का प्रयोग अपने उपन्यासों में किया है। उन्होंने वर्णनात्मक शैली, आत्मकथनात्मक शैली, पूर्वदीप्ति शैली, पत्रात्मक शैली, संवादात्मक शैली, चित्रात्मक शैली, डॉट्स शैली, व्यंग्यात्मक शैली एवं काव्यात्मक शैली का समुचित प्रयोग किया है।

संदर्भ सूची

1. डॉ. अनिल सिंह, कथाकार शानी, पृ.सं. 14

2. डॉ. कपिलदेव द्विवेदी, भाषा विज्ञान एवं भाषा शास्त्र, पृ.सं. 3
3. B. Bloch and G.L. Trager, Outlines of Linguistic Analysis, p. 5
4. डॉ. कपिलदेव द्विवेदी, भाषा विज्ञान एवं भाषा शास्त्र, पृ.सं. 30
5. https://vimisahitya.wordpress.com/2008/01/17/hindibhashaaursahitya/-हिंदी भाषा और साहित्य-संपादक- मिथिलेश वामनकर-17जनवरी, 2008
6. अमरकान्त, सूखा पत्ता, पृ.सं. 61
7. वही, पृ.सं. 5
8. वही, पृ.सं. 6
9. अमरकान्त, आकाश पक्षी, पृ.सं. 93
10. अमरकान्त, सुखजीवी, पृ.सं. 72
11. वही, वही पृ.सं. 72
12. अमरकान्त, सूखा पत्ता, पृ.सं. 184
13. अमरकान्त, आकाश पक्षी, पृ.सं. 7
14. अमरकान्त, काले-उजले दिन, पृ.सं. 30
15. अमरकान्त, कटीली राह के फूल, पृ.सं. 127
16. वही, पृ.सं. 128
17. अमरकान्त, ग्राम सेविका, पृ.सं. 21-22
18. अमरकान्त, सुन्नर पांडे की पतोह, पृ.सं. 10
19. अमरकान्त, कटीली राह के फूल, पृ.सं. 64
20. रवीन्द्र कालिया, अमरकान्त एक मूल्यांकन, पृ.सं. 241
21. वही, पृ.सं. 242
22. अमरकान्त, सूखा पत्ता, पृ.सं. 134
23. अमरकान्त, ग्राम सेविका, पृ.सं. 10
24. अमरकान्त, कटीली राह के फूल, पृ.सं. 63
25. वही, पृ.सं. 74
26. वही, पृ.सं. 64
27. वही, पृ.सं. 92
28. वही, पृ.सं. 103
29. अमरकान्त, इन्हीं हथियारों से, पृ.सं. 458
30. वही, पृ.सं. 459
31. वही, पृ.सं. 346
32. वही, वही पृ.सं. 346
33. अमरकान्त, सुन्नर पांडे की पतोह, पृ.सं. 50

34. अमरकान्त, इन्हीं हथियारों से, पृ.सं. 19
35. अमरकान्त, बीच की दीवार, पृ.सं. 98
36. अमरकान्त, सुन्नर पांडे की पतोह, पृ.सं. 23
37. वही, पृ.सं. 10
38. अमरकान्त, ग्रामसेविका, पृ.सं. 112
39. वही, पृ.सं. 53
40. अमरकान्त, सुखजीवी, पृ.सं. 46
41. अमरकान्त, ग्रामसेविका, पृ.सं. 64
42. वही, पृ.सं. 95
43. अमरकान्त, बीच की दीवार, पृ.सं. 119-120
44. वही, पृ.सं. 90
45. अमरकान्त, सुन्नर पांडे की पतोह, पृ.सं. 11
46. वही, वही पृ.सं. 11
47. अमरकान्त, काले-उजले दिन, पृ.सं. 144
48. वही, वही पृ.सं. 144
49. अमरकान्त, सूखा पत्ता, पृ.सं. 56
50. अमरकान्त, सुखजीवी, पृ.सं. 203
51. अमरकान्त, आकाश पक्षी, पृ.सं.7
52. अमरकान्त, काले-उजले दिन, पृ.सं. 57
53. वही, पृ.सं. 62
54. वही, पृ.सं. 81
55. वही, पृ.सं. 87
56. वही, पृ.सं. 108
57. अमरकान्त, सूखा पत्ता, पृ.सं. 49
58. अमरकान्त, सुन्नर पांडे की पतोह, पृ.सं. 7
59. अमरकान्त, ग्रामसेविका, पृ.सं. 17
60. अमरकान्त, बीच की दीवार, पृ.सं. 6
61. वही, पृ.सं. 15
62. वही, पृ.सं. 17
63. वही, पृ.सं. 77
64. वही, पृ.सं. 105
65. अमरकान्त, इन्हीं हथियारों से, पृ.सं. 17
66. अमरकान्त, बीच की दीवार, पृ.सं. 60

67. अमरकान्त, सूखा पत्ता, पृ.सं. 79
68. अमरकान्त, बीच की दीवार, पृ.सं. 10
69. वही, पृ.सं. 99
70. अमरकान्त, इन्हीं हथियारों से, पृ.सं. 19
71. अमरकान्त, सूखा पत्ता, पृ.सं. 156
72. वही, पृ.सं. 54
73. अमरकान्त, बीच की दीवार, पृ.सं. 31
74. वही, पृ.सं. 71
75. अमरकान्त, काले-उजले दिन, पृ.सं. 159
76. अमरकान्त, ग्रामसेविका, पृ.सं. 25
77. अमरकान्त, सुन्नर पांडे की पतोह, पृ.सं. 10
78. वही, पृ.सं. 12
79. अमरकान्त, इन्हीं हथियारों से, पृ.सं. 31
80. मोहनलाल जिज्ञासु, कहानी और कहानीकार, पृ.सं. 30
81. अमरकान्त, ग्राम सेविका, पृ.सं. 20
82. अमरकान्त, सुन्नर पांडे की पतोह, पृ.सं. 7
83. अमरकान्त, कटीली राह के फूल, पृ.सं. 9
84. अमरकान्त, आकाश पक्षी, पृ.सं. 84
85. अमरकान्त, काले-उजले दिन, पृ.सं. 30
86. अमरकान्त, ग्रामसेविका, पृ.सं. 5
87. अमरकान्त, सूखा पत्ता, पृ.सं. 183
88. अमरकान्त, काले-उजले दिन, पृ.सं. 11
89. अमरकान्त, आकाश पक्षी, पृ.सं. 7
90. अमरकान्त, ग्रामसेविका, पृ.सं. 6
91. वही, पृ.सं. 9
92. अमरकान्त, सूखा पत्ता, पृ.सं. 9
93. अमरकान्त, आकाश पक्षी, पृ.सं. 8
94. अमरकान्त, ग्रामसेविका, पृ.सं. 12
95. अमरकान्त, सुन्नर पांडे की पतोह, पृ.सं. 8
96. अमरकान्त, काले-उजले दिन, पृ.सं. 10
97. अमरकान्त, सूखा पत्ता, पृ.सं. 32
98. वही, पृ.सं. 163
99. अमरकान्त, आकाश पक्षी, पृ.सं. 211

100. अमरकान्त, ग्रामसेविका, पृ.सं. 13
101. अमरकान्त, इन्हीं हथियारों से, पृ.सं. 158
102. अमरकान्त, सूखा पत्ता, पृ.सं. 64
103. अमरकान्त, आकाश पक्षी, पृ.सं. 155-156-157
104. अमरकान्त, काले-उजले दिन, पृ.सं. 135-136
105. अमरकान्त, सूखा पत्ता, पृ.सं. 79
106. अमरकान्त, सुन्नर पांडे की पतोह, पृ.सं. 9
107. अमरकान्त, ग्रामसेविका, पृ.सं. 33
108. अमरकान्त, काले-उजले दिन, पृ.सं. 71
109. अमरकान्त, ग्रामसेविका, पृ.सं. 73
110. अमरकान्त, ग्रामसेविका, पृ.सं. 170
111. अमरकान्त, सूखा पत्ता, पृ.सं. 136
112. अमरकान्त, बीच की दीवार, पृ.सं. 103
113. अमरकान्त, आकाश पक्षी, पृ.सं. 7-8
114. अमरकान्त, सूखा पत्ता, पृ.सं. 160
115. वही, पृ.सं. 83
116. वही, पृ.सं. 84
117. अमरकान्त, बीच की दीवार, पृ.सं. 131
118. अमरकान्त, सुन्नर पांडे की पतोह, पृ.सं. 50
119. अमरकान्त, इन्हीं हथियारों से, पृ.सं. 13
120. वही, पृ.सं. 95
121. वही, पृ.सं. 189-190

संदर्भ ग्रंथ-सूची

(क) आधार ग्रंथ :

उपन्यास :

अमरकान्त, आकाशपक्षी, राजकमल प्रकाशन, नई दिल्ली, 2003

अमरकान्त, इन्हीं हथियारों से, राजकमल प्रकाशन, नई दिल्ली, 2003

अमरकान्त, कटीली राह के फूल, राजकमल प्रकाशन, नई दिल्ली, 2001

अमरकान्त, काले-उजले दिन, राजकमल प्रकाशन, नई दिल्ली, 2003

अमरकान्त, ग्राम सेविका, राजकमल प्रकाशन, नई दिल्ली, 2009

अमरकान्त, बीच की दीवार, राजकमल प्रकाशन, नई दिल्ली, 2008

अमरकान्त, सुखजीवी, हिन्द पॉकेट बुक्स प्रा.लि., दिल्ली, 1995

अमरकान्त, सुन्नर पांडे की पतोह, राजकमल प्रकाशन, नई दिल्ली, 2005

अमरकान्त, सूखा पत्ता, राजकमल प्रकाशन, नई दिल्ली, 2004

(ख) सहायक ग्रंथ :

अतुलबीर अरोड़ा, आधुनिकता के संदर्भ में आज का हिन्दी उपन्यास, पंजाब विश्वविद्यालय, चंडीगढ़, 1947

अमरकान्त, अमरकान्त की सम्पूर्ण कहानियाँ (दो खंडों में), पहला खंड़ भारतीय ज्ञानपीठ, नयी दिल्ली, 2013

अमरकान्त, अमरकान्त की सम्पूर्ण कहानियाँ (दो खंडों में), दूसरा खंड़ भारतीय ज्ञानपीठ, नयी दिल्ली, 2013

अमरकान्त, अमरकान्त संकलित कहानियाँ, राष्ट्रीय पुस्तक न्यास, नई दिल्ली, 2013

अमरकान्त, कुछ यादें कुछ बातें, राजकमल प्रकाशन, दिल्ली, 2014

अमरकान्त, प्रतिनिधि कहानियाँ, राजकमल पेपरबैक्स, नई दिल्ली, 2013
अमरकान्त, मेरी प्रिय कहानियाँ, राजपाल एण्ड सन्ज़, दिल्ली, 2014
अमरकान्त, 21 श्रेष्ठ कहानियाँ, डायमंड बुक्स, दिल्ली, 2009
अर्जुन चव्हाण, राजेन्द्र यादव के उपन्यासों में मध्यवर्ग, राधाकृष्ण प्रकाशन, दिल्ली, 1995
अज्ञेय, आधुनिक हिन्दी साहित्य, अभिनव भारती ग्रन्थमाला, कलकत्ता, 1940
डॉ. आर.सुरेन्द्रन, स्वातंत्र्योत्तर हिन्दी उपन्यास, लोकभारती प्रकाशन, इलाहाबाद, 1997
डॉ. इन्दु प्रकाश पाण्डेय, हिन्दी के आंचलिक उपन्यासों में जीवनेंसत्य, नेशनल पब्लिशिंग हाउस, नयी दिल्ली, 1979
इन्द्रनाथ मदान, आधुनिकता और हिन्दी उपन्यास, राजकमल प्रकाशन, नई दिल्ली, 2000
केशवदेव शर्मा, आधुनिक हिन्दी उपन्यास और वर्गेसंघर्ष, राधा पब्लिकेशन्स, नई दिल्ली, 1991
गोपाल राय, हिन्दी उपन्यास का इतिहास, राजकमल प्रकाशन, नई दिल्ली, 2005
नरेन्द्र कोहली, हिन्दी उपन्यास : सृजन और सिद्धांत, सौरभ प्रकाशन, दिल्ली, 1997
नवल किशोर, आधुनिक हिन्दी उपन्यास की मानवीय अर्थवत्ता, प्रकाशन संस्थान, दिल्ली, 1977
नामवर सिंह, आधुनिक हिन्दी उपन्यास-2, राजकमल प्रकाशन, नई दिल्ली, 2010
निर्मल सिंह, नयी कहानी और अमरकान्त, राधाकृष्ण प्रकाशन, दिल्ली, 1999
परमानन्द श्रीवास्तव, उपन्यास का पुनर्जन्म, वाणी प्रकाशन, नई दिल्ली, 1992
पवन वर्मा, भारत के मध्यवर्ग की अजीब दास्तान, राजकमल प्रकाशन, नई दिल्ली, 1999
बच्चन सिंह, हिन्दी साहित्य का दूसरा इतिहास, राधाकृष्ण प्रकाशन, नई दिल्ली, 2009
बालकृष्ण गुप्त, हिन्दी उपन्यास : सामाजिक संदर्भ, अभिलाषा प्रकाशन, कानपुर, 1978
बीनू भल्ला, हिन्दी उपन्यास और अस्तित्ववाद, राधाकृष्ण प्रकाशन, नई दिल्ली, 2004
मधुसूदन पाटिल, व्यंग्य : विधा और विविधा, अमन प्रकाशन, हिसार, 1996
डॉ. महावीरमल लोढ़ा, हिन्दी उपन्यासों का शास्त्रीय विवेचन, बोहरा प्रकाशन, जयपुर, 1972
मोहिनी शर्मा, हिन्दी उपन्यास और जीवन मूल्य, साहित्य सागर, जयपुर, 1986
मंजुलता सिंह, हिन्दी उपन्यासों में मध्यवर्ग, राजधानी प्रकाशन, नई दिल्ली, 1984
मंजुला गुप्ता, हिन्दी उपन्यास : समाज और व्यक्ति का संदर्भ, सूर्य प्रकाशन, नई दिल्ली, 1986
रणवीर रांगा, हिन्दी उपन्यासों में चरित्र-चित्रण का विकास, भारतीय साहित्य मंदिर, दिल्ली, 1961
रवीन्द्र कालिया (संपा.), अमरकान्त एक मूल्यांकन, सामयिक बुक्स, नई दिल्ली, 2012
रवीन्द्र कालिया (संपा.), अमरकान्त की संपूर्ण कहानियाँ-1, भारतीय ज्ञानपीठ, नई दिल्ली, 2013

रवीन्द्र कालिया (संपा.), अमरकान्त की संपूर्ण कहानियाँ- 2, भारतीय ज्ञानपीठ, नई दिल्ली, 2013

डॉ. रवीन्द्रकुमार जैन, उपन्यासः सिद्धान्त और संरचना, नेशनल पब्लिशिंग हाउस, दिल्ली, 1972

राजेन्द्र यादव, एक दुनियाःसमानान्तर, राधाकृष्ण प्रकाशन, दिल्ली, 2003

डॉ. राधाकृष्ण दीक्षित, स्वातंत्र्योत्तर हिन्दी उपन्यासें में राष्ट्रवाद, नमन प्रकाशन, नई दिल्ली, 2004

रामचन्द्र तिवारी, हिन्दी गद्य साहित्य, विश्वविद्यालय प्रकाशन, वाराणसी, 2009

रामदरश मिश्र, हिंदी उपन्यास : एक अन्तर्यात्रा, राजकमल प्रकाशन, दिल्ली, 1968

रामलखन शुक्ल, हिन्दी उपन्यास कला, लोकभारती प्रकाशन, इलाहाबाद, 1996

रामस्वरूप चतुर्वेदी, हिन्दी साहित्य और संवेदना का विकास, लोकभारती प्रकाशन, इलाहाबाद, 1996

शिव प्रसाद सिंह, आधुनिक परिवेश और नव लेखन, राजकमल प्रकाशन, दिल्ली, 1997

डॉ. शशिभूषण सिंहल, हिन्दी उपन्यास के प्रतिमान, कला-मन्दिर, दिल्ली, 2002

श्याम सुन्दर घोष, भारतीय मध्यवर्ग, लोकभारती प्रकाशन, नई दिल्ली, 2007

सरिता राय, उपन्यासकार प्रेमचन्द की सामाजिक चिन्ता, वाणी प्रकाशन, नई दिल्ली, 1996

सुभाषिनी शर्मा, स्वातंत्र्योत्तर आंचलिक उपन्यास, सजीव प्रकाशन, नयी दिल्ली, 1976

संगीता वर्मा, भारतीय समाज, संजय प्रकाशन, नई दिल्ली, 2007

डॉ. हेमराज निर्मम, हिन्दी उपन्यासों में मध्यवर्ग (1936-1975), विभू प्रकाशन, साहिबाबाद, 1978

डॉ. हेमेन्द्रकुमार पानेरी, स्वातंत्र्योत्तर हिन्दी उपन्यास : मूल्य-संक्रमण, संघी प्रकाशन, जयपुर, 1974

क्षमा गोस्वामी, नगरीकरण और हिन्दी उपन्यास, जयश्री प्रकाशन, दिल्ली, 1981

अँग्रेज़ी ग्रंथ :

B.Bloch and G.L. Trager, Outlines of Linguistic Analysis, Baltimore Linguistic Society of America, 1942

Davis Kingsley, Human Society, Surjeet Publications, 1981

Encyclopedia of the Social Sciences, Macmilan Reference USA, 2008

Dr. R.N. Sharma, Society in India: An Overview, Surjeet Publications, 1989

कोश :

कालिका प्रसाद (सम्पा।), वृहद् हिन्दी कोश, ज्ञानमण्डल लिमिटेड, वाराणसी, 1974

डॉ. धीरेन्द्र वर्मा (संपा.), हिन्दी शब्द कोश, लोकभारती प्रकाशन, इलाहाबाद, 1974

डॉ. धीरेन्द्र वर्मा (संपा.), हिन्दी साहित्य कोश (दो भागों में), लोकभारती प्रकाशन, इलाहाबाद, 1974

डॉ. भोलानाथ तिवारी (संपा.), वृहत् हिन्दी लोकोक्ति कोश, किताब घर प्रकाशन, नई दिल्ली, 2012

राम चन्द्र वर्मा (संपा.), संक्षिप्त हिन्दी शब्द सागर, नागरी प्रचारिणी सभा, वाराणसी, 2008

पत्रिकाएँ :

गीतांजली सरोवर : उदय प्रकाशन, जुलाई 2005 मध्य प्रदेश

तद्भव : अखिलेश (संपा.), दिल्ली

नया ज्ञानोदय, नवंबर 2006, मई 2010

वर्तमान साहित्य : नमिता सिंह (संपा.), अलीगढ

साक्षात्कार : जुलाई अगस्त, 1989 मध्य प्रदेश

साहित्यकार : गंगा प्रसाद पांडेय (संपा.), मई 1957

हंस : राजेन्द्र यादव (संपा.), अक्षर प्रकाशन, नयी दिल्ली, अक्टूबर 2000 एवं 2006

वेबसाइट :

https://en.wikipedia.org/wiki/Amarkant

http://jnanpith.net/page/jnanpith-laureates

https://vimisahitya.wordpress.com/2008/01/17/hindibhashaaursahitya/-हिंदी भाषाऔर साहित्य-संपादक-मिथिलेश वामनकर-17 जनवरी, 2008

http://www.bbc.com/hindi/india/2014/02/140217_amarkant_obit_rns.shtml